U0813560

工学结合新思维高职高专财经类“十二五”规划教材

商业银行综合柜台业务

主　编　郭　静
副主编　汤振坤　谢永建
主　审　于贵成

对外经济贸易大学出版社
中国·北京

图书在版编目（CIP）数据

商业银行综合柜台业务／郭静主编．—北京：对外经济贸易大学出版社，2012
工学结合新思维高职高专财经类“十二五”规划教材
ISBN 978-7-5663-0257-1

Ⅰ．①商… Ⅱ．①郭… Ⅲ．①商业银行－银行业务－高等职业教育－教材 Ⅳ．①F830.33

中国版本图书馆 CIP 数据核字（2011）第 260479 号

© **2012 年 对外经济贸易大学出版社出版发行**

版权所有 翻印必究

商业银行综合柜台业务

郭 静 **主编**

责任编辑：庄 蕊 赵 昕

对外经济贸易大学出版社
北京市朝阳区惠新东街 10 号 邮政编码：100029
邮购电话：010－64492338 发行部电话：010－64492342
网址：http://www.uibep.com E-mail：uibep@126.com

北京山华苑印刷有限责任公司印装 新华书店北京发行所发行
成品尺寸：185mm×260mm 20 印张 462 千字
2012 年 2 月北京第 1 版 2012 年 2 月第 1 次印刷

ISBN 978-7-5663-0257-1
印数：0 001－3 000 册 定价：36.00 元

出版说明

工学结合新思维高职高专财经类“十二五”规划教材是对外经济贸易大学出版社贯彻教育部教高［2006］16号《关于全面提高高等职业教育教学质量的若干意见》精神，联合天津商务职业学院（原天津对外经济贸易职业学院）、天津职业大学、河北工业职业技术学院、北京工业职业技术学院、天津国土资源和房屋职业学院、天津海运职业学院等国家、省（直辖市）级示范性高等职业院校推出的一套面向高职高专层次、涵盖不同专业的立体化教材。本系列教材包括国际经贸、财会金融、工商管理、物流管理、电子商务、旅游与酒店管理6个专业。

根据教高［2006］16号文件关于“高等职业院校要积极与行业企业合作开发课程，根据技术领域和职业岗位（群）的任职要求，参照相关的职业资格标准，改革课程体系和教学内容，建立突出职业能力培养的课程标准，规范课程教学的基本要求，提高课程教学质量”的要求，本套教材以提高学生专业实际操作能力和就业能力为宗旨，采取情景模块、案例启发、任务驱动、项目引领、精讲解、重实训的编写方式，让学生在理论够用的基础上，在专业技能培养环节，特别是“教学做一体化”方面有所突破，“确保优质教材进课堂”。

根据国家职业教育的指导思想，目前我国高职高专教育的培养目标是以能力培养和技术应用为本位；根据教育部提出的高等职业教育“与行业企业共同开发紧密结合生产实际的实训教材”的要求，其教材建设突出强调应用性和适用性，既要满足专业教育，又能适应就业导向的“双证书”（毕业证和技术等级证）的人才培养目标需要。本套教材的作者不仅具有丰富的高等职业教育教学经验，而且具有企业第一线实践经历，主持或参加过多项应用技术研究。这是本套教材编写质量与高等职业特色的重要保证。

本套教材配有教师用PPT文稿，方便教师教学参考。

愿本套教材的出版对“十二五”期间我国高等职业教育的创新发展和高职人才培养质量的稳步提升有所助益！

对外经济贸易大学出版社

2011年6月

前言

本书是“工学结合新思维高职高专财经类‘十二五’规划教材”之一。

金融是经济的核心，银行是国民经济的命脉。商业银行业务与金融服务惠及众多企业和千家万户，其在国民经济活动中特别是现代经济生活中的作用与日俱增。伴随着国家经济体制改革与国内外经济形势纷繁复杂的变化，金融行业面对严峻的竞争压力，如何利用优质的服务吸引客户，如何通过高质量的服务稳定客户，如何增强自身不可复制的核心竞争力，均为当前银行业面临的重要且亟待解决的课题。“综合柜员制”正是为适应这种竞争环境而产生的一种新型服务形式。综合柜员制不仅是一个称谓的变化，更代表了银行业的一种营销策略、一种管理体制，特别是一种观念的转变，其本质在于银行业自觉地将被动服务转变为主动服务，真正实现“客户第一”的服务理念。商业银行的综合柜员应娴熟掌握各项业务技能，充分满足客户多层次、多领域、多品种的服务需求，为客户提供个性化、多元化的一揽子金融服务，以达到稳定并发展优秀客户群体的目的。由此，金融业务实践一线急需培养大批具有银行实际业务操作能力的实用型技能人才——这便是作者策划并携手银行界专业精英编写本书的主要目的所在。

本书是根据国家教育部对高等职业教育人才培养目标的设定与基于工作过程的、“工学结合”及“教学做一体化”的教学改革要求而编写的高职高专教材。由于本书知识系统全面、讲解贴近岗位、案例选自一线、技能训练实用，因此既可作为职业院校金融、财会及经管等相关专业学生的教学用书，也可作为商业银行与金融服务公司从业人员的在岗培训教材，对于广大金融理财者也是一本有益的读物。

本书打破传统教材的编写体例，完全基于目前商业银行柜台业务的具体实践，结合职业教育“工学结合的人才培养模式”的要求，从基础知识、业务技能、职业素养3个模块分别介绍了商业银行综合柜台基础知识、综合柜台业务技能与综合柜员职业能力训练。在“商业银行综合柜台基础知识”模块中，以4个项目为引领，以11个工作任务为驱动，重点学习并训练商业银行诸如负债业务、资产业务和中间业务等商业银行综合柜台基础；在“商业银行综合柜台业务技能”模块中，分别以个人存款业务，代理业务，开具证明类业务，挂失及查询、冻结、扣划业务，银行卡业务，对公存款业务，支付结算业务，自助设备业务8个业务项目为引领，在33个工作任务为驱动的系统岗位技能训练中强化综合柜员对于本岗各项业务的基本规定、操作流程及风险控制能力的掌握；在“商业银行综合柜员职业能力训练”模块中，以8个项目为引领，系统学习并训练银行综合柜员必须具备的8项职业技能，诸如点钞技能、翻打传票技能、汉字或传票录入技能、书写技能、鉴别假币技能、印鉴管理、有价单证及重要空白凭证管理制度规范、职业操守与服务规范及柜台实用英语。业务技能和职业能力训练两个模块是本书的重点内容。通过3个模块的学习和训练，学生或从业人员将能娴熟掌握各项技能操作技巧，并不断增强职业道德水准和服务（包括涉外金融服务）能力，从而为今后走上工作岗位顺利完成岗上各项工作任务打下坚实的基础。

本书在编写过程中密切结合行业内银行从业人员资格证书的考取，既兼顾高职在校生的现有专业基础，难度适中，又满足银行从业人员岗上进修与资格证书考试的需要，将学历教育与职业资格证书考试紧密结合，形成了理论和实践一体化、较为丰富完善的内容体系；本书设置的“导学案例”、“资料卡”、“想一想”、“练一练”、“风险警示”、“思考与训练”、“探索空间”，不仅供师生在教学实践中予以参考，对银行一线领域从业人员的业务操作也将大有裨益。

本书主编、天津商务职业学院（原天津对外经济贸易职业学院）郭静老师毕业于南开大学金融专业，长期在金融部门的一线岗位工作，在积累了较为丰富的实战经验之后又投身于高等职业教育的教学一线，在“工学结合”的教材建设方面具有独到的优势；交通银行天津分行会计结算部高级经理汤振坤先生与天津国土资源和房屋职业学院谢永建老师担任副主编。交通银行天津分行金厦支行资深行长于贵成先生担任本教材的主审，在资料准备、内容选取、结构安排、创新点的设计方面提供了颇具价值的宝贵意见，并对全部书稿行进审核把关。天津商务职业学院高敬老师、天津商务职业学院王军强老师、招商银行天津分行零售银行部副高级经理季迎雪女士、天津国土资源和房屋职业学院常馨月老师、天津商务职业学院刘文强老师、天津商务职业学院王全军老师分别参加部分项目的编写。本书在立项和编写过程中，天津商务职业学院前党委书记魏秀敏教授对于该书的编写思路、体例安排、框架设计，特别是“教学做一体化”特色彰显等方面均给予了热心鼓励、精心指导与潜心把握，直至精批细改，画龙点睛。另外，王炜、宁津、杜晶、唐志伟、隋鹏翔（按姓氏笔画排列不分先后）等也分别参与了教材的部分工作。在此，笔者对提供鼎力支持和无私帮助的有关领导、行业专家、各位老师致以最诚挚的谢意！

本书在编写过程中，参考了大量同行专家的著作、教材、案例和网络资料，吸收了众多专家学者的研究成果，在此对各位原创作者深表诚挚的谢意！

由于国内外银行理论的最新研究成果和业务实践的工具创新竞相呈现，加之编者深入行业企业一线的实践经验尚显不足和水平有限，书中疏漏之处在所难免，敬请各位专家、同业老师与莘莘学子批评指正！

编　者
2011 年 10 月

目　录

模块一　商业银行综合柜台基础知识

模块的目标与任务

知识与技能目标：

- 理解商业银行的基本概念、性质、职能及其经营目标与原则
- 理解商业银行负债业务的含义、作用及经营原则
- 理解商业银行资产业务的基本概念、功能及业务类型
- 理解商业银行中间业务的分类原则和类型
- 理解和掌握商业银行的监管目的和内容
- 掌握存款的种类、存款创新及借款业务的方式
- 掌握商业银行贷款业务类型

主要任务：

- 分析探讨现代商业银行职能多元化的发展趋势
- 协调处理银行实现目标过程中的“三性”原则
- 灵活运用商业银行存款和短期借款的经营策略
- 分析探讨存款保险制度的利弊作用
- 理解和掌握商业银行贷款五级分类的分类标准和基本流程
- 掌握支付结算类中间业务的结算工具和结算方式的应用
- 分析探讨我国商业银行中间业务发展的创新策略

项目一　商业银行基础知识

项目的目标与任务

知识与技能目标：

- 掌握商业银行的基本概念及其性质、职能
- 掌握商业银行的经营目标与原则
- 了解对商业银行的监管目的和内容

主要任务：

- 充分理解现代商业银行职能多元化的发展趋势
- 正确处理银行实现目标过程中的“三性”原则
- 把握银行监管改革趋势与银行监管理念

导学案例

银行如何保持流动性、安全性与盈利性三者之间的协调与统一？

【案例情况】

“港珠澳大桥”项目贷款涉及香港、澳门、广东三地政府。中国银行获得该项目贷款牵头行资格。条件是：220亿的人民币贷款，贷款基准利率下浮10%——即当时市场最优惠利率、35年超长年限、无需政府财政担保。

该条件被香港业内人士评价为“卖十元的叉烧饭，搭碗例汤，还送水果”。

【分析】

此案例中的中国银行为何要给出如此优惠的贷款条件呢？具体分析如下：

1. “跟政府走，按商业银行规定办事”，这是金融危机下中国银行界广泛流传的应对定律。这意味着如果商业银行不救企业，亦难独善其身。但为规避风险，必须跟着政府走——包括中央政府与地方政府，前者是中央财政主投资项目，比如铁路、公路和基础设施；后者指地方投资项目，如廉租房、土地开发拆迁和城市美化亮化环保。在这两类项目上，商业银行的策略是压低价格，薄利多销，所谓“以量补价”。

2. 2009年前5个月，中国呈信贷井喷。仅1~3月份，信贷投放量持续刷新，分别为1.62万亿、1.07万亿、1.89万亿，总量达4.58万亿，增幅为历年罕见。商业银行一方面响应国家号召以扩贷刺激投资，另一方面要把大量资金贷出去以降低成本——3月份定期和储蓄存款涨幅均超29%，大量存款躺在账上并非好事。

3. 在必须放贷与控制风险之间，银行如何保持平衡？争抢政府项目正是银行们的集体答案。争抢“港珠澳大桥”的贷款项目充分体现了这种经营理念。

【启示】

对大企业、大项目贷款风险的掌控，银行会考虑3方面因素：一是资金需求方应该拥有自偿性现金流；二是公益性项目需要拥有充足的财政还款保障，确保第二还款来源；三是理想状态下可设立偿债基金账户，监控项目现金流。

至于收益，则需要在贷款利差收益之外作出综合衡量。一方面地方政府不会像从前那样直接将银行当钱袋子；另一方面，地方政府担负着拉动内需、促进经济发展的重任，手握大量资源。

（案例来源：2009年04月22日南方周末）

任务一　商业银行的概念、性质与职能

能力目标　深刻理解商业银行的性质

知识目标　了解商业银行的含义和作用

重点难点　灵活运用商业银行的职能

商业银行是经济活动中最重要的金融机构之一，是金融业中历史最为悠久、服务活动范围最为广泛、对社会经济生活影响最大的金融机构，也是世界各国金融体系的主体。作为一个盈利性机构，商业银行以实现利润最大化为主要经营目标。

一、商业银行的概念

商业银行是指以盈利为目标，以经营存款、放款和汇兑为主要业务，以多种形式的金融创新为手段，全方位经营各类银行与非银行金融业务的综合性、多功能的金融企业。

商业银行的名称在各国是不同的。商业银行的说法来自美国，英国把这种银行称为清算银行，日本则称为城市银行。本书根据美国的划分把各国具有一些同样经营特征的金融机构统称为商业银行（Commercial Bank）。

二、商业银行的性质

商业银行的性质可以从3个层面理解：

（一）商业银行是企业

商业银行具有企业的一般特征：一是具有从事业务经营所需要的自有资本；二是依法自主经营、自负盈亏、照章纳税；三是以利润最大化为最终经营目标，并以其全部法人财产对外承担责任。

商业银行中的“商业”一词“Commercial”英文含义有两种：一是商业的，二是营利的，这也表明了商业银行的企业性质。

（二）商业银行是特殊企业

从经营对象上看，商业银行的经营对象不是普通商品，而是货币、资金。货币资金可以衡量任何商品的价值，可以和一切商品相交换。

从社会作用上看，它与任何社会组织和个人都有密切关系，是涉及国计民生、须臾不可离开的一种特殊商品。

从业务范围上看，商业银行业务活动的范围不是生产流通领域，而是货币信用领域，商业银行不是直接从事商品生产和流通的企业，而是为从事商品生产和流通的企业提供金融服务的企业。

从经营方式上看，一般工商企业采取买卖的方式经营，而银行采取借贷方式，即信用方式经营。采用信用方式经营货币，不改变货币的所有权，只把货币的使用权进行有条件的让渡。这种经营方式既适应货币这种特殊商品的性质，又能兼顾各方面的经济利益关系，从而调动借贷双方和银行的积极性。

（三）商业银行是综合性多功能的金融企业

现代经济社会中的商业银行已不仅仅是经营货币的特殊企业，而是成为在金融领域提供各种服务的综合性多功能的金融企业。

首先，在经营性质和经营目标上，商业银行与中央银行和政策性金融机构不同。商业银行以盈利为目的，在经营过程中讲求营利性、安全性和流动性原则，不受政府行政干预。

其次，商业银行与各类专业银行和非银行金融机构也不同。商业银行的业务范围广泛，功能齐全，综合性强，既有负债业务，如存款、发行金融债券，也有资产业务，如放款、进行证券投资，还有中间业务，如办理结算。

因此，商业银行的功能比专业银行和其他金融机构更全面，尤其是商业银行能够经营活期存款业务，可借助支票及转账结算制度创造存款货币，使其具有信用创造的功能。

想一想

商业银行与中央银行在性质、资金来源、业务范围、经营目标等方面有哪些区别?

三、商业银行的职能

（一）信用中介职能

作为经营货币的特殊企业，商业银行的首要职能就是信用中介。信用中介是指商业银行通过负债业务，把社会上的各种闲散货币资金集中到银行，再通过资产业务，将其投放给需要资金的客户，即充当了资金闲置者和资金短缺者之间的中介人，实现资金的融通。

信用中介是商业银行基本功能。这一功能可以发挥3方面作用：

（1）使闲散的货币资金转化为资本。商业银行通过向储户支付利息将各种闲散资金集中起来，再投放到需要货币资金的第一、第二和第三产业部门，成为发展经济的生产资本、商品资本或货币资本。

（2）使闲置资金得到充分利用。商业银行运用信用形式，还可以将再生产过程中游离出来的暂时闲置资金再转化为生产资本等职能资本。在社会资本总量不变的前提下，提高资本使用效率，扩大社会资本总的增值能力。

（3）续短为长，将集中起来的短期货币资金部分转化为长期的货币资金，满足社会对长期借贷资本的需求。

（二）支付中介职能

1. 支付双方的中介

商业银行通过存款在账户上的转移，为客户办理交易款项的收付。在支付双方中间扮演中介人的角色，发挥支付中介的职能。换言之，商业银行是社会经济活动中支付双方的出纳中心和支付中心，是整个社会信用链的枢纽。

2. 促进存贷业务的扩大

商业银行的支付中介职能早于信用中介职能出现，但当信用中介职能形成后，支付中介职能的发挥就要以信用中介功能为前提。支付中介职能发挥得好，反过来可以促进存、贷业务的扩大，使信用中介职能得到更好的发挥。

3. 成为商业银行的基本职能

支付中介职能一方面可以大大减少流通中的现金使用（通过支票等转账结算），加速资金周转，节约社会流通费用，促进经济发展；另一方面还能使其拥有相对稳定和低成本的资金来源（客户要利用商业银行的支付中介职能就必须开立账户，并存入一定数额的货币资金），有利于降低银行的资金成本。

（三）信用创造职能

信用创造职能是商业银行在信用中介和支付中介基础上客观具备的一种特殊职能。具体含义是指商业银行利用吸收来的存款向客户发放贷款，在客户所获贷款还没有完全使用的情况下，余额又形成商业银行的存款（派生存款），银行可据此发放贷款，从而衍生出更多存款，从而扩大了货币供应总量，满足更多客户对资金的需求，促进经济发展。

资料卡

影响商业银行信用创造的因素有哪些？

银行具有信用创造的职能是政府对其严加管制的主要原因之一。影响商业银行信用创造的因素主要有：中央银行的货币政策（如存款准备金制度）、客户的偏好、市场利率预期、政府的目标。

（四）金融服务职能

1. 银行基本业务形态的延伸

金融服务职能是指商业银行利用其在经济活动中的特殊地位，依靠其在充当信用媒介和支付媒介过程中所获得的大量信息，应用现代信息技术等先进工具，为客户提供理财咨询、代理融通、信托、租赁、现金管理等服务。通过提供这些服务，商业银行在获取一定费用的同时，加强与现有客户以及潜在客户的联系，有利于提高市场占有率。

2. 与网络技术紧密结合

作为大规模使用计算机技术的重要行业，银行业与信息技术紧密结合，一方面促进信息技术的迅猛发展，为人类社会进入信息时代创造了有利条件；另一方面银行业借助计算机和互联网技术，使商业银行的金融服务发生了革命性变革，电子银行、网上银行应运而生。

（五）调节经济职能

调节经济是指商业银行通过其信用中介活动，调剂社会各部门的资金短缺，同时在央行货币政策和其他国家宏观政策的指引下，实现经济结构、消费比例投资、产业结构等方面的调整。此外，商业银行通过其在国际市场上的融资活动还可以调节本国的国际收支状况。

商业银行具有广泛的职能，因此对整个社会经济活动的影响十分显著，在整个金融体系乃至国民经济中位居特殊而重要的地位。随着市场经济的发展和全球经济的一体化发展，现在的商业银行已经凸现了职能多元化的发展趋势。现代商业银行承担的职能如图 1－1 所示。

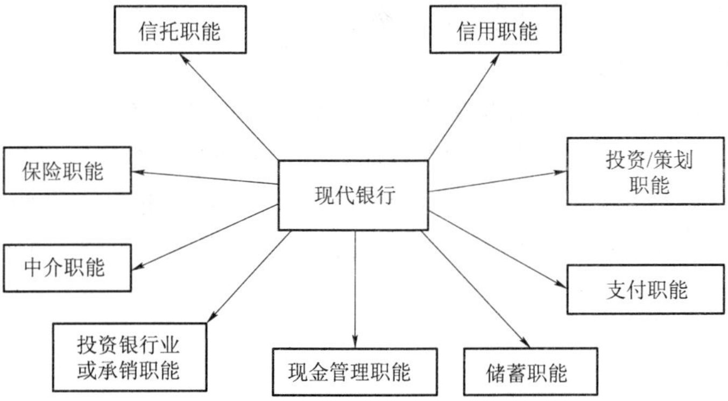

图 1－1　现代商业银行职能

任务二　商业银行的经营目标与原则

能力目标　在经营过程中正确把握和处理"三性"原则

知识目标　深刻理解商业银行的经营目标

重点难点　"三性"原则的协调

商业银行作为经营货币信用业务的特殊企业，要生存发展，就要追求利润，保证自身安全，保持资产负债必要的流动性。它有 3 个特殊要求：一是商业银行必须保证本金的安全和完整，不能使本金发生任何的损失；二是商业银行必须保持货币资本在运用过程中所形成的资产有充足的流动性，即当商业银行需要清偿力时，能迅速变现且不贬值或者能从其他途径获得必要的资金来源；三是商业银行必须保证货币资本在运作中实现增值，并追求利润的最大化。

因此，商业银行在从事经营管理活动过程中，必须以满足上述要求为基本原则，即讲求安全性、流动性和盈利性，并实现三者的统一。

一、商业银行的经营目标

作为经营货币信用业务的企业，商业银行与其他企业一样，都以获取利润为经营目标，这由其性质决定。但商业银行的经营特点——特殊的经营对象、经营方式和资金构成，决定商业银行必须在保证资金流动性和安全性的前提下追求盈利目标。

二、商业银行的经营原则

银行要实现经营的目标，在经营中要遵循"三性"（即盈利性、安全性和流动性）的原则。要根据经营环境的变化，综合协调各种不同资产和负债的搭配，谋求最佳组合，从而实现盈利性、安全性与流动性三者之间的协调与统一。

（一）盈利性原则

银行的经营目标就是要实现经济效益的最大化。因此，在业务活动中获得利润、实现盈利是银行理所当然的经营原则。只有实现充分的盈利，银行才能充实资本，加强经营能力，提高竞争能力，才会具有进一步拓展业务，改进服务的动力。

银行利润的高低主要受银行经营收入和经营成本两方面因素影响。由于银行业务的多样性，不仅各个业务部门的收入和成本影响银行总的收入和成本，各个业务部门之间也存在相互的影响。

（二）安全性原则

生存是发展的前提。银行在经营中必须注意控制与缓解风险，保证经营的安全性。银行经营所面临的风险可以分为如下几种：

1. 系统性风险

系统性风险即市场风险，即指由整体政治、经济、社会等环境因素对证券价格所造成的影响。系统性风险包括政策风险、经济周期性波动风险、利率风险、购买力风险、汇率风险等。

对系统性风险的识别就是对一个国家一定时期内宏观的经济状况作出判断，一般包括经济等方面的关系全局的因素，如世界经济或某国经济发生严重危机、持续高涨的通货膨胀、特大自然灾害等。

2. 非系统性风险

非系统性风险是指对某个行业或个别证券产生影响的风险，它通常由某一特殊的因素引起，与整个证券市场的价格不存在系统的全面联系，而只对个别或少数证券的收益产生影响。

非系统性风险根据银行管理者的主观意志又可以分为客观风险和主观风险。客观风险主要表现为市场风险，是由于利率、汇率、股票、商品等价格变化导致银行损失的风险。主观风险最主要表现为道德风险。银行不同于一般的企业，经营的主要是和资金有关的产品和服务，在我国经济和金融体系的急剧变革、经济金融全球化、一体化进程加速的情况下，金融活动与金融产品日趋复杂使银行面临的不确定性大为增加，同时由于存在大量流动资本，防范银行间风险传递成为一个新的重要课题。

3. 银行自身的虚弱性

除面临外部的风险，银行自身也存在内在的虚弱性。如果银行的资本与负债规模较少，而其资产和负债中又存在着借短放长的特征，此时资产的流动性远不如负债的流动性。客户一旦对银行失去信心，银行就会面临被挤兑的可能。

因此，在经营中银行要注意合理安排资产和负债的规模和结构，进行必要的风险控制以实现经营中的安全性。

想 一 想

系统性风险与非系统性风险有什么区别？

（三）流动性原则

银行在经营中需要具有能够随时满足客户流动性需要的能力。这要求银行不仅能随时满足存款人提取存款的要求，还要随时满足合格客户的贷款要求。现代银行的发展，无论是资产的流动性还是负债的流动性对银行的经营都十分重要。如果银行不能及时满足客户的提款要求就会面临严重的信用危机，甚至引发挤兑风潮；如果银行不能及时满足客户贷款的要求，银行就会在声誉上受到损失，丧失优良客户，在竞争中处于不利的地位。这就要求银行在经营中要有一定的储备来满足流动性要求。

相反，如若为满足流动性要求而提取的储备过多，又会削弱银行的竞争力，导致银行利润降低，最终影响银行提供流动性的能力。因此，银行在经营中要注意处理好两者的关系，实现最优的资源配置。

（四）三性原则的协调

实现盈利性、安全性和流动性三位一体的经营目标，是商业银行自身的客观要求。没有盈利性，商业银行就不可能存在；没有安全性，商业银行就不可能拥有源源不断的生息资金；没有流动性，商业银行就没有了安全性。因此盈利性是目的，安全性是基础，流动性是手段，三者缺一不可。

资料卡

商业银行如何实现三性原则的协调统一？

在商业银行的现实业务中要实现三位一体的经营目标，确实存在许多矛盾和问题。安全性目标要求商业银行尽可能减少贷款，流动性目标要求商业银行尽可能减少中长期投资和信贷资产，而盈利性目标则要求商业银行尽可能减少流动性资产，扩大高利润资产。那么如何协调这一矛盾呢？

关键是要把握好一个“度”。商业银行业务经营的特殊性决定了商业银行在任何时候都要把流动性和安全性放在首要位置，即商业银行资金的运用首先要与流动性保持一致，必须限制在商业银行资本金可能承受的风险范围之内。在此基础上，才能采取各种措施获取尽可能多的利润。

任务三　商业银行的监管

能力目标　正确理解对商业银行实施监管的目的

知识目标　了解对商业银行实施监管的成因

重点难点　对商业银行监管的模式的创新

由于商业银行的经营特点是高风险、高负债、赢利差，它的经营状况不仅关系到自身的利益，而且关系到广大存款者和工商企业机关事业单位的利益，影响着整个社会的金融体系和社会经济的稳定与和谐。因此，世界各国政府及金融监管部门对商业银行的经营都给予了严格的监管。

想一想

对商业银行实施监管的主要原因是什么呢?

一、对商业银行实施监管的原因

虽然商业银行具有企业或赢利性组织(机构)的一般特征,但由于其自身独特的服务和融资结构以及在国民经济中的重要作用,商业银行是一国经济中受到政府监管最为严格的行业之一。从深层次说,官方对银行业监管的理由与“信息不对称性”、“外部性”和“公共产品”密切相关。

1. 与信息不对称潜存的风险相关

(1)信息不对称的市场影响。在金融市场上参与金融商品交易(买卖金融资产或借贷货币)的双方各自对相关经济变量均拥有不同的信息。这种信息的不对称性极易导致金融交易的风险和金融市场竞争的不完全性,从而降低金融市场的效率和资源配置的有效性,甚至可能导致金融危机。

(2)银行的特定身份使其成为信息不对称的失败承担者。由于商业银行在金融市场上同时扮演着买者(借入者)和卖者(贷出者)的双重角色,因此商业银行极易遭受因信息不对称而引起的市场失败的损害。

作为卖者(贷出者),商业银行对借款人提供贷款,因自己并不完全了解或不能切实掌握其资信情况而将承受资产损失的风险。

作为买者(借入者),信息的不对称使得存款人和商业银行的债权人不能全面了解商业银行的实际情况,因而对商业银行的财务状况和清偿能力难以作出恰当评价。

一旦商业银行不能满足存款人和债权人的支付要求,他们就会得出商业银行陷入困境的判断,从而丧失对商业银行的信心,引发挤兑行为。

2. 与银行经营失败将产生严重的外部影响相关

(1)商业银行经营失败会降低金融资源的有效利用。政府对商业银行实行监管的一个重要原因在于,商业银行经营失败或破产倒闭将会产生许多严重消极的外在影响。商业银行吸收存款、发放贷款,实质上是组织、集中储蓄,分配资源。贷款的发放和使用必然会影响资源的流动、配置和使用效率,从而影响经济总量的增长和产业结构的调整。信息不对称使银行对借款人或贷款项目的选择失误或监督失败,不仅会降低稀缺的金融资源的有效利用,甚至会增加社会资源不合理配置的程度。

(2)商业银行经营失败会对经济交易造成负效应。商业银行的倒闭将不仅损害存款人、银行的债权人和股东的利益,也会影响到与该银行有密切信贷关系的借款人的利益。这些借款人将被迫提前偿还贷款,或者不能得到银行承诺提供的贷款和其他金融服务。由于商业银行被视作为公众向经济部门提供流动性的“蓄水池”,银行的倒闭还将对经济中的交易活动和其他支付产生外在负效应。

(3)商业银行经营失败会产生系列消极影响。商业银行倒闭对社会和经济发展的外在消极影响更突出地表现在以下几点:

① 不对称的信息使存款人无法评判各家商业银行的清偿能力，不能把稳健商业银行与不稳健商业银行区别开来；

② 当个别商业银行面临支付危机或破产时，公众可能对商业银行体系失去基本的信任，导致个别商业银行的挤兑行为传染蔓延，引发多米诺效应，殃及其他稳健的商业银行；

③ 因为银行同业之间有密切的资金往来关系，如同业拆借、同业存款等，特别是同业支付清算系统更将许多商业银行联系在一起，一旦个别银行的危机引发出牵动效应，可能导致社会支付机制和商业银行体系的崩溃。

3. 与银行“公共性”与“全局性”的责任相关

商业银行具有特殊的公共性和全局性，其提供的一些服务具有公共产品的特征，其重要责任是为公众提供流动性和支付手段，具体表现在以下几点：

（1）作为支持社会经济运行的主要的“流动性蓄水池”和一国支付系统的主体，商业银行吸收储蓄、集中金融资源以及提供支付服务，具有公共产品的特征；

（2）商业银行具有创造信用货币的功能，并且是中央银行货币政策的主要传导媒介。货币供应量的变化与币值稳定、经济增长和就业的状况等密切相关。

货币政策对经济体系的影响需要通过稳健运行的商业银行体系进行有效地传导，因此，政府有必要对商业银行业务活动进行监管。

二、对商业银行实施监管的目的

各国政府对商业银行进行监管的目的呈多样性，主要包含以下 3 方面：

1. 保护存款人的合法权以维护整个金融体系的稳定

受利润的驱使，商业银行在保持部分准备金的条件下，通过资产等业务获取利润。在这些活动中，商业银行会面临信用风险、利率风险、外汇风险等各种风险，稍有不慎，就会面临清偿力不足的危机，使存款人的利益受到损害。一旦商业银行资金周转出现困难，整个金融体系就会陷于不稳定状态，这将十分危险。实行对商业银行业务的监管可以使商业银行资产负债结构等经营状况保持合理状态，避免因资金周转不灵而导致的金融危机。

2. 保护和充分发挥商业银行在社会经济活动中的各项职能

（1）预防经营危机发生。一国对商业银行实行监管，一方面可以防止经营危机的发生，另一方面可以保护商业银行的合法地位，使其依法合规经营，得以持续健康发展。尤其是当一家商业银行被认为有问题时，其他商业银行的大部分存款人也会为此感到担心，担心自己存款所在的银行可能也有问题，结果人人自危，导致挤兑，从而威胁到整个银行体系的安全。此时，就需要金融监管当局出面进行干预，发挥最后贷款人的作用。

（2）预防市场连锁反应。金融监管当局的这种拯救行为能有效发挥稳定人心的作用，防止出现“多米诺骨牌，一例皆倒”的连锁反应，保持商业银行体系的稳定和各项职能的正常发挥，维护整个经济环境和社会的稳定。

3. 确保宏观调控政策的实施

商业银行既是货币信用的主要创造者，又是金融市场的主要参与者，在经济社会活动中已经成为牵一发而动全身的要害部门。商业银行的经营活动直接影响着一国宏观调控政策尤其是货币政策的实施效果和作用力。因此，加强对商业银行业务的监管，有利于中央银行货币政策的贯彻落实，有利于宏观调控目标的实现。

三、银行监管的发展趋势

政府对银行的监管是限制银行的经营范围和竞争程度的一个重要因素。近年来，各国政府对银行的监管呈以下几种趋势：

1. 从注重传统银行业务监管向注重传统业务和创新业务监管并重转变

20 世纪末，金融市场复杂多变，金融创新产品层出不穷，主要表现在以下 3 方面：

（1）金融衍生产品交易增多。金融衍生产品一般指传统的金融产品（证券、外汇、权利等）远期交易的当期契约。金融衍生产品包括资产证券化、远期合约、期货、期权、掉期等等。其中资产证券化是指银行将流动性较低的资产转变为资本市场上流动性较高的证券资产。

（2）网络银行广泛应用。由于网络技术的广泛应用，除了传统的窗口交易外，国际银行业普遍采用网上交易。调查显示，英美两国的电子银行客户在过去 5 年分别增长了 300% 和 350% 。

（3）中间业务日益增大。中间业务是指商业银行不运用或少运用自己的资金，不增加表内资产负债，利用技术、信息、专业知识、机构网络、信誉等方面的优势，以中间人的身份为客户提供各类金融服务并收取手续费的业务。它与表内资产业务、表内负债业务共同构成商业银行三大业务类型。目前，一些商业银行中间业务收入已成为营业收入的主要组成部分，占比达到 40% ，有的高达 70% ，如花旗银行等。

较之传统银行业务，创新业务在收益加大的同时，风险也更大，且更易扩散，对金融市场造成的冲击也更加直接和猛烈。因此，只注重传统银行业务的监管已经不能全面、客观地反映整个银行业的风险状况。只有“双管齐下”，并重监管传统业务和创新业务，才能有效地防范和化解银行业的整体风险。

资 料 卡

监管部门对银行创新业务的监管

自上世纪 80 年代后期，国际监管组织和各国监管当局对金融创新产品和电子银行均给予高度关注。

1986 年，巴塞尔委员会发表《银行表外风险管理的监管透视》，对表外业务的风险种类、风险评估及管理控制等提出初步意见。随着金融衍生交易产品的发展，又颁布了《衍生产品风险管理准则》、《关于银行和证券公司衍生产品业务的监管信息框架》，并针对金融衍生产品风险对资本的潜在威胁，出台了《巴塞尔资本协议市场风险补充规定》、《关于市场风险资本要求的内部模型法》等。

与此同时，美国、欧盟等国家的监管当局也针对创新业务和市场条件制定了一系列的监管法规与操作指引，以加强对银行新业务的监管。

2. 从注重合规性监管向合规性监管和风险监管并重转变

（1）合规性监管。这是指监管当局对商业银行执行有关政策、法律、法规情况所实施的监管。监管当局过去一直将监管重点放在合规性方面。随着银行业的创新和变革，合规性监管的缺点不断暴露，这种方法市场敏感度较低，不能及时全面反映银行风险，相应的监管措施也滞后于市场发展。

（2）风险性监管。这是指监管当局对商业银行的资本充足程度、资产质量、流动性、盈利性和管理水平所实施的监管。为适应银行业的创新和变革，国际银行监管组织和一些国家的监管当局相继推出一系列以风险监管为基础的审慎规则。例如，巴塞尔银行监管委员会发布的《大额信用风险的衡量和管理》、《银行国际信贷的管理》、《银行外汇头寸的监管》、《利率风险管理原则》、《计量与管理流动性的框架》、《计算机和电讯系统中的风险》、《有效银行监管核心原则》，美国联邦金融机构检查委员会制定的银行综合评级体系等。

（3）风险性监管的特点。风险性监管在识别、度量银行风险的基础上，按照审慎监管原则，提出防范和化解银行风险的监管措施。它更注重银行本身的风险控制程序和管理水平，能够及时反映银行经营状况，预测潜在风险。

在具体监管实践中，合规性监管和风险性监管无法严格区分。通常情况下，风险监管也须依据有关法规进行，因为金融机构违法、违规即意味着将产生风险。

3. 从分业监管向统一监管转变

（1）监管模式伴随银行业的发展变化不断调整。20世纪初，西方国家爆发了史无前例的经济金融危机，原因之一是银行在证券市场和房地产市场的过度投资导致了泡沫经济。这使他们认识到，在金融监管没有达到一定水平的情况下，银行、证券、保险和信托等金融机构的混业经营极易造成银行资金大量流向证券市场，产生泡沫经济。于是，20世纪30年代大危机后，以美国、日本和英国为主要代表的西方国家实行了分业经营体制。

（2）混业经营体制需要统一监管。混业经营体制起初源自德国、瑞士等国家。自20世纪80年代以来，随着信息技术的发展和竞争加剧，传统业务不断受到侵蚀，银行开始突破货币市场展业的限制向资本市场和保险市场渗透，一些实行分业经营的国家也转向混业经营体制。英国、日本分别于1986年和1996年通过相关法律，打破分业经营界限，实行混业经营体制。美国在1999年通过《金融服务现代化法案》，亦进入混业经营时代。与此相适应，一些国家陆续调整监管机构，实施统一监管，例如英国、澳大利亚、日本、韩国、卢森堡、匈牙利和墨西哥等。

（3）实行统一监管体制。这是指由统一的监管主体对从事银行、保险、证券不同类型业务的金融机构实施统一监管。实行统一监管体制有多方面的原因：一是金融机构的多元化发展程度；二是金融监管水平；三是金融自由化和金融创新的发展程度。

总之，监管模式根据本国国情决定。分业经营和监管有其长处，混业经营和监管亦有其优势，一切都以时间、地点、条件为转移。

4. 从一国监管向跨境监管转变

（1）跨国银行大量出现。随着经济一体化和金融全球化的发展，银行不断向海外拓展业务，涌现出大批跨国金融集团。一方面，银行的海外分支机构越来越多，其业务收益来自海外的比重日益提高；另一方面，电子银行的发展使得监管当局很难判断其交易是在国内还是国外完成的，离岸金融业务的拓展也使得部分银行机构偏离于监管视野之外。以花旗银行为例，其海外分支机构遍布世界一百多个国家，海外业务收入已接近其总收入的一半。

（2）实施跨境监管。跨境监管是指将一家银行的境内外机构、境内外业务进行并表监管。为有效监管商业银行的境外业务和离岸业务，各国监管当局逐步实施了跨境监管。根据巴塞尔有关文件规定，对一家跨境银行的监管须在母国监管当局和东道国监管当局之间进行合理地监管分工和合作。一般情况下，母国监管当局负责对资本充足性、最终清偿能力等实施监管，东道国监管当局负责对所在地分支机构的资产质量、内部管理和流动性等实施监管。同时，两国监管当局要就监管的目标、原则、标准、内容、方法以及实际监管中发现的问题进行协商和定期交流。经验表明，加强跨国监管可以有效地防止出现银行监管的真空。

四、商业银行监管的基本内容

在健全的商业银行监管制度下，政府对商业银行实施监管的措施通常包含预防性风险监管、紧急救援和存款保险制度3方面内容，具体如下：

（一）预防性风险监管

预防性风险监管通常被称为维护运行体系安全稳健的第一道防线，是政府所设置的安全网的重要组成部分。其主要内容有：

1. 银行业的市场准入

银行业的市场准入包括对新商业银行设立的审批和银行机构分设与并购的管制。

对商业银行设立的审批，主要目的是将那些可能对存款人利益或银行体系的稳健运行造成危害的机构拒于银行界门外。对新商业银行准入的管制要求，主要包括最低注册资本额度、合法的组织章程和健全的内部控制制度、合格的高级管理人员、金融服务设施等。

对商业银行机构的分设与并购的管制，主要目的在于满足经济生活对商业银行服务的需要，促进竞争，限制银行业的过度集中，防止垄断。

2. 资本充足性的管制

通过对最低资本充足率的要求，限制商业银行的资产超越其风险承受能力而盲目扩张。同时，对商业银行的资本构成作出了限定。资本充足率的管制有助于监管当局维护整个银行体系的稳定。

3. 流动性与清偿能力的管制

主要是通过规定流动性比率，要求商业银行保持一定比例的流动性资产，以促使商业银行增强支付能力，控制流动性风险。

4. 贷款集中程度的管制

为了对商业银行的风险集中进行适度控制，避免贷款过多集中于单一借款人或某一相关借款人群体而可能招致重大损失，促使商业银行分散风险，通常规定对同一借款人的贷款余额不能超过商业银行资本额的一定比例。类似的做法还有，对最大10家客户发放的贷款总额不得超过商业银行资本总额的一定比例。

5. 业务活动范围的管制

资本充足率管制、流动性与清偿能力管制和贷款集中程度管制通常被称为行为监管，目的是限制商业银行不谨慎地承担风险。对业务活动范围的管制属于结构监管，即规定商业银行可经营哪些类型的业务。这种管制与各国的银行业务分工制度密切相关，主要表现在商业银行能否经营投资银行业务，即银行业务与证券业务是融合还是分离。

除上述措施外，预防性风险监管还包括对关联贷款的管制、外汇交易业务管制和对国际贷款的管制等，后两项主要是为了控制外汇风险和国家风险。

（二）紧急救援

紧急救援属于保护性监管措施。由于对有问题商业银行的处理方式直接关系到公众对商业银行体系的信心和银行业的稳定，因此监管当局通常并不愿意直接以清算的方式处理。紧急救援是官方构筑的安全网中又一重要防线，其措施或工具主要有：中央银行紧急贷款援助，中央银行是商业银行的最后贷款人，当一家商业银行因流动性来源枯竭而陷入支付危机时，中央银行往往提供紧急流动性援助，以维持该银行继续营业；组织其他商业银行融资救助；安排其他商业银行收购并承担其债务；设立特别机构予以接管。

（三）存款保险制度

存款保险制度是在商业银行倒闭清算、不能支付存款时，由存款保险机构按规定（通常为存款人在银行存款的一定比例）向存款人付现的一种制度安排。

存款保险制度是一种事后补救措施，但它却为商业银行的存款人提供了一道安全网。既可使存款人减少损失，增强公众对银行的信心，又能降低个别银行倒闭引发整个银行体系的连锁反应的可能性。存款保险制度可以较低的社会成本使经营失败的商业银行退出市场，使银行体系更加稳定。

风险警示

商业银行监管措施风险控制要求

- 政府对商业银行监管的措施与一国的政治、经济体制和金融环境密切相关。
- 掌握商业银行监管的3项主要内容并随时了解监管的发展趋势。

五、我国对商业银行的监管

自20世纪90年代以来，为适应建立社会主义市场经济体制和金融体制改革发展的需要，我国逐步加强和完善对银行业的监管。

1995年7月1日起施行的《中华人民共和国商业银行法》对设立商业银行应具备的条件、银行经营范围、银行业务的基本规则、银行的接管和终止等作出了具体的规定。中国人民银行就商业银行资产负债比例管理、资产风险管理、商业银行高级管理人员任职资格管理等方面陆续出台了相配套的监管政策和规章制度。这些法律规定和监管措施对防范和控制金融风险发挥了重要的作用。

知识拓展

花旗银行

花旗银行（Citibank，N. A.）是花旗集团属下的一家零售银行，是当今世界资产规模最大、利润最多、全球连锁性最高、业务门类最齐全的金融服务集团。经过近两个世纪的发展、并购，花旗银行已成为美国最大的银行，也是一个在全球50个国家及地区设有分支机构的国际大银行。在2001年、2002年《商业周刊》评选的全球1 000家公司排名中，花旗集团皆名列第5位，在全球金融界中排名第一。

主要业务范围：作为惟一一家推行全球业务战略的银行，花旗银行不单为遍及56个国家的5 000万消费者提供服务，也在近一百个国家为跨国、跨区及当地的企业客户服务，主要业务范围包括电子银行业务。通过花旗银行的计算机、自动柜员机或花旗电话银行，一年365天每天24小时内都可提供安全而便捷的服务。

花旗企业文化：以人为本是企业文化的核心。花旗银行自创业初始就确立"以人为本"的战略，不断创造"事业留人、待遇留人、感情留人"的亲情化企业氛围，让员工与企业同步成长，让员工在花旗有"成就感"、"家园感"。一般本科毕业的大学生工作3年即可提升为副经理，硕士研究生1年就可提升为副经理，收入则是我国同等"职级"的几倍甚至几十倍。

客户至上是企业文化的灵魂。花旗银行企业文化的最优之处是把提高服务质量和以客户为中心作为银行的长期策略。花旗银行的业务覆盖全球一百多个国家的一亿多客户，服务品牌享誉世界，"花旗"成为一种世界级的金融服务标准。

寻求创新是企业文化的升华。在花旗银行，大至发展战略、小到服务形式都在不断进行创新。

花旗人力资源战略：花旗集团努力营造一种工作环境，即不同的个性被拥抱与赞美，员工能被激励奉献自己的全部智慧。花旗集团内部成立形形色色的员工组织和员工网络，建立多样化意识并支持公司的经营目标，诸如招募优秀的人才、识别市场机会等。花旗集团的全球多样化办公室经常视察这些组织，并为他们提供指导与支持。花旗集团良好的企业文化氛围吸引众多的金融人才留在花旗，学习到宝贵的金融工作经验。

花旗集团在中国："花旗"银行是中国人的戏称，原因是1902年该银行进入中国时，银行门上每天都悬挂着一面美国国旗，故中国人称之为"花旗银行"，100年来习称至今。1902年花旗银行为收取"庚子赔款"，贿赂李鸿章进入中国。同年5月，花旗银行在上海开设第一个在华分行，标志着美资银行首次在中国开业。如今，花旗银行已是中国顶尖外资银行，为客户提供最广泛的金融产品，是中国最具全球性的外资银行。

思考与训练

一、填充完整

1. 商业银行是指以________为目标，以经营存款、放款和汇兑为主要业务，以多种形式的金融创新为手段，全方位经营各类银行与非银行金融业务的综合性、多功能的________企业。

2. 商业银行的基本职能是________、________。

3. 金融服务职能是商业银行利用其在经济活动中的特殊地位，依靠在充当________和________过程中所获得的大量信息，应用现代信息技术等先进工具，为客户提供的理财咨询、代理融通、信托、租赁、现金管理等服务。

4. 存款保险制度是在商业银行倒闭清算、不能支付存款时，由________按规定向________付现的一种制度安排。

5. 商业银行的经营目标是________。

二、正误判断

1. 商业银行与一般的工商企业没有不同。(　　)

2. 商业银行在经营过程中应该把盈利放在首位。(　　)

3. “三性”原则中，安全性与流动性是协调统一的。(　　)

4. 商业银行是特殊的金融企业。(　　)

5. 对银行业的监管正从一国监管向跨境监管转变。(　　)

三、单项选择

1. 商业银行的性质是（　　）。

A. 国家机关　　B. 社会团体　　C. 普通企业　　D. 特殊的企业

2. 最早的现代商业银行是（　　）。

A. 法兰西银行　　B. 德意志银行　　C. 英格兰银行　　D. 威尼斯银行

3. 最能体现商业银行特点的职能是（　　）。

A. 信用中介职能　　B. 信用创造职能

C. 金融服务职能　　D. 支付中介职能

4. 下列属于股份制商业银行的是（　　）。

A. 人民银行　　B. 中国银行

C. 浦东发展银行　　D. 中国进出口银行

5. 中国自办的第一家银行成立于（　　）。

A. 1897 年　　B. 1904 年　　C. 1907 年　　D. 1910 年

四、多项选择

1. 商业银行的职能包括（　　）。

A. 信用中介职能　　B. 信用创造职能　　C. 金融服务职能

D. 支付中介职能　　E. 调节经济

2. 影响商业银行信用创造的因素主要有（　　）。

A. 中央银行的货币政策　　B. 客户的偏好

C. 市场利率预期　　D. 政府的目标

3. 商业银行预防性风险监管措施主要有（　　）。

A. 银行业的市场准入　　B. 资本充足性的管制

C. 流动性与清偿能力的管制　　D. 贷款集中程度的管制

E. 业务活动范围的管制

4. 商业银行紧急救援监管措施包括（　　）。

A. 中央银行紧急贷款援助

B. 组织其他商业银行融资救助

C. 安排其他商业银行收购并承担其债务

D. 设立特别机构予以接管

5. 商业银行经营的“三性”原则是（　　）。

A. 营利性　　B. 流动性　　C. 安全性　　D. 合法性

五、问题简答

1. 为什么说商业银行是一种特殊的企业?

2. 信用中介职能的发挥可以起到什么作用?

六、实战训练

1. 假如你是一家商业银行的管理人员，如何协调银行经营中“三性”原则之间的矛盾呢?

2. 众所周知，银监局是商业银行的管理机关，如果你是银监局的一名工作人员，负责对商业银行的经营进行监督检查，请对银行监管的未来发展趋势谈谈你的看法。

七、案例分析

存款保险制度始于20世纪30年代的美国，当时为了挽救在经济危机的冲击下已濒临崩溃的银行体系，美国国会在1933年通过《格拉斯——斯蒂格尔法》，联邦存款保险公司（FDIC）作为一家为银行存款保险的政府机构于1934年成立并开始实行存款保险，以避免挤兑，保障银行体系的稳定。目前，运作历史最长、影响最大的是1934年1月1日正式实施的美国联邦存款保险制度。20世纪50年代以来，随着经济形势和金融制度、金融创新等的不断变化和发展，美国存款保险制度不断完善，尤其是在金融监管检查和金融风险控制和预警方面，FDIC作了大量成效显著的探索，取得了很好的成效，从而确立了FDIC在美国金融监管中的“三巨头”之一的地位，存款保险制度成为美国金融体系及金融管理的重要组成部分。美国著名经济学家、货币主义的领袖人物弗里德曼（Friedman M.）对美国存款保险制度给予了高度评价：“对银行存款建立联邦存款保险制度是1933年以来美国货币领域最重要的一件大事。”

请结合本案例，具体分析说明存款保险制度对银行的重要意义。

项目二 商业银行负债业务

项目的目标与任务

知识与技能目标：

- 掌握商业银行负债业务的含义、作用及经营原则
- 理解存款的种类、存款创新及借款业务的方式
- 了解影响商业银行存款负债的因素和避免负债风险的方法及经营策略

主要任务：

- 正确理解和把握商业银行负债业务的经营原则
- 灵活运用商业银行存款和短期借款的经营策略
- 正确分析存款保险制度的利弊作用

导学案例

吴卫明诉上海花旗银行储蓄合同纠纷案为何败诉？

【案例情况】

原告吴卫明因与被告花旗银行上海分行（以下简称上海花旗银行）发生储蓄合同纠纷，向上海浦东新区人民法院提起诉讼。

原告诉称：原告到被告处办理个人外币储蓄手续时，得知存款额要高于5 000美元；低于5 000美元的须接受被告提供的个人理财服务，并向其缴纳相应服务费。原告表示只办储蓄，不要个人理财服务，不愿支付服务费，但遭被告拒绝，以致双方不能缔结储蓄合同。故以“歧视小客户”为由请求判令被告赔礼道歉，赔偿原告为此次储蓄而支出的往返路费34元人民币。

经质证、认证，上海市浦东新区人民法院确认以下事实：2002年3月29日，经中国人民银行及国家工商行政管理总局批准，被告上海花旗银行开始经营吸收公众存款的外汇业务。该银行规定，对日平均总存款额低于5 000美元的客户，每月收取6美元或者50元的服务费；对日平均总存款额等于或高于5 000美元的客户，免收此项服务费。4月4日，该银行向中国人民银行上海分行上报了《花旗银行个人银行服务》报告，其中含有上述收费内容，中国人民银行上海分行办公室于4月28日确认收到该报告。

据此，上海市浦东新区人民法院依照《中华人民共和国民事诉讼法》第六十四条第一款的规定，于2002年10月10日判决：原告吴卫明的诉讼请求不予支持。案件受理费50元由原告吴卫明负担。一审宣判后，吴卫明不服，上诉至上海市第一中级人民法院。上海一中院审理后确认一审查明的事实，最终驳回上诉，维持原判。二审案件受理费50元由上诉人吴卫明负担。

【分析】

此案例中的外资金融机构向小额储户收取账户管理费的行为，不违反法律、法规的

禁止性规定的，不构成违法。理由如下：

上海市第一中级人民法院认为：《外资金融机构管理条例》第二十二条规定，外资金融机构在经中国人民银行批准开展的业务范围内，有权按照中国人民银行的有关规定确定各种手续费率。故上诉人吴卫明认为被上诉人上海花旗银行对小额储户收取账户管理费属违法行为的主张，没有法律依据。上海花旗银行在向小额储户收取账户管理费的同时，仍向小额储户计付利息，故收取账户管理费与存款有息互不关联。

【启示】

被告上海花旗银行依照《中华人民共和国商业银行法》（以下简称《商业银行法》）和《外资金融机构管理条例》规定，经中国人民银行批准在中国境内设立外国商业银行分行，是吸收公众存款、发放贷款、办理结算等业务的企业法人。作为企业，商业银行必然以效益性、安全性、流动性为其经营原则，实行自主经营、自担风险、自负盈亏、自我约束。商业银行依法开展业务，不受任何单位和个人干涉。

《商业银行法》第八十八条规定："外资商业银行、中外合资商业银行、外国商业银行分行适用本法规定，法律、行政法规另有规定的，适用其规定。"《外资金融机构管理条例》第二十二条规定："外资金融机构的存款、贷款利率及各种手续费率，由外资金融机构按照中国人民银行的有关规定确定。"对外资金融机构在办理小额存款时能否收取服务费，中国人民银行至今尚无专门规定。上海花旗银行在法律、法规没有明确禁止规定的情况下，决定对小额储户收取服务费，并及时向主管部门备案，故不能认定上海花旗银行此举违法。

（案例来源：2008 年 06 月 26 日 110 法律咨询网）

任务一　商业银行负债业务基础知识

能力目标　正确理解商业银行负债业务的作用

知识目标　了解商业银行负债的含义和种类

重点难点　灵活运用商业银行负债业务原则

商业银行作为信用中介，负债是最基本、最主要的业务。在商业银行全部资金来源中，90% 以上的资金来自负债。因此，银行在经营管理中必须高度重视和加强负债业务的管理，努力扩大负债业务，提高负债业务的稳定性，为商业银行经营活动的开展创造条件。

资 料 卡

商业银行自有资金

商业银行自有资金是指其拥有所有权的资本金，主要包括股本金、储备资金以及未分配利润。其中，股本金是银行成立时发行股票所筹集的股份资本；储备资本即公积金，主要是税后利润提成而形成的，用于弥补经营亏损；利润是指经营利润尚未按财务制度规定进行提取公积金或者分利处置的部分。自有资金约占全部负债业务总额的10%左右，虽占比很小，但其在银行经营活动中却发挥着十分重要和不可替代的作用。

一、商业银行负债业务基础

（一）商业银行负债业务的含义

商业银行负债业务是商业银行筹措资金、借以形成其资金来源的业务，是银行资产业务和其他业务的前提和条件。

（二）商业银行负债业务的种类

商业银行负债业务从其取得资金的方式来讲，有被动型负债和主动型负债。

（1）被动型负债。通常人们把吸收存款称为被动型负债，因为客户是否将货币或资金存入银行、何时存入、存入多少、期限多长、是否能按事先约定提取存款等，在很大程度上取决于客户的决策，银行处于被动地位。被动型负债一直都是商业银行吸收资金的基本方式。

（2）主动型负债。随着金融业务的发展以及金融市场的不断完善，为扩大商业银行的经营规模，平衡信贷收支，商业银行可以主动在金融市场上筹措资金，通过发行各种债务凭证获得资金来源，也可通过向中央银行借款、向同业借款等方式主动负债来满足自身的需要。由于上述各种负债方式中，商业银行处于主动地位，因而被称为主动型负债。

现代银行以负债方式获取资金后，虽然可以自由支配，但对借入者来说仅仅是取得了资金的使用权，并未取得其所有权，这就决定了借入者负有偿还义务，从而构成其负债行为。

二、商业银行负债业务的重要作用

（一）负债业务是商业银行吸收资金的主要来源

按照《巴塞尔协议》的国际标准，商业银行的负债提供了商业银行92%的资金来源。商业银行负债的数量和结构决定了商业银行经营的规模与方向，商业银行负债的性质也决定了商业银行经营的特征。作为信用中介机构，商业银行通过负债业务经营，将全社会各种闲散资金和持用资金有效地聚集起来，形成商业银行重要的资金来源，变消费基金为生产基金，变“死”钱为“活”钱，从而增加和扩大了商业银行信贷资金的总量。

（二）负债是商业银行资产业务的基础

商业银行只有首先发挥“集”的功能，才能为银行发挥“散”的功能奠定资金基础。没有负债就不可能进行资产的运用，因此，负债业务是商业银行开展资产业务的基础和前提。而银行负债的规模和结构（包括期限结构、利率结构、币种结构等）在一定程度上也制约着银行的经营规模和资产结构。当然，资产业务的开展又可以反过来促进负债业务的扩大。因此，银行要想扩大信贷规模，就必须大力组织存款。

（三）负债业务是商业银行开展中间业务的基础

在市场经济条件下，社会产品的分配、交换都离不开货币的收支，而货币的收支则需要专门的机构来组织，这样才能节约时间，减少消耗。商业银行是最适合于组织货币收支的机构，这就为商业银行进一步开拓与发展中间业务创造了条件。比如，存款负债业务的开展可以为客户提供转账结算服务，从而提高资金的周转速度，节省整个社会的流通费用。转账结算的范围和金额一般随着商业银行存款面和存款领域的扩大而扩大，所以，转账结算等中间业务的发展有赖于存款等负债业务的发展。从这个意义上讲，发展负债业务是为客户创造货币性金融资产以适应其货币收支的需要，是商业银行开展中间业务的基础。

（四）负债业务是商业银行同社会各界建立广泛联系的渠道

商业银行作为国民经济的综合部门和资金运动的枢纽，成为社会资金活动的集散地。社会上所有经济单位的闲散资金和货币收支都离不开商业银行的负债业务。

一方面，银行为社会各界提供金融投资的场所、金融投资的工具，如各种存款和金融债券；另一方面，由于客户的资金流向经营领域，其货币收支随时会反映到银行的账面上，银行可以对其资金规模、资金流向以及经营活动了如指掌。银行在为客户提供各种信息咨询、担保等金融服务的同时，也可以为宏观金融决策部门和银行自身的营销策略反馈必要的市场信息。所以，负债业务是商业银行向社会各界进行联系、提供服务、反馈信息和有效监督的重要渠道。

（五）负债业务是商业银行竞争的焦点

由于负债业务对于商业银行的经营活动具有重大的影响，各家商业银行都希望尽可能扩大负债业务，以达到拓展经营范围、扩大信贷规模，最终获得最大程度营利的效果，但社会上的闲散资金有限，必然此增彼减。

商业银行为扩大市场占有率，获得尽可能多的客户，筹集到尽可能多的资金，往往各自在负债的策略、存款方式、存款种类、服务质量等方面加大营销力度，力求为商业银行的生存发展创造条件，由此造成商业银行负债业务的激烈竞争。

想 一 想

商业银行负债是越多越好吗？

商业银行的负债业务一方面要满足业务发展的需要，另一方面还要符合国家的法律法规。商业银行负债并非越多越好，负债业务的经营必须遵循一定的原则和方针。

三、商业银行负债业务的经营原则

商业银行的负债业务既要满足业务发展的需要，又要符合国家的法律法规。因此，负债业务的经营必须遵循一定的原则和方针。

（一）依法筹资原则

依法筹资原则是指商业银行在筹资过程中，不论采取何种筹资方式和渠道，都必须严格遵守该国的有关法律、法规，不得进行违法筹资和违规筹资的活动。依法筹资包括两个方面的含义：一是商业银行的筹资范围和渠道必须合法，不得超越范围吸收资金；二是商业银行筹资必须遵守该国的利率政策，不得违反利率规定吸收资金。

（二）成本控制原则

成本控制原则是指商业银行在筹资活动中，要采取各种方法和手段降低筹资成本，为取得合理的利差创造条件，努力提高盈利水平。利润相对最大化是商业银行经营的最终目标，而利润来自于收入与成本之间的对比关系。商业银行的筹资成本是商业银行经营成本的重要组成部分，即在其他成本不变的情况下，筹资成本的高低直接影响商业银行的盈利水平。控制筹资成本有两个基本途径：一是提高工作效率，扩大筹资规模，获取规模效益；二是在众多的资金来源渠道中，选择合理的筹资结构，有效配比不同的负债结构，达到利率高低不同的负债相互组合而使负债综合平均成本最低的目的。

（三）量力而行原则

量力而行原则是指商业银行在筹资活动中，要根据业务发展需要特别是资产规模的扩张要求筹措资金，避免过度负债行为。商业银行的负债中，不论是存款还是借入款、不管是活期存款还是定期存款，它们都是银行的债务，在一定期限后都要偿还，因此，客观上要求商业银行必须保证负债的安全，避免负债规模过大而资产质量又较低引起的挤兑风潮。在这里，特别需要强调的是一定要摒弃20世纪90年代初在我国银行流行的“存款立行”思想，片面强调存款的重要性而忽视银行不良资产的化解，势必给我国银行业带来灭顶之灾。

（四）结构合理原则

结构合理原则是指商业银行在筹资活动中，通过保持合理的筹资结构，一方面降低筹资的成本，另一方面提高负债的相对稳定性，维持商业银行资金流动性的需要。商业银行在经营过程中，既要多方面、多渠道筹措资金，保持负债的多样化，以便随时能够以较低的成本吸收资金，降低资金来源的边际成本，又要使活期存款与定期存款、长期存款与短期存款、短期借款与长期借款的结构合理化，降低负债的综合平均成本。

任务二　商业银行存款业务

能力目标　正确理解和把握影响商业银行存款业务的因素

知识目标　了解商业银行存款业务的种类

重点难点　创新商业银行存款营销策略

存款是商业银行以信用的形式将社会上暂时闲置的资金集中起来的一种活动。没有存款，也就不成其为银行，这是商业银行作为企业与其他企业的区别。商业银行业务经营的成功与否，首先取决于能否吸收到所需要的资金，存款在负债业务中具有十分重要的地位。

一、存款种类

（一）传统存款业务

1. 活期存款

活期存款是指无需任何事先通知，存款户即可随时存取和转让的一种银行存款。活期存款占一国货币供应的最大部分，也是商业银行的重要资金来源。

鉴于活期存款不仅具有货币支付手段和流通手段的职能，同时还具有较强的派生能力，因此，商业银行在任何时候都必须把活期存款作为经营的重点。

由于该类存款存取频繁，手续复杂，成本较高，因此西方国家商业银行一般都不支付利息，有时甚至还要收取一定的管理费。

2. 定期存款

定期存款是指存款户在存款后的一个规定日期才能提取款项或者必须在准备提款前若干天通知银行的一种存款，期限可以从 3 个月到 5 年、10 年以上不等。

一般来说，存款期限越长，利率越高。与活期存款相比，定期存款具有较强的稳定性，且营业成本较低，商业银行为此持有的存款准备金也相应较低，因此，定期存款的资金利用率往往高于活期存款。

3. 储蓄存款

储蓄存款是为居民个人积蓄货币资产和获取利息而设定的一种存款。储蓄存款基本上可分为活期和定期两种。

活期储蓄存款：存取没有期限，只凭存折即可提取。

定期储蓄存款：预先约定期限，到期才能提取，有整存整取、零存整取、整存零取、存本取息等多种形式。定期储蓄存款的流动性小，因而利率较高。

除上述两类传统的储蓄种类外，在不同时期，商业银行还根据实际需要创新出多种储蓄种类，以吸引客户。在商业银行的经营过程中，为了适应激烈的市场竞争、抢占更多的市场份额以及吸纳更多的可用资金，商业银行创造了许多新的存款形式。

西方国家一般只允许商业银行的储蓄部门和专门的储蓄机构经营储蓄存款业务，且管理比较严格。

（二）创新的存款业务

存款创新是指商业银行为达到规避管制、增加同业竞争能力和开辟新的资金来源的目的，不断推出新型存款类别的活动。

随着社会经济的不断发展，传统的银行存款业务已不能满足社会的需求，银行同业竞争也日趋激烈，这促使商业银行不断创新存款产品种类。另外，中央银行等政府管理部门过时的管理规定也束缚着商业银行存款创新的手脚，突破这些限制成为历史发展的必然。

1. 活期存款的创新形式

（1）可转让支付命令账户（Negotiable Order of Withdrawal Account，简称 NOW）。这是一种计息并允许转账支付的储蓄存款账户，最早出现在 1972 年，由美国马萨诸塞州的一家储蓄银行所创立，存款对象限于个人和非盈利机构。美国 1933 年《银行法》规定：支票存款不许支付利息，储蓄存款可支付利息但不允许开立支票。这种账户的创立突破了这一规定，深受存款人的欢迎。该账户名义上是储蓄账户，可按规定支付利息，但存款人每月可以开出若干次数的支付命令书，该支付命令书和支票具有同等效力，银行收到命令后给予办理转账支付，因此，这种账户又具备支票账户的部分功能。

（2）超级可转账支付命令（Super Negotiable Order of Withdrawal Account，简称为super NOW）。这是一种计息、允许转账且无转账次数限制的储蓄存款账户，是由可转账支付命令发展而来的，创办于1983年的美国。这种账户和可转账支付命令账户的区别在于没有转账次数限制，利率较高，且有最低存款余额要求。

（3）货币市场存款账户（Money Market Deposit Accounts，简称MMDAs）。这也是一种计息并允许转账支付的存款账户，由美国商业银行于1982年推出，目的是以优惠条件吸收货币市场上的游资。该账户的特点主要有：没有存款最短期限限制；银行计付利息；不限定开户对象；提款需提前若干天通知银行；可使用若干次数的支票，银行不需对这种存款交纳准备金，在规定的限额以上，银行按照较高的市场利率计息；在限额以下，按可转让支付命令账户计息。

（4）货币市场共同基金账户（Money Mark Mutual Fund，简称MMMF）。该基金是指美国的一种小额信托投资，20世纪70年代初期由美国的梅尔林奇公司创立，目的在于广泛吸收社会闲散资金用于社会投资。通过这种方式聚集起来的资金往往投资于可转让大额定期存单、商业票据、银行承兑汇票、国库券等短期凭证。参加共同基金的投资者可以随时购买股份或出售股份，即可获取一定利益。货币市场共同基金账户之所以被认为是一种存款创新，主要是因为商业银行也积极参与其中。客户除投资购买股份基金外，还可在商业银行开立账户，当投资者需要用款时，可通知货币市场共同基金出售其所有的股份，把款项计入银行的活期存款账户内，客户可以用支票支付五百元以上的款项。如遇活期支票账户余额不足时，银行可代客户出售部分基金股份。由于该类基金具有收益率高、面额小、风险小和流动性强等特点，广受客户欢迎。

（5）协定账户（Agreement Account）。这是一种可以在活期存款账户、可转让支付命令账户和货币市场存款账户三者之间自动转账的新型活期存款账户。协定账户是银行与客户达成一种协议，即存户授权银行可将款项存在活期存款账户、可转让支付命令账户或货币市场存款账户中的任何一个账户上。对前两个账户都规定一个最低余额，超过最低余额的款项由银行自动转入同一存户的货币市场存款账户上，以便取得较高的利息。如果低于最低余额，也可由银行将同一存户在货币市场存款账户上的一部分款项，转入活期存款账户或可转让支付命令账户，以补足最低余额。货币市场存款账户的收益率高于储蓄存款的利率，故协定账户保证了存款人获得尽可能多的收益。可以看出，协定账户是银行对自动转账服务账户的进一步创新发展。

（6）自动转账服务账户（Automatic Transfer Service Accounts，简称ATS）。这是一种存款可以在储蓄存款账户和支票存款账户之间按照约定自动转换的存款账户。开办于1987年，是在电话转账服务账户的基础上发展起来的。与电话转账服务账户的不同之处在于存款在账户间的转换不需存款人电话通知而由银行按约定自动办理。

与电话转账服务账户一样，存款人需要在银行开立两个账户，即支票存款账户和储蓄存款账户，支票存款账户只保持1美元的余额，此外均存在储蓄存款账户上。当存款人收进一笔款项时，银行先存入支票存款账户，然后马上转入储蓄存款账户，支票存款账户始终保持1美元的余额。银行收到存款人的支付命令后，立即将所需金额从储蓄存款账户转入支票存款账户办理转账。这一存款创新的主要目的是为了增加银行资金来源，同时规避储蓄存款不能开立支票、支票存款不许支付利息的规定。

2. 定期存款的创新形式

（1）大额可转让定期存单（Negotiable Certificate of Deposits，简称 CDs）。这是一种面额较大，可以流通转让的定期存款凭证，由美国花旗银行初创于 1961 年，是对传统定期存款的创新。这种定期存单不同于传统存单的特点如下：面额较大且为整数（美国此种存单的面额通常为 10 万至 100 万美元），票面上载明息票利率；存单采用记名和不记名两种方式发行，不记名存单发行后可以在二级市场流通转让，到期前不允许提前支取；利率可固定也可浮动。

大额可转让定期存单兼顾了收益性与流动性，深受存款人的青睐，也为银行增加了长期稳定的资金来源，开辟了银行负债证券化的先河，已成为跨国银行主动负债的一种重要形式。

为增加这种存单的吸引力，20 世纪 80 年代美国又推出“滚动式定期存单”，假如存款者按协议存入 5 年期定期存款，银行签发的存单上的存款期限只标明 6 个月，银行按约定把这 6 个月的存单连续转期 10 次，存款人可随时出售该存单。

（2）新型期日指定定期存款。该金融工具在日本银行界颇为流行，是指存入期为 1 年以上，最长为 3 年，存入 1 年后只要提前 1 个月指定支取日期，任何时候都能支取的，对税制优惠的个人开设的定期存款。根据存入的期限不同，其利率采用一般定期存款利率的复利计算，存入期越长利率越高。

3. 储蓄存款的创新形式

（1）个人退休金账户（Individual Retirement Account，简称 IRA）。这是专为工资收入者开办的储蓄养老金的账户，由美国商业银行于 1974 年创办。如果存款人每年存入 2 000 美元，可以暂时免税，利率不受 Q 条例（即美联储关于限定存款利率的 Q 字条例）限制，到存款人退休后，再按其支取金额计算所得税。这种存款存期长，利率略高于储蓄存款，是银行稳定的资金来源，也深受存款人的欢迎。由于许多机构，如银行、储蓄机构、证券公司、保险公司等都可开立该账户，因此，个人退休金账户业务的竞争非常激烈。

（2）股金提款单账户（Share Draft Account，简称 SDA）。股金提款单账户是一种支付利息的支票账户，也是逃避利率管制的一种创新。建立股金提款单账户，存户可随时开出提款单，代替支票来提现或支付转账。在未支付或提现前，属于储蓄账户，可取得利息收入；需要支付或提现时，便可开出提款单（支付命令书），通知银行付款，方便灵活又有利息收入。

（三）我国商业银行存款业务的创新

进入 20 世纪 90 年代，国内银行业存款产品创新方兴未艾，极大地改善和丰富了商业银行理财服务的种类和手段，出现了一系列新的存款种类。

1. 本外币活期一本通

本外币活期一本通是集人民币、外币等不同币种的活期储蓄存款于一个存折的存款方式。国内银行业的本外币活期一本通业务最早由中国农业银行深圳市分行推出。它是在人民币活期储蓄联网、原账户单一货币管理的基础上，实行多币种的管理，具有一户多币、通存通兑、方便客户理财的特征，可以集中体现个人、家庭的日常收入、支出、缴费等资金变化，能兼顾储蓄、投资和消费等多种功能，是缴费一本通业务的基础。

2. 本外币定期一本通

本外币定期一本通是集人民币、外币等不同币种和不同档次的定期储蓄存款于一个存折的存款方式。国内银行业的本外币定期一本通业务出现于20世纪90年代中期，是基于区域银行计算机联网操作，对传统储蓄业务产品进行的集合、改造和创新。与传统的定期存单相比，它具有一折多户、一折多币、通存通兑、自动转存、异地托收等功能特点。已经开通电话银行系统的地区，还可通过电话银行系统进行账户查询和转账。中国银行深圳分行在国内首家推出本外币定期一本通。

3. 通知存款

通知存款是指存款人在存款时不约定存期，支取时提前通知经办银行，约定支取存款日期和金额方能支取的存款。凡我国境内居民、港澳同胞和外籍人士及符合开户条件的企业、事业、机关、团体均可申请办理此项业务。通知存款分为一天通知存款和七天通知存款两种，仅限于人民币币种。居民通知存款的最低起存金额为人民币5万元，最低支取金额也是人民币5万元；单位通知存款的最低起存金额为人民币50万元，最低支取金额为人民币10万元。

4. 定期自动转存业务

定期自动转存是在整存整取存款到期后不支取，并可无限次地连本带息进行整存整取自动转存的一种存款方式。定期自动转存业务可以分为原期限自动转存、约定转存和超限额约定转存3种不同类型的转存。

（1）原期限自动转存定期存款的转存存期为原存款存期，转存金额为原定期存款连本带息，利率为转存当日定期整存整取利率；

（2）约定转存定期存款的转存存期按照客户与银行事先约定的存期执行，它可以比原存期长或短，但必须是银行公布的有效存期，转存金额为原定期存款连本带息，转存利率为转存当日定期整存整取利率；

（3）超限额约定转存是为银行持卡人设定的转存方式，持卡人可约定某一具体金额上限，并约定转存金额和存期，当卡内活期存款超过该上限时、超额的部分按约定金额的整数倍自动转存为约定定期存款，转存利率为转存当日定期整存整取利率，该服务可根据客户要求随时设定或撤销。

定期自动转存是对整存整取定期存款在业务功能上的一种完善。

想 一 想

你能创新一款新型的存款业务吗？

请分组探讨市场需求，研究如何创新存款业务。

二、影响商业银行存款负债的因素

商业银行的存款业务是其他各项业务的基础，要扩大经营范围，增强竞争实力，实现其经营目标，必须制定相应的筹资方法与筹资策略来吸引所需资金。在存款负债管理中商业银行主要考虑以下具有影响力的因素：

（一）存款利率

在市场经济条件下，存款利率越高，银行对社会公众的吸引力越大，其在存款市场的份额就可能越大。

（二）业务收费标准

服务收费标准也是银行间竞争存款的常用工具。一般来说，收费标准有3种可能的情况：银行按低于服务成本的价格收费，实际上是对存款人给予暗的利息补贴；按服务成本收费，也是对存款人的一种优惠；按服务成本加一定的利润率收费，直接体现了银行的利益倾向。

（三）新产品的开发

在金融市场竞争日益激烈的今天，商业银行应对现有金融产品的质量与特征进行分析，针对不同的市场与客户的要求，对这些产品的质量加以改善。例如，银行可以将个人存款户划分为一般的小储户、中等储户和富有的大储户，在此基础上调整产品对不同客户需求的适应程度。

（四）金融服务的品种和质量

随着经济的发展和国民收入的增加，社会公众对金融服务的要求越来越细化、越来越高，要求银行提供系列化服务。服务系列化是指银行服务领域要广阔，服务项目要配套，服务过程要拓展。因此，能否吸收到足够的存款，在很大程度上取决于银行能够向公众提供什么样的金融服务以及服务质量如何。

（五）银行信誉与贷款便利

银行的资产规模和信誉评级是测评银行实力的两个可信度最高的指标。在利率和其他条件相同或相近条件下，客户会优先选择实力强的银行，尤其大存户更是如此。对于企业而言，选择存款行的一个重要依据是能否在需要时获得银行信贷的支持。

（六）银行网点设置和营业设施

大多数存款者在选择存款行时会不同程度地考虑银行网点的地理位置是否方便。随着电子技术的发展，自动存取款机的普及与电子结算和财务网络的广泛使用，尤其是网络银行的兴起，使银行的效率越来越高，具有较多经营网点和先进营业设施的银行在竞争存款方将占据明显优势。

（七）银行形象和雇员形象

银行形象和雇员形象是影响银行存款的重要因素，该银行是否有“社区精神”，贷款政策是否符合当地需要，银行经营管理是否稳健，银行雇员是否热情、高效、体贴，都是吸引存款人的重要因素。

三、银行存款的积极经营策略

由于存款的主动权掌握在存户手中，因此对银行来说，存款实际上是一种被动负债。银行必须变被动负债为主动经营，通过一系列策略的运用在保持原有市场份额的同时进一步扩大市场占有率。

（一）存款利率和服务收费策略

在市场经济中，存款利率越高，居民、企业和其他社会公众的闲置资金就越会从其他投资工具流向商业银行。银行存款利率越高，就越能提高其在存款市场中的份额。但是，商业银行通常不主动采用利率战这一形式来争夺存款。

资料卡

西方商业银行的存款经营策略

西方商业银行多采用3种比较隐蔽的方式间接地利用利率因素。

一是，服务收费上灵活运用。在NOW账户合法化前，银行对活期存款账户收取少量手续费或免收手续费。这笔收费并不能抵补银行办理这种账户的全部费用。两者之间的差额构成活期存款账户存户的暗收益。这种暗收益相当于银行向存户支付的利息。服务收费越少或免收，暗收益越高。银行为争取存款，常对余额较多的账户免收或仅象征性地收取微量手续费。NOW账户出现后，许多银行又采取以直接收费代替存款最低限额或以最低限额代替直接收费这一市场开发策略争取存款。

二是，调整存款结构。鉴于法律禁止对活期存款付息，美国的商业银行通过账户创新更多地吸收存款。发明新的存款工具以减少活期存款比重，同时增加付息的定期存款和储蓄存款比重。这从NOW账户系列、协定账户的出笼可见一斑。

三是，推出高息存款工具。这类存款既有略高于国库券的收益，又有较好的流动性，可吸引外国资金进入商业银行存款池。代表产品是可转让大额定期存单。

（二）开发新型金融服务项目、提高服务质量

配套服务的健全和多样化能大大提高银行竞争存款的实力，尤其体现在活期支票存款的竞争上。一些商业银行为争夺存款，已提出和实践了“全面服务”这一概念。银行提供高质量的全面服务，对于那些在几家银行和存款机构间徘徊选择的企业客户尤其具有吸引力，是一个极有分量的法码。全面服务包括向存户提供代收代付、自动转账、投资咨询、代理、信托、外汇交易、档案保管、个人理财、旅行支票、公证服务、工资发放、机票代购、每月电脑报表显示、方便的保险箱、夜间寄存箱、银行邮寄业务等诸多服务项目。

（三）合理设置银行网点

无论是企业客户还是个人储户，总是就近选择银行作为他们的开户银行，这就要求银行广设营业网点，特别是在人口密集的地区、交通中心、郊区的居民小区设置分支机构。为了方便存户，银行还应在市区建立起自动柜员机网络。存取的便利能有效地建立存户的忠诚感和吸引老存户周围的企业和居民加入，从而提高银行的存款水平。

（四）改善营业设施

营业设施主要包括银行营业大楼和宽敞的停车场。一座能产生舒适、愉悦气氛的银行大楼可以有效吸引企业等有大量存款平均余额的存户加入，是银行提高存款水平的一个重要环节。

（五）提高银行资信水平

银行的资产规模和信誉评级是测度银行实力的两个可信度最高的指标。在利率和其他条件相同或相近情况下，存户愿意选择大银行。在美国，联邦存款保险制度只对10万美元以下的存款提供充足保险，而对10万美元以上的存款账户和大额可转让存单不能提供充足的保险。为确保存款的安全，存款账户平均余额较大的企业存户特别偏好于选择资信颇佳的大银行作为其开户行或购买持有由它们发行的大额存单，因为这些大银行破产倒闭的风险小。

（六）树立良好的银行形象和雇员形象

处于某个社区的银行若要在社区中扩展其存款业务，首先应在社区中建立良好的银行形象。良好的银行形象关键会使银行与社区融为一体，如使贷款政策适应当地的需要，在银行董事会中安插社区中具有影响力强的人物等。在社区中建立良好形象可以形成与其他竞争银行的差别，有助于银行开拓存款源泉，保持负债潜力。在提高商业银行存款额度的竞争中不能忽略雇员的形象。高效、礼貌、热忱的雇员体现着银行良好的管理素质和经营素质。

任务三 商业银行借款业务

能力目标 掌握商业银行借款业务的种类

知识目标 了解商业银行短期和中长期借款的含义和特征

重点难点 运用和创新商业银行短期和中长期借款的经营策略

在商业银行的负债业务中，存款始终是最主要的资金来源，但是随着商业银行的发展，存款负债已经不能满足商业银行对资金的需求，非存款性负债日益增长，同业拆借、向中央银行借款、回购协议、向欧洲货币市场借款等负债形式，已经成为商业银行的重要资金来源。

一、商业银行短期借款业务

短期借款是指商业银行主动通过金融市场或向中央银行借入的期限在1年以内的非存款负债，主要包括同业借款、向中央银行借款等形式。

（一）短期借款的主要特征

1. 主动性

活期存款的余额随时都在变化，定期存款也面临到期支取的问题，商业银行难以主动把握和控制，因而商业银行的短期借款具有充分的吸引力。无论借款的期限还是余额都可以明确约定，商业银行可以根据自身实际需要精确把握。

2. 集中性

存款是商业银行从众多分散客户中获得的资金，单笔余额相对较小。短期借款无论在时间上还是金额上都相对稳定，单笔短期借款的平均金额要大大高于单笔存款的平均额。短期借款的偿还时间和金额也相应能够满足商业银行资产业务对资金的集中性需求。

3. 利率风险较高

正常情况下，短期借款的利率一般高于同期存款。同时，短期借款利率与金融市场资金供求关系密切相关，极易受市场利率波动的影响，金融市场一旦出现资金供不应求，短期借款的利率即会快速上升，导致商业银行负债成本大幅提高。因此要加强对短期借款的成本分析和控制，降低利率风险。

4. 用于弥补头寸短缺

短期借款的时间较短，银行不能够长期占用，一般只用于弥补头寸短缺，解决银行临时性资金不足和周转困难时的资金需要。尽管短期借款的稳定余额也可以长期占用，但绝不能用短期借款满足营利性资产的资金需要。短期借款的动机只能是满足银行经营的流动性需要。

（二）商业银行短期借款的方式

1. 向中央银行借款

商业银行向中央银行借款的主要形式是再贴现和再贷款。

（1）再贴现。再贴现是指商业银行在办理贴现业务后，为应付短期资金需要而再一次向中央银行办理贴现获取资金的行为。再贴现的金额按票据面额扣除再贴现利息计算，再贴现利率一般略低于再贷款的利率。再贴现是中央银行三大传统货币政策工具之一，中央银行通过调整再贴现的利率、票据种类等，影响商业银行的筹资成本，发挥影响基础利率的作用。

（2）再贷款。再贷款是指商业银行从中央银行得到的信用贷款，是商业银行除存款之外最重要的资金来源，是中央银行控制货币供应量的主要途径之一。

想 一 想

中央银行三大传统货币政策工具是什么?

（1）法定存款准备金率。法定存款准备金率作为中央银行的一般性货币政策工具，可以保证商业银行等存款机构资金的流动性，集中一部分信贷资金，调节货币供给总量。

（2）再贴现政策。再贴现政策的作用在于中央银行可以利用它来履行最后贷款人的职责，既可以调节货币总量，又可以调节信贷结构。

（3）公开市场业务。公开市场业务的作用在于中央银行可以利用它在金融市场买卖有价证券，一方面可以调控存款货币银行的准备金和货币供应量，另一方面可以影响利率水平和利率结构。

2. 同业借款

同业借款是指商业银行之间或商业银行与其他除中央银行之外的金融同业之间进行

的资金余缺调剂活动，主要用于临时性资金周转。同业借款的形式有同业拆借、转贴现、转抵押。

（1）同业拆借。同业拆借是指商业银行之间或商业银行与其他除中央银行之外的金融机构之间发生的临时性借款，是商业银行的传统负债业务。既可以及时调配银行结算账户上的头寸，也可以成为银行贷款的一种资金来源。但我国银行的同业拆借有比较严格的限制，只可以作为调节头寸的手段，不可以成为贷款的资金来源。

《中华人民共和国商业银行法》规定：同业拆借应当遵守中国人民银行的规定。禁止利用拆入资金发放固定资产贷款或者用于投资。拆出资金限于交足存款准备金、留足备付金和归还中国人民银行到期贷款之后的闲置资金。拆入资金用于弥补票据结算、联行汇差头寸的不足和解决临时性周转资金的需要。利率水平与结息办法由双方自行协商确定。

（2）转贴现。转贴现是指金融机构为取得资金，将未到期的已贴现商业汇票再以贴现方式向另一金融机构转让的票据行为，是金融机构间融通资金的一种方式。转贴现的利率可以由双方商定，也可以贴现率为基础并参照再贴现率而确定。

（3）转抵押。转抵押是指商业银行在发生临时性资金短缺情况下，以凭借客户抵押来的资产向中央银行之外的金融机构办理抵押贷款。转抵押贷款的程序与工商企业向商业银行申请抵押贷款的程序基本相同，区别是商业银行向同业举借转抵押贷款所有的抵押品，大多是工商企业向其举借抵押贷款时提交的抵押品，如动产和不动产。转抵押的手续较复杂，技术性较强。

3. 其他短期借款

（1）回购协议。它是指商业银行在出售证券等金融资产时签订协议，约定在一定期限后，按照约定价格购回所出售的证券，从而获取即时可用资金的一种交易行为。回购协议实质上是一种短期抵押融资方式，该笔被借款方先售出后又购回的金融资产即是融资抵押品或担保品。回购协议分为债券回购和股票回购两种。两种形式都是融资的手段，而且一贯都被认为是比较安全且回报高而快的方式。

回购协议的期限一般很短，最常见的是隔夜拆借，但也有期限长的。此外，还有一种“连续合同”的形式。该形式的回购协议没有固定期限，在双方都没有表示终止的意图时，合同每天自动展期，直至一方提出终止为止。

回购协议具有以下特点：

① 将资金的收益与流动性融为一体，增大了投资者兴趣。投资者完全可以根据自己的资金安排，与借款者签订“隔日”或“连续合同”的回购协议，在保证资金可以随时收回移作他用的前提下，增加资金的收益。

② 增强了长期债券的变现性，避免证券持有者因出售长期资产以变现而可能带来的损失。

③ 具有较强的安全性。回购协议一般期限较短，且有100%的债券作抵押，故投资者可根据资金市场行情变化，及时抽回资金，避免长期投资的风险。

④ 较长期的回购协议可用来套利。如银行以较低的利率用回购协议的方式取得资金，再以较高利率贷出，从而获得利差。

在美国，回购协议市场的利率一般以联邦储备资金拆借市场的利率为基准，但经常会略低一些。回购协议作为重要的短期资金融通方式，越来越受到重视。

（2）大额存单。大额存单是由商业银行发行的一种金融产品，实质是存款人在银行的存款证明，已成为商业银行通过发行短期债券筹集资金的一种形式。大额存单面额为整数，一般可转让，利率相对较高，期限短，但到期之前不能购回，到期还本付息，是商业银行经常使用的一种短期筹资方式。

（3）国际金融市场借款。国内金融市场利率受本国货币政策的影响，而国际金融市场的利率则一般完全由资金的供求决定。因此，当国内资金紧缺时，商业银行可转向国际金融市场来寻求资金来源。

目前最具规模、影响最大的是欧洲货币市场。这是一个开放的富有竞争力的金融市场，市场上借款条件灵活，不限制借款用途，存款利率相对较高，放款利率相对较低，手续简便，无需担保，主要凭借借款人的信用发放贷款，通过电话或电传就可以完成，从而吸引了无数资金需求者。

（三）商业银行短期借款的经营策略

与存款相比较，短期借款具有时间上和金额上相对比较集中的特点，而且一般只能调剂头寸，解决银行周转资金和临时性资金不足的问题，商业银行短期借款的经营策略有以下几点：

1. 选择恰当的借款时机

短期借入款是用以满足商业银行经营过程中的资金需要，但何时借入，以何种方式借入，不仅影响商业银行的负债成本，也决定着借入资金数量。因此，须选择适当时机借款，既要考虑商业银行经营对资金的需求量，又要分析金融市场资金的供求状况。

2. 确定适度的借款规模

短期借款是银行的债务，需要偿还。基于此，商业银行须测算一个适度的借款规模，在考虑自身承受能力的基础上确定借款数量。若利用短期借款所付出的代价超过因扩大资产规模而获取的利润，则不能继续增加借款规模，只能是通过资产的变现解决流动性需要，或进一步挖掘存款的潜力。

3. 合理安排借款结构

既要选择多种短期借款方式，避免由于借款方式单一而造成的借款数量较小但借款边际成本较高的尴尬，又要合理安排各种借款方式的期限结构，以便主动把握借款的期限和金额，有计划地把借款到期时间和金额分散化，减少流动性需要过于集中的压力。

总体看，商业银行应尽可能地多利用一些低息借款，少利用高息借款以降低负债成本，但在资产预期效益较高或是流动性需求较为迫切而低息借款又难以争取时，也可适当借入一些利息较高的负债。

二、商业银行中长期借款业务

长期借款是指偿还期限在1年以上的银行借款。商业银行的中长期借款主要采取发行金融债券的形式。金融债券可分为资本性债券、一般性金融债券和国际金融债券。

（一）商业银行中长期借款的特征

1. 金融债券与存款的区别

（1）筹资的目的不同。吸收存款是为了扩大银行资金来源总量，而发行金融债券是为了增加长期资金来源和满足特定用途的资金需要。

（2）筹资的机制不同。吸收存款是经常性的、无限额的，而金融债券的发行是集中、有限额的，吸收存款是被动型负债，而发行金融债券是银行的主动型负债。

（3）筹资的效率不同。由于金融债券的利率一般要高于同期存款的利率，对客户有较强的吸引力，因而其筹资效率要高于存款。

（4）所吸收的资金稳定性不同。金融债券有明确的偿还期，一般不用提前还本付息，有很高的稳定性，而存款的期限有一定弹性，稳定性较差。

（5）资金的流动性不同。一般情况下，存款关系基本固定在银行与存户之间，不能转让；而金融债券一般不记名，有较好的流通市场，具有比存款更高的转让性。

2. 金融债券与可转让大额定期存单的区别

金融债券比可转让大额存单具有明显优势：

（1）在利率方面，它不受政府对存款最高利率的限制。

（2）对通过发行金融债券方式筹得的资金，商业银行可不必为此缴纳准备金。

（3）尽管可转让大额定期存单的优点很多，但并不能完全取代金融债券。

（二）商业银行中长期借款的经营策略

发行金融债券，对银行来讲是负债经营，这就容易造成超贷，从而引发信用膨胀。为此，商业银行发行金融债券时，要考虑到发行成本、清偿能力以及资金使用的期限结构等诸多方面的问题，以求驱弊趋利。

1. 债券发行与资金使用相配比

商业银行在利用金融债券筹资时，既要保持债券发行量与利用款项目在资金数量上基本相等，避免资金闲置的现象，又要搞好项目的可行性研究，进行筹资成本与项目收益的比较分析，力求使项目收益高于债券成本，遵循资金“高进高出”的原则。

2. 科学选择利率和货币的结构

根据利率的变动趋势，确定适当的发行利率和计息方式，如预期利率有上升趋势，应采取固定利率的计息方式；反之，则采取浮动利率计息方式。

在发行国际债券时，原则上采用汇率具有下浮趋势的软货币作为票面货币，但同时要考虑债券出售问题，汇率趋势看跌的软货币债券销售困难，而硬货币计价的债券销路较好。

3. 掌握好发行时机

商业银行应选择市场资金供给大于需求、利率较低的时机发行债券，如国债还本付息时或年终分配时，因为此时整个社会的资金供应比较充足，商业银行可以较低的利率将所发行的债券推销出去。

4. 分析研究投资者的心理

金融债券作为投资者可供选择的一种金融资产，能否顺利推销取决于投资者的购买心理。因此，商业银行必须研究和了解投资者对购买金融债券的收益性、安全性、流动性和方便性的心理要求，并针对这些要求设计和创新债券品种，使金融债券能具备广泛的市场购买力。

风险警示

商业银行借款业务风险控制要求

- 存款始终是商业银行最主要的资金来源，但随着商业银行的发展，非存款性负债已成为商业银行的重要资金来源之一。
- 商业银行短期借款业务与长期借款业务的特征有很大不同。
- 深刻理解向央行借款、同业借款、回购协议等银行短期借款方式的含义和特点，能联系实际分析和应用这些借款方式的操作规定。
- 理解和分析商业银行短期借款和中长期借款的经营策略，结合当前经济形势灵活运用不同组合的经营策略。

资 料 卡

我国主动负债发展状况

目前，在我国商业银行负债总额中，被动负债占了绝大多数，主动负债在资金来源中占比仍过低。

在美国，商业银行被动负债比重已经从1975年的89%下降至2005年的71.7%，并且美国大银行主动负债比例远高于小银行，因为大银行日渐把主动负债作为满足贷款需求和应急安排的重要短期资金来源，而小银行受规模和信用等级限制只能依赖于一般存款。但我国却正好相反，国有商业银行存款规模大，发展主动负债动力小，中小商业银行因为网点少、规模小、资金紧张，近年来主动负债发展迅速。

任务四　存款保险制度

能力目标　正确理解存款保险制度的影响

知识目标　了解存款保险制度的含义、特征和作用

重点难点　探讨研究存款保险制度在我国推行的可行性

一、存款保险制度的含义

存款保险制度一种金融保障制度，是指由符合条件的各类存款性金融机构集中起来建立一个保险机构，各存款机构作为投保人按一定存款比例向其缴纳保险费，建立存款保险准备金，当成员机构发生经营危机或面临破产倒闭时，存款保险机构向其提供财务救助或直接向存款人支付部分或全部存款，从而保护存款人利益，维护银行信用，稳定金融秩序的一种制度。

资料卡

存款保险制度主要特征

第一，关系的有偿性和互助性。存款保险主体之间的关系，一方面是有偿的，即只有在投保银行按规定缴纳保险费后，才能得到保险人的资金援助，或倒闭时存款人才能得到赔偿；另一方面又是互助的，即存款保险是众多的投保银行互助共济实现的，如只有少数银行投保，则保险基金规模小，难以承担银行破产时对存款人给予赔偿的责任；

第二，时期的有限性。存款保险只对在保险有效期间倒闭银行存款给予赔偿，而未参加存款保险或已终止保险关系的银行的存款一般不受保护；

第三，结果的损益性。存款保险是保险机构向存款人提供的一种经济保障，一旦投保银行倒闭，存款人要向保险人索赔，其结果可能与向该投保银行收取的保险费差距很大。因此，存款保险公司必须通过科学的精算法则较为准确地计算出合理的保障率，使存款保险公司有能力担负存款赔付的责任；

第四，机构的垄断性。无论是官方的、民间的，还是合办的存款保险都不同于商业保障公司的服务，其经营的目的不在于盈利，而在于通过存款保护建立一种保障机制，提高存款人对银行业的信心。因此，存款保险机构一般具有垄断性。

二、存款保险制度的作用

（一）保护存款人的利益，提高社会公众对银行体系的信心

如果建立了存款保险制度，当实行该制度的银行资金周转不灵或破产倒闭而不能支付存款人的存款时，按照保险合同条款，投保银行可从存款保险机构获取赔偿或取得资金援助，或被接收、兼并，存款人的存款损失可以降到最低。

存款保险制度虽然是一种事后补救措施，但其作用却在事前即有体现。因为公众知道，实行了该制度的银行即使真的出现问题也会得到相应的帮助，这从心理上给了他们以安全感，从而有效降低极富传染性的恐慌感，进而减少了对银行体系的挤兑。

（二）可有效提高金融体系的稳定性，维持正常的金融秩序

由于存款保险机构负有对有问题银行承担保证支付的责任，因此必然会对投保银行的日常经营活动进行一定的监督、管理，从中发现隐患所在，及时提出建议和警告，以确保各银行稳健经营，这实际上增加了一道金融安全网。同时这一制度对公众心理所产生的积极作用也可有效防止银行挤兑风潮的发生和蔓延，从而促进金融体系的稳定。

（三）促进银行业适度竞争，为公众提供质优价廉的服务

大银行因其规模和实力在吸收存款方面处于优势，而中小银行则处于劣势地位，这就容易形成大银行垄断经营的局面。这种垄断不利于消费者利益，社会公众获得的利益就会小于完全竞争状态下的利益。

存款保险制度是保护中小银行、促进公平竞争的有效方法之一。它可使存款者形成一种共识，将存款无论存入大银行还是小银行，该制度对其保护程度都是相同的，因此提供服务的优劣将成为客户选择存款银行的主要因素。

（四）存款保险机构职责明确

存款保险机构可通过对有问题银行提供担保、补贴或融资支持等方式对其进行挽救，或促使其被实力较强的银行兼并，减少社会震荡，有助于社会的安定。

想 一 想

存款保险制度的积极作用和消极影响有哪些？

三、我国商业银行的存款保险制度

目前我国的商业银行的存款保险制度还处在建设之中。我国经济发展势头良好，在一定程度上降低了建立这一制度的成本和风险。银监会成立以来我国银行业监管水平有了很大的提高，为存款保险制度的出台创造了前提条件。

近年来，我国国有商业银行改制上市取得显著成效，银行不良资产的大规模政策性集中处置工作告一段落，经营不善的金融机构的市场退出机制也在建立之中。所有这些都表明，我国建立存款保险制度所需要的主要条件都已具备。

因此，适时地出台符合国情的存款保险制度，有利于保障金融体系的稳定，促进经济的持续健康稳定发展。

（一）存款保险制度的积极作用

第一，有利于防范金融风险，稳定一国金融体系。在经济金融全球化背景下，国际金融市场动荡加剧，频频发生金融风波，如 1994 年的墨西哥金融危机、1995 年的英国巴林银行倒闭事件、1996 年的日本阪和银行倒闭事件、1997 年席卷东南亚和日韩的亚洲金融风暴、2009 年发自美国遍及全球的金融危机等，不仅严重影响了本国经济的正常运转和社会安定，还给国际金融市场带来巨大冲击。发生危机与受其波及的国家为解决这些金融问题都付出了惨重的代价。

我国目前虽然没有发生大规模系统性的金融风波，在国际金融危机中反而作出较大贡献，但随着金融市场化、国际化进程的加快，金融创新产品逐渐增多，中小型商业银行纷纷成立，在商业银行内控制度不健全的情况下，银行自身风险在逐渐增加。要防范风险，稳定金融，必须“防患于未然”。国际经验表明，建立存款保险制度不失为防范金融风险的可行选择之一。

第二，有利于保护广大存户利益，增强银行信用。作为信用中介的银行，其基本特征是高风险性和不稳定性，即银行大部分资金是以负债的形式吸收的机构和个人存款，自有资金只占全部资本的小部分，在经营管理不善或其他因素作用下导致不能按时清偿债务时，极易引起银行信用危机。

我国金融业目前的现状是国有商业银行经营机制尚未完全转变，资产负债结构不合理，风险抵御能力较差，在金融市场发育不完善、金融监管手段和方法落伍的背景下，实行强制性存款保险实际上也是对银行业发展的一种强制性保护。

第三，有利于革新传统观念，提高公众风险意识。长期以来，在计划经济体制模式下，我国的银行储蓄存款不仅没有风险，而且收益可观，一直是人们投资的首选渠道。在实行社会主义市场经济条件下，企业破产不仅在理论上已被公众接受，而且在实践中已实施，因此经营货币这一特殊商品的商业银行所潜在的风险也应为公众所接受。

第四，有利于加强中央银行的监管力度，减轻中央银行的负担。存款保险的目的，一方面是在必要情况下执行赔偿的职责，另一方面是保障整体金融体系的稳定。这就要求存款保险机构要对日常的银行经营活动进行监督，且须定期对银行的财务状况进行检查，审查其上报的统计报表和账目。当银行管理不善或经营非法、风险较大的业务时，存款保险机构可以提出警告，勒令整改，帮助银行渡过难关，或促成其他银行的并购，从而实现中央银行的监管意图。

（二）存款保险制度的消极影响

第一，存款保险制度最根本的问题在于可能诱发道德风险：一是，存款保险制度的存在会导致存款者风险意识下降，特别是在利率市场化实现后，他们有可能不顾银行经营风险，将钱存到存款利息更高的银行；二是，商业银行的风险约束机制会弱化，在经营活动中可能为追求高额利润而过度投机；三是，我国建立存款保险制度的一个特殊问题是，四大国有银行有政府作后盾，无偿享受政府提供的保险，为节省运行成本，它们不愿加入存款保险体系，如果它们不加入，那么保险基金数额小、范围狭窄，就很难保证银行资金发生大量损失的时候对储户进行赔付。

第二，在一定程度上会引发银行铤而走险。存款保险制度会刺激银行承受更多风险，鼓励银行的冒险行为。因为银行知道，一旦遇到麻烦，存款保险机构会挽救它们。特别是当一家银行出现危机而又没被关闭时，所有者便用存款保险机构的钱孤注一掷，因为这时全部的风险由承保人承担。如此会使那些资金实力弱、风险程度高的金融机构得到实际的好处，而经营稳健的银行则在竞争中受到损害，从而给整个金融体系注入不稳定因素进而增大银行体系的经营风险。该现象与建立存款保险制度的根本目的背道而驰。

知识拓展

存款保险制度（Deposit Insurance System）

存款保险制度始于20世纪30年代的美国，为挽救经济危机冲击下已濒临崩溃的银行体系，美国国会1933年通过《格拉斯——斯蒂格尔法》，联邦存款保险公司（FDIC）作为一家为银行存款保险的政府机构于1934年成立并开始实行存款保险，以避免挤兑，保障银行体系的稳定。

多年来，随着经济形势和金融制度、金融创新等的不断变化和发展，在金融监管检查和金融风险控制和预警方面，FDIC进行了大量成效显著的探索，成为美国金融监管中的“三巨头”之一。

随着金融业日益自由化、国际化的发展，金融风险明显上升，绝大多数西方发达国家相继在本国金融体系中引入存款保险制度。

存款保险分为隐性（Implicit）存款保险和显性（Explicit）存款保险两种。隐性存款保险制度多见于发展中国家或者国有银行占主导的银行体系中，指国家没有对存款保险做出制度安排，但在银行倒闭时，政府会采取某种形式保护存款人的利益，因而形成了公众对存款保护的预期。显性的存款保险制度是指国家以法律的形式对存款保险的要素机构设置以及有问题机构的处置等问题作出明确规定。其优势在于：明确银行倒闭时存款人的赔付额度，稳定存款人的信心；建立专业化机构，以明确方式迅速、有效地处置有问题银行，节约处置成本；事先进行基金积累，以用于赔付存款人和处置银行；增强银行体系的市场约束，明确银行倒闭时各方责任。

近年来，全球共有78个经济体建立了各种形式的存款保险制度，显性的存款保险体系已成为发展中国家和地区提出的金融结构改革的一个主要特点，且国家层面上的强制性保险已成为一种主流。

从目前已实行该制度的国家看，存款保险制度的组织形式主要有3种：由政府出面建立，如美国、英国、加拿大；由政府与银行界共同建立，如日本、比利时、荷兰；在政府支持下由银行同业联合建立，如德国。

思考与训练

一、选择填空

1. 商业银行作为信用中介，________是最基本、最主要的业务。

2. 商业银行的负债形式有________、________、________。

3. 商业银行的借款业务分为________和________两类。

4. 成本控制原则是指商业银行在筹资活动中，要采取各种方法和手段________，为取得合理的利差创造条件，努力提高________水平。

5. ________是一种面额较大，可以流通转让的定期存款凭证，由美国花旗银行初创于1961年，是对传统定期存款的创新。

二、正误判断

1. 商业银行的负债业务是形成资金来源的业务。（　　）

2. 通知存款是指存款人在存款时不约定存期，支取时提前通知经办银行，约定支取存款日期和金额方能支取的存款。分为1天通知和3天通知两种形式。（　　）

3. 回购协议是一种短期抵押融资方式，那笔被借款方先售出后又购回的金融资产即是融资抵押品或担保品。（　　）

4. 真正意义上的存款保险制度始于20世纪60年代的美国。（　　）

5. 目前我国的商业银行的存款保险制度还处在建设之中。（　　）

三、单项选择

1. （　　）业务是商业银行开展中间业务的基础。

A. 负债　　B. 资产　　C. 信托与租赁　　D. 资本

2. 单位通知存款的最低起存金额为人民币（　　）。

A. 20 万元　　B. 50 万元　　C. 30 万元　　D. 25 万元

3. 个人通知存款的最低起存金额为人民币（　　）。

A. 5 万元　　B. 3 万元　　C. 10 万元　　D. 1 万元

4. 下列属于商业银行被动负债业务的是（　　）。

A. 存款　　B. 贷款　　C. 向中央银行借款　　D. 同业拆借

5. 按照《巴塞尔协议》的国际标准，商业银行的负债提供了商业银行（　　）的资金来源。

A. 92%　　B. 90%　　C. 85%　　D. 60%

四、多项选择

1. 商业银行短期借款的形式有（　　）。

A. 向中央银行借款　　B. 同业借款

C. 回购协议　　D. 大额存单和国际金融市场借款

2. 商业银行负债业务的经营原则包括（　　）。

A. 依法筹资原则　　B. 成本控制原则

C. 量力而行原则　　D. 结构合理原则

3. 传统存款包括（　　）。

A. 活期存款　　B. 定期存款

C. 储蓄存款　　D. 可转让支付命令账户

4. 商业银行定期存款的创新形式包括（　　）。

A. 大额可转让定期存单　　B. 新型期日指定定期存款

C. 个人退休金账户　　D. 股金提款单账户

5. 商业银行短期借款的主要特征是（　　）。

A. 主动性　　B. 集中性

C. 利率风险较高　　D. 用于弥补头寸短缺

五、问题简答

1. 我国商业银行对存款业务有哪些创新？

2. 影响商业银行存款负债的因素有哪些？

六、实战训练

1. 假如你是一家商业银行的管理人员，可以采取哪些策略经营商业银行的短期借款？

2. 有人说："我国还不具备建立存款保险制度的条件。"这种说法对吗？你对此怎么看？

七、案例分析

自 2009 年底开始，各家银行大量吸收存款，一方面借以改善濒临监管红线的贷存比，另一方面吸取金融危机的教训，为回归传统业务积蓄资金。从数字来看，国有大型银行、股份制银行和城市商业银行均表现不俗，存款大量增加。以个人储蓄存款为例，2009 年工、农、中、建四大银行北京分行的人民币储蓄存款余额分别为 4 888 亿元、

1 191 亿元、1 227 亿元、2 071 亿元，较 2008 年分别增加 713 亿元、269 亿元、176 亿元及 424 亿元。此外，股份制银行及城市商业银行也在 2009 年年底大量吸收存款。中信证券一份报告称，股份制银行 2009 年 12 月存款余额增加 4 025 亿元，城市商业银行当月也新增存款 2 417 亿元。中央银行北京营业管理部人士指出："存款的增加具有重要的经济意义，一方面为银行各项业务的开展提供稳定的资金来源，另一方面则为银行抵御风险提供充分的流动性。"

存款是银行负债业务的重要形式，请结合案例分析说明，大量吸收存款、增加负债对银行有哪些重要意义？

项目三　商业银行资产业务

项目的目标与任务

知识与技能目标：

- 掌握商业银行资产业务的基本概念、功能
- 了解商业银行资产业务的种类
- 掌握商业银行贷款业务类型

主要任务：

- 掌握商业银行不同贷款业务类型的风险防范措施
- 掌握商业银行贷款五级分类的分类标准和基本流程
- 掌握商业银行现金资产管理的经营策略

导学案例

用十岁女儿房产抵押贷款，法院能否裁定执行？

【案例情况】

中国民生银行厦门分行依据《执行证书》向福建省厦门市思明区人民法院申请强制执行，希望执行十岁女孩小婧和她母亲共有的两套房产，用于偿还银行的 195 万元贷款及利息。但法院裁定不予执行。

郑女士与徐先生系夫妻关系，小婧系他们的女儿。这两套房产是郑女士与徐先生所买，把小婧和郑女士的名字写进共有产权人。2009 年 5 月 19 日，郑女士与银行签订《个人额度借款合同》、《个人最高额抵押合同》等协议，向银行借款人民币 195 万元整，用于经营，且以郑女士、小婧的两套房产作为抵押担保物。合同约定经公证后具有强制执行效力。

2010 年 9 月，银行发现用于抵押贷款的两套房产已被法院查封。从银行角度讲，法院的查封行为危及到贷款安全，故宣布贷款提前到期，按合同约定提前收回全部借款本息，并向思明区法院申请执行，请求对抵押物及债务人的其他财产予以执行，执行标的为本金人民币 195 万元及利息、罚息等。

法院经审查认为，银行与郑女士签订的《个人额度借款合同》、《个人最高额抵押合同》虽经公证赋予强制执行效力，但郑女士与银行在借款合同中约定的借款期限尚未到期，银行系以抵押物被查封危及其贷款安全，依据合同约定宣布贷款提前到期、收回借款本息为由向法院申请执行公证机关赋予强制执行效力的债权文书，对银行的申请事由是否成立，执行期间不予审查；另两套房产为郑女士、小婧共有的房产。小婧尚未成年，郑女士作为小婧的法定代理人以小婧为抵押人，将小婧名下的房产作为借款的抵押担保物进行担保，郑女士作出的与未成年人小婧权益有关的抵押决定，是否损害到小婧的权益，执行期间无法审查。

法院审理后认为，上述两问题均存在法律疑点，疑点不排除可能导致错误执行。由于这些问题应在仲裁或审判程序中才能作出认定，法院无权在执行程序中对上述法律问题进行确定性裁判，故案件所涉及的银行公证债权文书在实体权利上可能存在违法要素及权利阻却事由，应当裁定不予执行。

【分析】

孩子名下房产，父母有权处置吗?

现在以未成年人名义办理房产登记的现象越来越多，小房主的出现饱含长辈对子女的关爱。但现实是给未成年人买房容易，卖房难，由此引发的官司增多。

过早替未成年子女购置固定资产，在转让、抵押贷款时非常麻烦，得不偿失。尽管父母是法定代理人，但试图通过行使代理权处分子女名下不动产进行融资时却很麻烦。同时，处分子女房产还可能违法。如本案中郑女士用女儿名下房产为其与银行间的债务做抵押担保，严格而言是违法的，因其对子女名下财产的处置明显不利于子女财产利益。

【启示】

专业人士认为，父母买房登记在未成年子女名下存在四大风险：一是不能贷款；二是父母离婚时会极易产生纠纷；三是父母很难收回房屋；四是无法自由处置房屋。

（案例来源：2011 年 04 月 12 日法律快车）

任务一　商业银行资产业务基础知识

能力目标　掌握商业银行资产业务的功能

知识目标　了解商业银行资产业务的含义

重点难点　正确理解商业银行资产业务风险和最佳业务规模

一、资产业务的含义

商业银行的资产业务是指商业银行将吸收的资金加以运用的业务，是商业银行取得收入的主要途径。由于商业银行资金来源的特殊性，银行的资金运用要把盈利性和流动性有机结合。

二、资产业务的功能

对商业银行而言，资产的主要功能如下：一是资产是商业银行获得收入的主要来源；二是资产的规模是衡量一家商业银行实力和地位的重要标志，商业银行的信用高低直接与其资产的规模大小有关；三是资产质量是商业银行经营前景的重要预测指标，一家银行的资产分布情况、贷款的对象和期限都影响着银行的资产质量，对资产质量进行分析可以使人们对商业银行的经营前景进行科学的预测，从而促使银行进一步提高经营管理水平，为银行的股东增加利润；四是资产管理不善是导致银行倒闭、破产的重要原因之一，由于银行资产管理在整个银行管理中处于非常重要的地位，银行资产管理不善导致银行出现流动性危机，不能够及时足额地支付存款人的需要和融资人的融资要求，严重的话会使银行倒闭。

任务二　商业银行资产业务类型

能力目标　熟练掌握商业银行各个资产业务类型的管理要求

知识目标　了解商业银行资产业务各类型的含义和作用

重点难点　商业银行各个资产业务类型的风险控制要求

商业银行的资金运用主要包括现金资产、贷款和证券投资。

在各类资产业务中，贷款是最重要的资产业务，包括公司客户贷款、个人客户贷款、信用卡透支以及贸易融资贷款等业务品种。在贷款类业务中，公司客户贷款和个人客户贷款是最主要的贷款品种。

资产类票据业务主要包括承兑业务、贴现业务、转贴现业务、买入返售资产、福费廷等。

债券投资业务主要有中央银行融资债、国债、政策性金融债、次级债、境外债券。

金融同业资产类业务主要包括同业拆出、存放央行、存放同业、信贷资产转让、证券公司股票质押贷款等。

其他资产类业务部分包括抵债资产和待处理其他资产。

随着金融全球化、管制放宽、金融需求多样化、信息科技迅速发展和金融竞争日趋激烈，资产业务不断创新，这为利用组合手段管理风险提供了必要的工具，也对风险管理提出了新的挑战。

一、现金资产

现金资产是指商业银行的一线准备，是满足银行流动性需要的第一道防线，包括库存现金、存放在中央银行的存款准备金、同业存款和托收过程中的资金。作为一线准备的现金资产具有流动性最强、非盈利性的特点。商业银行从其经营目标出发，通常尽可能把一线准备降到法律所允许的最低限度。

资 料 卡

商业银行最优现金资产持有量需考虑哪些因素？

作为流动性最强的商业银行资产种类之一——现金资产，包括库存现金、存放在中央银行的存款准备金、同业存款和托收过程中的资金。由于其具有防范风险的第一道屏障作用，故必须保持一定的持有量；同时，又由于其具有非盈利性的特点，故持有太多则会降低商业银行的盈利性。因此，商业银行应将其各个组成部分尽量降到最低并寻找4个组成部分最佳的组合，以达到最优的现金资产持有量。

二、贷款

（一）贷款的含义、作用与种类

1. 贷款的含义与作用

贷款是指商业银行将其所吸收的资金，按一定的利率贷放给客户并约期归还的业务。

贷款是商业银行最重要的资金运用业务，其在总资产的比重占据首位。贷款在资产组合中对银行风险结构和收益结构影响很大，贷款比重的提高会增加银行预期盈利，但同时也增加了银行的风险。所以，盈利与风险是贷款业务中考虑的核心。

2. 贷款的种类

按贷款期限划分，可分为短期贷款、中期贷款和长期贷款。

按贷款的担保形式划分，可分为贴现贷款、抵押贷款和信用贷款。

贴现贷款是指商业银行买进未到期的票据，票据到期时由贴现银行按票面金额向债务人收取款项。贴现贷款是西方商业银行传统的、也是最重要的资产业务。

抵押贷款是指商业银行以借款人提供的实物或有价证券作担保的一种贷款。根据抵押品的性质，抵押贷款可划分为动产抵押贷款和不动产抵押贷款。抵押贷款的利率低于信用贷款，期限较长。对贷款银行来说，抵押贷款可减少贷款风险。

信用贷款是指商业银行以借款人的信用为担保的一种贷款。商业银行发放信用贷款，无须任何担保品，所以商业银行必须熟悉企业情况，确信借款人有偿还贷款的意愿和能力，并收取较高的利息，有时还要附加一定的条件。

（二）贷款基本业务

1. 普通借款限额

企业与银行订立一种非正式协议，以确定一个贷款，在限额内，企业可随时得到银行的贷款支持，限额的有效期一般不超过90天。普通贷款限额内的贷款，利率是浮动的，与银行的优惠利率挂钩。

2. 透支放款

银行通过允许客户在其账户上透支的方式向客户提供贷款。提供这种便利被视为银行对客户所承担的合同之外的“附加义务”。

3. 备用贷款承诺

备用贷款承诺，是一种比较正式和具有法律约束的协议。银行与企业签订正式合同，在合同中银行承诺在指定期限和限额内向企业提供相应贷款，企业要为银行的承诺提供费用。

4. 消费者放款

消费者放款是对消费个人发放的用于购买耐用消费品或支付其他费用的放款，商业银行向客户提供这种贷款时，须进行多方面审查。

5. 票据贴现放款

票据贴现放款，是顾客将未到期的票据提交银行，由银行扣除自贴现日起至到期日止的利息而取得现款。

6. 抵押放款

抵押贷款的具体类型如下：

（1）存货贷款。存货贷款也称商品贷款，是一种以企业的存货或商品作为抵押品的短期贷款。

（2）客账贷款。银行发放的以应收账款作为抵押的短期贷款，称为“客账贷款”。这种贷款一般都为一种持续性的信贷协定。

（3）证券贷款。银行发放的企业借款，除以应收款和存货作为抵押外，也有不少是用各种证券特别是公司企业发行的股票和债券作抵押的。这类贷款称为“证券贷款”。

（4）不动产抵押贷款。通常是指以房地产或企业设备作抵押品的贷款。

7. 保证书担保放款

保证书担保放款，是指由经第三者出具保证书担保的放款。保证书是保证人为借款人作贷款担保而与银行签订的契约性文件，其中规定银行和保证人的权利与义务。

银行只要取得经保证人签字的银行拟定的标准格式保证书，即可向借款人发放贷款。所以，保证书是银行可以接受的最简单的担保形式。

想 一 想

银行贷款有哪些风险？

内部风险：操作风险、政策风险、程序风险

外部风险：经营风险、诚信风险、中介风险

三、证券投资

（一）证券投资的含义与作用

证券投资是指商业银行在金融市场上购买有价证券的经营活动。

证券投资是商业银行重要的资产业务，也是收入的主要来源之一。商业银行进行证券投资，主要是为增加收益和增加资产的流动性，即充当二线准备。二线准备是满足商业银行流动性需要的第二道防线。当商业银行的资产不能满足流动性需要时，可抛售短期证券。作为二线准备的短期资产，短期证券既能保持一定的盈利，又能在短期内变现。

商业银行的投资业务是指银行购买有价证券的活动。投资是商业银行一项重要的资产业务，是银行收入的主要来源之一。

（二）证券投资的种类

商业银行的投资业务，按照对象的不同可分为国内证券投资和国际证券投资。

国内证券投资大体可分为 3 种类型，即政府证券投资、地方政府证券投资和公司证券投资。

政府发行的证券，按照销售方式的不同可以分为两种，一种是公开销售的证券，一种是不公开销售的证券。

商业银行购买的政府证券，包括国库券、中期债券和长期债券。

国库券是政府短期债券，期限在 1 年以下。

中长期债券是国家为基建投资的资金需要而发行的一种债券，其利率一般较高，期限也较长，是商业银行较好的投资对象。

风险警示

商业银行资产业务风险控制要求

- 资产业务是商业银行取得收入的主要途径，资产质量的好坏、资产管理的不善时常是导致银行倒闭、破产的重要原因之一。
- 当前消费贷款发展迅猛，为防范风险的发生，务必做好消费贷款的管理。
- 加强商业银行贷款风险管理，认真落实贷款三查和五级分类管理的有关规定。

知识拓展

城市商业银行贷款质量五级分类实施意见（节选）

一、为贯彻落实《中国人民银行关于全面推行贷款质量五级分类管理的通知》，根据中国人民银行《贷款风险分类指导原则》，制定本实施意见。

二、贷款质量五级分类所称“贷款”包括：一般贷款（含抵押、质押、保证、信用等贷款）、贴现、银行承兑汇票垫款、信用证垫款、担保垫款、进出口押汇、银行卡透支、拆出资金、存放同业、应收账款、类似性质的其他债权及类似性质的或有负债。

三、贷款质量五级分类是评价贷款风险状况的一种方法。严格按照贷款质量五级分类的标准、方法和程序对城市商业银行的贷款风险进行评估和揭示，并及时提取贷款损失准备金，是城市商业银行防范经营风险的重要手段。

四、城市商业银行应把贷款质量五级分类纳入日常贷款管理工作。

五、本实施意见中的贷款质量五级分类标准为最低标准，城市商业银行可以自行制定更为审慎细化的标准，但应有与本实施意见的标准相对应的折算方法。

六、贷款质量五级分类是指按贷款本金利息（简称“贷款本息”）收回的可能性，将贷款划分为正常、关注、次级、可疑和损失五个类别，其中，次级、可疑和损失类合并称为不良贷款。

七、五级贷款的分类标准分别为：

（一）正常：借款人能够履行合同，没有足够理由怀疑贷款本息不能按时足额偿还。正常类贷款的主要特征是：

1. 借款人贷款本息未逾期或逾期未超过 3 个月。

2. 借款人生产、经营稳定。

3. 借款人用正常经营活动产生的现金还款，且现金流量稳定。

4. 借款人贷款资料齐全。

（二）关注：尽管借款人目前有能力偿还贷款本息，但存在一些可能对还款产生不利影响的因素。关注类贷款的主要特征是：

1. 贷款本息未逾期或逾期未超过 3 个月。

2. 借款人出现流动资金不足的早期征兆，如还款时间出现延误、净现金流量明显降低等。

3. 借款人经营状况开始出现不利趋势，但暂时尚未影响还款，但此趋势延续下去将对借款人财务状况产生影响。经营状况不佳的原因可能是自身经营不善、行业或宏观经济不景气、产品市场发生变化等，其主要标志是产品销售减少、营业收入降低等。

4. 贷款担保出现问题，如抵（质）押物价值明显降低、抵（质）押物控制权出现问题等。

5. 借款人信用状况出现可疑征兆，如未能及时取得适当的资料和文件、借款人不合作或难以联络等。

6. 其他可能影响借款人财务状况的重大事件，如借款人或借款企业主要负责人健康状况出现问题、借款人或借款企业涉及法律诉讼等。

（三）次级：借款人的还款能力出现明显问题，完全依靠其正常营业收入无法足额偿还贷款本息，即使执行担保，也可能会造成一定损失。次级类贷款的主要特征是：

1. 贷款本息逾期超过 3 个月，或有十足担保，但贷款本息逾期超过 12 个月。

2. 借款人的经营状况出现明显问题，营业收入、财务状况、现金流量等重要指标出现恶化趋势，借款人已不能正常归还贷款本息，还款需要执行担保。

3. 担保的价值可能不足以保证贷款本息的足额偿付。

4. 借款人贷款记录或还款记录不佳，或在向其他债权人还款方面出现困难。

5. 贷款档案资料不全、重要文件缺失，影响对借款人经营状况及担保价值的正确判断或可能影响借款人还款及担保的法律责任。

6. 借款人还款意愿较差，有明显的逃废债务企图。

7. 借款人借债过多，负债比例较高。

8. 借款人将贷款挪作他用，可能影响正常还款。

9. 借款人出现其他影响还款的非财务性重大事件。

（四）可疑：借款人无法足额偿还贷款本息，即使执行担保，也肯定造成较大损失。可疑类贷款的主要特征是：

1. 贷款本息逾期超过 6 个月。

2. 贷款担保价值严重不足。

3. 已知借款人失踪、死亡或实际破产。

4. 借款人已停业或即将停业或准备清盘。

5. 已知借款人恶意逃废债务且追索困难。

6. 借款人的还款责任出现法律纠纷且已进入诉讼程序。

（五）损失：在采取所有可能的措施或一切必要的法律程序之后，贷款本息仍然无法收回，或只能收回极少部分。损失类贷款的主要特征是：

1. 经法院强制执行未能收回的贷款；法院终审判决银行全额败诉的贷款；虽胜诉但未在规定时间内向法院申请执行，或借款人无财产收入可执行，或因其他不可抗力无法执行而损失的贷款。

2. 按贷款企业的净资产对贷款的保证程度确认，贷款无法收回或只能收回极少部分的贷款。

3. 贷款主合同已超过诉讼时效，借款人对任何主张债权的文件不予确认，通过所有可能的措施和必要的法律程序均无法收回的贷款。

4. 未与借款人签订贷款合同（协议），或贷款合同（协议）原件灭失，以任何方式主张债权，借款人均不予以确认的贷款。

5. 债务人和保证人依法宣告破产、解散、被撤销（关闭），并终止法人资格，银行对债务人和保证人进行追偿后，未能收回的债权。

6. 借款人和保证人虽未依法宣告破产、解散、被撤销（关闭），但已完全停止经营活动，被工商行政管理部门依法吊销营业执照，终止法人资格，银行对债务人和保证人进行追偿后，未能收回的债权。

7. 借款人没有任何还款能力和资产，而且贷款保证已过保证期间，保证人拒不履行保证责任；或保证人企业已破产、被公告注销、被撤销（关闭）；或保证人经营状况恶化，财务亏损，严重资不抵债，已完全不能履行保证责任的贷款。

8. 借款人死亡，或者依照《中华人民共和国民法通则》的规定宣告失踪或者死亡，银行依法对其财产或遗产进行清偿，并对保证人进行追偿后未能收回的债权。

9. 借款人遭受重大自然灾害或意外事故，损失巨大且不能获得保险赔偿，或者接受保险赔偿后，确实无力偿还部分或全部债务，银行对其财产进行清偿和对保证人进行追偿后，未能收回的债权。

10. 借款人触犯刑律，依法受到制裁，其财产不足归还所借债务，又无其他债务承担者，银行经追偿后确实无法收回的债权。

11. 借款人已不能偿还到期债务，银行对依法取得的抵债资产，按评估确认的市场公允价值入账后，扣除抵债资产接收费用，小于债权的差额，经追偿后无法收回的债权。

12. 其他可能或已经造成贷款本息全部或大部分损失的情况。

十九、城市商业银行应该按照审慎会计原则建立贷款损失准备金提取制度，合理估计贷款可能发生的损失，及时计提贷款损失准备金。

二十六、贷款质量五级分类必须严格按照分类的标准、方法、程序进行初分和认定，并按审批权限进行审批。

二十七、贷款质量五级分类基本流程为：

（一）分类准备

1. 整理、收集贷款档案资料。由贷款经营部门收集借款人基础信息，包括借款人的基本情况、借款人和保证人的财务信息、担保资料、往来函件、债务人偿还记录、银行催收通知、贷后跟踪管理报告等重要文件，为贷款风险分类做好准备。

2. 录入贷款管理信息系统。有贷款管理电子信息系统的，贷款经营部门负责借款人信息资料的录入。

3. 及时更新借款人资料。借款人资料至少每季度全面更新一次。借款人出现重大问题时，借款人资料应实时更新。

（二）初步分类

贷款经营部门分析借款人资料，撰写债务人的背景材料，填写分类工作底稿，并按照五级分类的标准、方法和要求提出初步分类意见，提交信贷风险管理部门复审和认定。

（三）分类复审

贷款风险管理部门对贷款经营部门提交的借款人贷款资料、分类认定工作底稿、分类初步意见等资料进行复审。贷款风险管理部门应与贷款经营部门充分沟通，对分类初步意见充分讨论。贷款经营部门应根据贷款风险管理部门的要求，及时补充和完善客户信息和分类资料。

（四）分类认定

贷款风险管理部门根据分类资料进行综合判断，提出分类认定意见。

（五）分类结果审批

应建立贷款风险分类审批制度，明确各级、各类单位对五级分类结果的批准权限。根据审批权限的规定，各级、各类单位对分类结果审查并签署意见后，报风险管理委员会批准。

（六）提出改进意见

风险管理委员会、贷款风险管理及其他相关部门在分类、认定和审批过程中，应对贷款经营和管理中存在的问题提出意见并及时反馈给贷款经营部门。

二十八、贷款质量五级分类工作至少每半年进行一次。如借款人出现重大问题，该项贷款的分类应按规定的审批程序实时进行调整。

三十、贷款抵（质）押物价值评估结果的认定和批准比照贷款质量五级分类的程序和审批制度执行。

三十二、应建立直接对董事会负责的风险管理委员会或类似的专门机构，全面负责贷款质量五级分类工作。

三十六、贷款质量五级分类涉及贷款风险管理、贷款经营、会计财务、内部审计、信息技术、法律事务等业务部门。主要职责分别如下：

（一）贷款风险管理部门的主要职责是：

1. 全面负责贷款质量五级分类的组织实施。

2. 审查和分析贷款经营部门提供的借款人贷款资料、分类资料的真实性、准确性和完整性。

3. 对贷款经营部门的初步分类结果进行复审。

4. 根据审批权限对分类结果进行认定和审批。

5. 向上级和相关部门提供贷款质量五级分类信息。

6. 负责分类材料的存档和管理。

7. 填制各类贷款分类汇总表。

（二）贷款经营部门的主要职责是：

1. 负责收集借款人信息并及时更新贷款档案资料，并对分类基础资料的真实、完整和及时负责。

2. 负责贷款质量五级分类的初分，参与分类的认定。

3. 建立和保管客户资料、分类台账并定期与贷款风险管理、会计和信息统计部门核对账目。

4. 落实贷款风险管理、内部审计等部门提出的分类整改意见。

（三）会计部门的主要职责是：负责制定贷款损失准备金提取方案；参与贷款损失准备金提取的审批；对批准的分类结果和贷款损失准备金提取进行相关的账务处理；提供贷款质量五级分类统计信息。

（四）内部审计部门的主要职责是：定期和不定期地对贷款风险分类过程和结果进行检查；对损失类贷款进行重点审计；参加贷款质量五级分类审批工作。

（五）信息技术部门的主要职责是：负责贷款风险分类信息管理系统的开发和维护。

（六）法律事务部门的主要职责是：对贷款风险分类过程和结果提出法律意见；参加贷款质量五级分类审批工作。

三十七、应建立对贷款质量五级分类的内部监察制度。

三十八、内部审计部门应将对贷款质量五级分类的检查列入日常工作。

四十一、内部审计部门、外部审计部门和人民银行对贷款质量五级分类的检查结果应作为考核贷款管理和风险分类情况的重要依据。

思考与训练

一、填充完整

1. 在商业银行的各类资产业务中，最重要的资产业务是________。

2. 我国曾经将不良贷款定义为呆账贷款、呆滞贷款和逾期贷款（即一逾两呆）。自2002年全面实行贷款五级分类制度后，不良贷款主要指__________、__________和________等3类贷款。

3. 按贷款的担保形式划分，可分为贴现贷款、抵押贷款和________。

4. 衡量一家商业银行实力和地位的重要标志是________。

5. 商业银行购买的政府证券，包括国库券、中期债券和________3种。

二、正误判断

1. 票据贴现也是商业银行贷款的一种方式。（　　）

2. 现金是商业银行保持流动性的一级准备，短期证券投资是二级准备。（　　）

3. 商业银行流动性管理的关键是持有尽量多的流动性头寸，避免出现流动性危机。（　　）

4. 贷款到期后，只要借款人提出的展期申请正当，贷款人就应该予以展期。（　　）

5. 商业银行对自然人不得发放信用贷款。(　　)

三、单项选择

1. 商业银行最主要的资产业务是（　　）。

A. 现金业务　　B. 证券投资业务　　C. 贷款业务　　D. 消费信贷业务

2. 下列不属于商业银行不良资产的是（　　）。

A. 关注贷款　　B. 损失贷款　　C. 次级贷款　　D. 可疑贷款

3. 反映企业短期偿债能力的指标有（　　）。

A. 流动比率　　B. 资产负债比率

C. 所有者权益比率　　D. 利息保障倍数

4. 发放贷款的主要依据是（　　）。

A. 借款人的抵押资产　　B. 担保人的信用等级

C. 借款人的净现金流量　　D. 借款人经营活动的现金流量

5. 根据《贷款风险分类指导原则》，我国商业银行对贷款进行风险分类后，应按每笔贷款损失的程度计提（　　）。

A. 一般准备　　B. 专项准备　　C. 特种准备　　D. 国家准备

四、多项选择

1. 企业财务分析比率一般包括下列指标（　　）。

A. 偿债能力指标　　B. 营运能力比率　　C. 盈利能力比率　　D. 资产周转率

2. 用来判断借款人短期偿债能力的指标有（　　）。

A. 固定资产周转比率　　B. 存货周转比率

C. 流动比率　　D. 速动比率

3. 下列属于我国商业银行在境内不得从事的业务有（　　）。

A. 信托投资　　B. 股票业务　　C. 非自用不动产　　D. 自用不动产

4. 商业银行资产类票据业务主要包括（　）。

A. 承兑业务　　B. 贴现业务　　C. 转贴现业务　　D. 福费廷

5. 商业银行债券投资业务主要包括（　　）。

A. 中央银行融资债　B. 国债　　C. 政策性金融债　　D. 次级债

五、问题简答

1. 商业银行资产业务都包括哪些类型？其中抵押放款包括哪些种类？

2. 商业银行贷款五级分类的含义是什么？

六、实战训练

1. 甲公司于 2011 年 5 月 10 日向 A 商业银行提出 100 万元的贷款申请，请你根据该公司向银行提交的资产负债表和损益表资料，进行计算和分析。

甲公司资产负债表　　　　单位：万元

资　　产	2009 年末	2010 年末	负债及所有者权益	2009 年末	2010 年末
流动资产：			流动负债：		
货币资金	1 400	1 300	短期借款	2 600	2 996

续表

资　　产	2009 年末	2010 年末	负债及所有者权益	2009 年末	2010 年末
存货	2 600	3 250	应付票据	916	559
短期投资	20	740	应付账款	1 000	1 300
应收账款	400	350	其他应付款	100	600
其他应收款	345	300	应付工资	69	75
预付账款	100	450	未交税金	30	60
流动资产合计	4 865	6 390	流动负债合计	4 715	5 590
长期投资：			长期负债：		
长期投资	250	350	长期借款	800	600
固定资产：					
固定资产净值	1 500	1 500	负债合计	5 515	6 190
在建工程	1 000	1 000	所有者权益：		
固定资产合计	2 500	2 500	实收资本	3 000	3 800
无形及递延资产：			盈余公积	300	350
无形资产	800	600	其中：公益金		
递延资产	400	500	未分配利润		
无形及递延资产合计	1 200	1 100	所有者权益合计	3 300	4 150
资产总计	8 815	10 340	负债及所有者权益总计	8 815	10 340

甲公司利润表　　单位：万元

项　　目	2009 年度	2010 年度
产品销售收入	1 450	1 950
减：产品销售成本	800	1 160
产品销售费用	72. 8	130
产品销售税金及附加	40	65
产品销售利润	537. 2	595
加：其他业务利润	10	20
减：财务费用	100	135
折旧	60	60
管理费用	285. 95	311. 5
营业利润	101. 25	108. 5

续表

项　　目	2009 年度	2010 年度
加：投资收益	150	145
营业外收益	140	136
减：营业外支出	50	85
利润总额	341.25	304.5
减：所得税	112	100
净利润	229.25	204.5

根据上表的资料，请完成以下内容：

（1）请计算并比较 2009 年度与 2010 年度下列指标的变化情况（写出计算公式）：资产负债率、流动比率、速动比率、销售利润率。

（2）根据上述计算，分析该公司主要存在哪些问题？是否同意该公司的贷款申请并简要说明理由。

2. 中顺贸易公司于 2009 年 9 月向 C 银行申请一笔 5 年期的按揭贷款 200 万元，用于购置商场，分 60 期归还。商场的购置价为 300 万元，抵押率为 67%。

由于借款人经营不善，产品销路不畅，在归还第 10 期的贷款之后，借款人无法按时归还每月的贷款本息。

截止到 2010 年末，尚有 48 期的楼款未付，逾期贷款本金余额 160 万元。借款人已经停止经营活动，大部分员工已离开公司，借款人正申请破产倒闭。银行在诉诸法律程序后，取得该商场的所有权，银行拍卖抵押物所得款项为 150 万元，扣除费用 30 万元后，银行收回资金 120 万元。

请对 160 万元的贷款余额进行分类，并简要说明理由。

七、案例分析

启明工贸公司是 A 银行的一家新客户，于 2010 年 1 月向 A 银行申请并取得贷款 500 万元，贷款期限自 2010 年 2 月 -2011 年 2 月，贷款用途为流动资金周转，并以公司办公楼作为抵押，约定还款来源是公司的经营收入。

2010 年 8 月 A 银行在对该贷款进行检查中，分析借款人的财务情况和现金流量，发现其财务状况尚可，但现金流量不足。经了解，该公司将贷款中的 300 万元用于一笔石制品的购销业务，另外 200 万元则通过一笔虚拟购销业务取得，实际将贷款转借给其关联企业恒利贸易公司，用于偿还该公司在 E 银行的贷款。恒利贸易公司是一家经营不善、严重亏损的企业，E 银行正准备采取法律手段向其催收所拖欠的贷款，而启明贸易公司是贷款的担保人，负有连带责任。启明贸易公司目前的财务状况一般。

请对这 500 万元的贷款余额进行分类并简要说明理由。

项目四 商业银行中间业务

项目的目标与任务

知识与技能目标：

- 掌握商业银行中间业务的基本知识
- 理解表内业务与表外业务的区别
- 了解和掌握中间业务的种类

主要任务：

- 掌握商业银行中间业务的分类原则和类型
- 掌握支付结算类中间业务的结算工具和结算方式的应用
- 理解适用审批制和备案制的中间业务品种
- 探讨我国商业银行中间业务发展的创新策略

导学案例

公司职员盗开支票 银行见票付款免责

【案例情况】

南宁市某汽车销售公司（以下简称公司）女职员黎某，偷开一张公司现金支票，与另一男子联手盗取公司账上18万元。案发后，黎某及取钱的韦某被公安机关抓获，并被判处相应刑罚。事后不久，受损公司以“银行也存在相应过错”为由，将当初付款的某银行告上法院。

法院一审判公司胜诉，银行不服，上诉。二审结果，银行胜诉。

【分析】

此案中，银行的付款行为是否有重大过失？是否承担赔偿责任？答案是否定的。理由如下：

《中华人民共和国票据法》第五十七条规定，付款人及其代理付款人付款时，应审查汇票背书的连续，并审查提示付款人的合法身份证明或有效证件。付款人及其代理付款人以恶意或重大过失付款的，应当自行承担责任。该法还规定支票的背书、付款行为和追索权的行使，也应适用上述规定。

最高人民法院的司法解释对票据法第五十七条规定的“重大过失”的解释为：付款人或代理付款人未能识别出伪造、变造的票据或身份证件而错误付款，属于票据法第五十七条规定的“重大过失”，给持票人造成损失的，应依法承担民事责任。

本案涉案的两张支票均是真实有效支票，公司对该两张支票的绝对记载事项记载完全。支票的签章与其预留本名的签名式样或印鉴相符的事实没有异议，虽涉案支票载明收款人为蓝永武，持票人是韦延进，但韦延进在领款时同时出示了蓝永武本人身份证，该身份证亦真实有效。故银行在审核支票和身份证时不存在未能识别出伪造、变造的票据或者身份证件而错误付款的情形，不属于票据法第五十七条规定的“重大过失”行为。一审法院裁判不当，应予纠正。同时，公司未尽谨慎义务保管好自己的现金支票，对其资金流失自身也存在过错。故市中院撤销一审法院判决，驳回公司诉讼请求。

【启示】

本案是一起盗开支票引起的出票人资金损失的票据纠纷案，刑事民事交织在一起，是先刑后民，还是票据纠纷案可作为民事案件继续审理？总之，先刑后民是基本原则，但具体案件还要具体分析，本案刑事案件的审理并不影响票据纠纷民事案件的审理。

根据《中华人民共和国票据法》第八十一条的规定，支票是一种“见票即付”的票据，付款人或代理付款人付款时，应审查支票的真实及背书的连续，并审查收款人或持票人有效证件。本案中，支票真实有效，持票人、收款人的身份证件真实合法，银行应按票面金额支付货款。而该法第五十七条规定的“重大过失”，最高法法释（2000）32号《关于审理票据纠纷案件若干问题的规定》第六十九条对此作了规定，指付款人或代理付款人未能识别出伪造、变造的票据或身份证件而错误付款的情形。本案显然不属该情形，故公司诉讼请求得不到支持。

（案例来源：2008年08月22日110法律咨询网）

任务一 商业银行中间业务基础知识

能力目标 正确认识商业银行中间业务的作用

知识目标 了解商业银行中间业务的含义

重点难点 商业银行中间业务各个种类的含义及其区别

从1694年英格兰银行成立之日起，现代商业银行已有三百多年历史。为适应经济和政策环境的不断变化，商业银行经历了一个充满进取和变革的发展历程。金融创新层出不穷，商业银行传统业务的市场份额正在迅速地被蚕食。对此，商业银行除了改善传统业务外，必须积极扩展中间业务。

一、中间业务含义和作用

（一）中间业务的含义

商业银行的中间业务是指商业银行在资产业务和负债业务的基础上，利用技术、信息、机构网络、资金和信誉等方面的优势，不运用或较少运用银行的资金，以中间人和代理人的身份替客户办理收付、咨询、代理、担保、租赁及其他委托事项，提供各类金融服务并收取一定费用的经营活动。

（二）银行在中间业务的作用

在资产业务和负债业务两项传统业务中，银行作为信用活动的一方参与；而中间业务则不同，银行不再直接作为信用活动的一方，其扮演的只是中介或代理的角色，通常实行有偿服务。

二、中间业务分类

2001年7月4日人民银行颁布《商业银行中间业务暂行规定》。银行中间业务包括两大类：不形成或有资产、或有负债的中间业务（即一般意义上的金融服务类业务）

和形成或有资产、或有负债的中间业务（即一般意义上的表外业务）。

金融服务类业务是指商业银行以代理人的身份为客户办理的各种业务，目的是为了获取手续费收入。主要包括支付结算类业务、银行卡业务、代理类中间业务、基金托管类业务和咨询顾问类业务。

金融服务类业务具有迅速便利和低风险的特点，可以增加银行的业务收入并以此提高银行的竞争能力，有利于使银行摆脱既定的资产负债规模的束缚，促进其技术与服务手段的进步。

想 一 想

商业银行表内业务和表外业务有什么区别？

表外业务是指那些未列入资产负债表、但同表内资产业务和负债业务关系密切、并在一定条件下会转为表内资产业务和负债业务的经营活动。主要包括担保或类似的或有负债、承诺类业务和金融衍生业务3大类。表外业务在资产负债表上没有反映，在能为银行带来收益的同时也使银行风险增加，主要包括贸易融通类业务、信用担保类业务和金融衍生工具交易业务。

按照2002年4月份中国人民银行就商业银行开展中间业务的解释，中间业务可以分为9大类：

（1）支付结算类中间业务。这是指由商业银行为客户办理因债权债务关系引起的与货币支付、资金划拨有关的收费业务。

（2）银行卡业务。银行卡是由经授权的金融机构（主要指商业银行）向社会发行的具有消费信用、转账结算、存取现金等全部或部分功能的信用支付工具。

（3）代理类中间业务。这是指商业银行接受客户委托、代为办理客户指定的经济事务、提供金融服务并收取一定费用的业务，包括代理政策性银行业务、代理中国人民银行业务、代理商业银行业务、代收代付业务、代理证券业务、代理保险业务、代理其他银行的银行卡收单业务等。

（4）担保类中间业务。这是指商业银行为客户债务清偿能力提供担保，承担客户违约风险的业务，主要包括银行承兑汇票、备用信用证、各类保函等。

（5）承诺类中间业务。这是指商业银行在未来某一日期按照事前约定的条件向客户提供约定信用的业务，主要有贷款承诺等。

（6）交易类中间业务。这是指商业银行为满足客户保值或自身风险管理等方面的需要，利用各种金融工具进行的资金交易活动，主要包括金融衍生业务。

（7）基金托管业务。这是指有托管资格的商业银行接受基金管理公司的委托，安全保管所托管的基金的全部资产，为所托管的基金办理基金资金清算款项划拨、会计核算、基金估值、监督管理人投资运作，包括封闭式证券投资基金托管业务、开放式证券投资基金托管业务和其他基金的托管业务。

（8）咨询顾问类业务。这是指商业银行依靠自身在信息、人才、信誉等方面的优势，收集和整理有关信息，并通过对这些信息以及银行和客户资金运动的记录和分析，形成系统的资料和方案，提供给客户，以满足其业务经营管理或发展需要的服务活动。

（9）其他类中间业务。包括保管箱业务以及其他不能归入以上八类的业务。

三、我国中间业务发展现状

（一）中间业务收入占比较低

在国外，商业银行的中间业务发展得相当成熟，美国、日本、英国的商业银行的中间业务收入占全部收益比重均在40%左右，美国花旗银行收入的80%来自于中间业务。与国外相比，中国四大国有商业银行中间业务的总体发展水平低，效益差，非利差收入占总收入的比重仅为7.25%。

（二）中间业务结构层次不高

目前我国商业银行共开展了约260余个品种的中间业务，主要集中在收付结算和代理业务品种方面，为抢夺有限的客户资源，各银行在中间业务中出现任意确定收费标准、少收费、无偿服务甚至垫付资金的恶性竞争局面。此外，由于我国商业银行中间业务起步较晚，发展受到了极大的限制，从事的业务范围很窄，金融创新能力差，产品单一，缺乏吸引力。

（三）中间业务收费面临阻力

中国的代收水电费、代发工资等中间业务，通常情况均被作为拓展客户的一个“赠送品”，基本不收费。久而久之，委托方与用户在享受一些中间业务带来便捷的同时，认定免费理所应当。然而，随着银行开办的中间业务逐渐增多，由此占用的场地、网络、人力、技术资源日益加大，银行的经营成本随之上升。加之市场利率的低位徘徊，如再不实行部分中间业务的收费，则银行未来的利润空间会被大大挤压。

任务二　商业银行中间业务类型

能力目标　创新商业银行中间业务经营策略，提高风险防范意识

知识目标　商业银行中间业务各类型的方式和范围

重点难点　灵活掌握商业银行中间业务各个类型的实际应用

一、支付结算类中间业务

支付结算类业务是指由商业银行为客户办理因债权债务关系引起的与货币支付、资金划拨有关的收费业务。

（一）结算工具

结算业务借助的主要结算工具包括银行汇票、商业汇票、银行本票和支票。

（1）银行汇票是出票银行签发的、由其在见票时按照实际结算金额无条件支付给收款人或者持票人的票据。

（2）商业汇票是出票人签发的、委托付款人在指定日期无条件支付确定的金额给收款人或持票人的票据。商业汇票分银行承兑汇票和商业承兑汇票。

（3）银行本票是银行签发的、承诺自己在见票时无条件支付确定的金额给收款人

或者持票人的票据。

(4) 支票是出票人签发的、委托办理支票存款业务的银行在见票时无条件支付确定的金额给收款人或持票人的票据。

(二) 结算方式

结算方式主要包括同城结算方式和异地结算方式。

(1) 汇款业务，是由付款人委托银行将款项汇给外地某收款人的一种结算业务。汇款结算分为电汇、信汇和票汇3种形式。

(2) 托收业务，是指债权人或售货人为向外地债务人或购货人收取款项而向其开出汇票，并委托银行代为收取的一种结算方式。

(3) 信用证业务，是由银行根据申请人的要求和指示，向收益人开立的载有一定金额，在一定期限内凭规定的单据在指定地点付款的书面保证文件。

(三) 其他支付结算业务

其他支付结算业务包括利用现代支付系统实现的资金划拨、清算，利用银行内外部网络实现的转账等业务。

资 料 卡

支付结算业务的原则和纪律

支付结算业务三原则：(1) 恪守信用，履约付款；(2) 谁的钱进谁的账，由谁支配；(3) 银行不垫款。

支付结算业务纪律：(1) 单位和个人的结算纪律；(2) 银行的结算纪律。(具体详见模块二项目七)

二、银行卡业务

银行卡是由经授权的金融机构（主要指商业银行）向社会发行的具有消费信用、转账结算、存取现金等全部或部分功能的信用支付工具。银行卡业务的分类方式一般包括以下几类：

(一) 依据清偿方式

依据清偿方式不同，银行卡业务可分为贷记卡业务、准贷记卡业务和借记卡业务。借记卡可进一步分为转账卡、专用卡和储值卡。

(二) 依据结算币种

依据结算币种不同，银行卡可分为人民币卡业务和外币卡业务。

(三) 依据使用对象

依据使用对象不同，银行卡可以分为单位卡和个人卡。

(四) 依据载体材料

依据载体材料不同，银行卡可以分为磁性卡和智能卡（IC卡）。

（五）依据使用对象信誉等级

依据使用对象信用等级不同，银行卡可分为金卡和普通卡。

（六）依据流通范围

依据流通范围不同，银行卡可分为国际卡和地区卡。

（七）依据其他分类方式

依据其他分类方式，银行卡还包括商业银行与盈利性机构/非盈利性机构合作发行联名卡/认同卡。

三、代理类中间业务

代理类中间业务指商业银行接受客户委托，代为办理客户指定的经济事务，提供金融服务并收取一定费用的业务，包括代理政策性银行业务、代理中国人民银行业务、代理商业银行业务、代收代付业务、代理证券业务、代理保险业务、代理其他银行银行卡收单业务等。

（一）代理政策性银行业务

指商业银行接受政策性银行委托，代为办理政策性银行因服务功能和网点设置等方面的限制而无法办理的业务，包括代理贷款项目管理等。

（二）代理中国人民银行业务

指根据政策、法规应由中央银行承担，但由于机构设置、专业优势等方面的原因，由中央银行指定或委托商业银行承担的业务，主要包括财政性存款代理业务、国库代理业务、发行库代理业务、金银代理业务。

（三）代理商业银行业务

代理商业银行业务是指商业银行之间相互代理的业务，例如为委托行办理支票托收等业务。

（四）代收代付业务

代收代付业务是指商业银行利用自身的结算便利，接受客户的委托代为办理指定款项的收付事宜的业务，例如代理各项公用事业收费、代理行政事业性收费和财政性收费、代发工资、代扣住房按揭消费贷款还款等。

（五）代理证券业务

代理证券业务是指银行接受委托办理的代理发行、兑付、买卖各类有价证券的业务，还包括接受委托代办债券还本付息、代发股票红利、代理证券资金清算等业务。此处有价证券主要包括国债、公司债券、金融债券、股票等。

（六）代理保险业务

代理保险业务是指商业银行接受保险公司委托代其办理保险业务的业务。商业银行代理保险业务，可以受托代个人或法人投保各险种的保险事宜，也可以作为保险公司的代表，与保险公司签订代理协议，代保险公司承接有关的保险业务。代理保险业务一般包括代售保单业务和代付保险金业务。

（七）其他代理业务

其他代理业务包括代理财政委托业务、代理其他银行银行卡收单业务等。

四、担保及承诺类中间业务

担保类中间业务指商业银行为客户债务清偿能力提供担保，承担客户违约风险的业务，主要包括银行承兑汇票、备用信用证、各类保函等。

（一）银行承兑汇票

银行承兑汇票是指由收款人或付款人（或承兑申请人）签发，并由承兑申请人向开户银行申请，经银行审查同意承兑的商业汇票。

（二）备用信用证

备用信用证是指开证行应借款人要求，以放款人作为信用证的收益人而开具的一种特殊信用证，以保证在借款人破产或不能及时履行义务的情况下，由开证行向收益人及时支付本利。

（三）各类保函业务

各类保函业务包括投标保函，承包保函，还款保函、借款保函等。

（四）其他担保业务

承诺类中间业务是指商业银行在未来某一日期按照事前约定的条件向客户提供约定信用的业务，主要指贷款承诺，包括可撤销承诺和不可撤销承诺两种。

可撤销承诺是指附有客户在取得贷款前必须履行的特定条款，在银行承诺期内，客户如没有履行条款，则银行可撤销该项承诺。可撤销承诺包括透支额度等。

不可撤销承诺是指银行不经客户允许不得随意取消的贷款承诺，具有法律约束力，包括备用信用额度、回购协议、票据发行便利等。

五、交易类中间业务

交易类中间业务指商业银行为满足客户保值或自身风险管理等方面的需要，利用各种金融工具进行的资金交易活动，主要包括金融衍生业务。

（一）远期合约

远期合约是指交易双方约定在未来某个特定时间以约定价格买卖约定数量的资产，包括利率远期合约和远期外汇合约。

（二）金融期货

金融期货是指以金融工具或金融指标为标的的期货合约。

（三）互换

互换是指交易双方基于自己的比较利益，对各自的现金流量进行交换，一般分为利率互换和货币互换。

（四）期权

期权是指期权的买方支付给卖方一笔权利金，获得一种权利，可于期权的存续期内或到期日当天，以执行价格与期权卖方进行约定数量的特定标的的交易。按交易标的，期权可分为股票指数期权、外汇期权、利率期权、期货期权、债券期权等。

六、投资银行业务

投资银行业务主要包括证券发行、承销、交易，企业重组、兼并与收购，投资分析、风险投资、项目融资等业务。

七、基金托管业务

基金托管业务是指有托管资格的商业银行接受基金管理公司委托，安全保管所托管的基金的全部资产，为所托管的基金办理基金资金清算款项划拨、会计核算、基金估值、监督管理人投资运作。包括封闭式证券投资基金托管业务、开放式证券投资基金托管业务和其他基金的托管业务。

八、咨询顾问类业务

咨询顾问类业务指商业银行依靠自身在信息、人才、信誉等方面的优势，收集和整理有关信息，并通过对这些信息以及银行和客户资金运动的记录和分析，形成系统的资料和方案提供给客户，以满足其业务经营管理或发展需要的服务活动。

（一）企业信息咨询业务

企业信息咨询业务包括项目评估、企业信用等级评估、验证企业注册资金、资信证明、企业管理咨询等。

（二）资产管理顾问业务

资产管理顾问业务是指为机构投资者或个人投资者提供全面的资产管理服务，包括投资组合建议、投资分析、税务服务、信息提供、风险控制等。

（三）财务顾问业务

财务顾问业务包括大型建设项目财务顾问业务和企业并购顾问业务。

大型建设项目财务顾问业务指商业银行为大型建设项目的融资结构、融资安排提出专业性方案。

企业并购顾问业务指商业银行为企业的兼并和收购双方提供的财务顾问业务，银行不仅参与企业兼并与收购的过程，而且作为企业的持续发展顾问，参与公司结构调整、资本充实和重新核定、破产和困境公司的重组等策划和操作过程。

（四）现金管理业务

现金管理业务是指商业银行协助企业，科学合理地管理现金账户头寸及活期存款余额，以达到提高资金流动性和使用效益的目的。

九、其他类中间业务

其他类中间业务包括保管箱业务以及其他不能归入以上 8 类的业务。

风险警示

商业银行中间业务风险控制要求

- 正确理解商业银行表内业务和表外业务的区别与联系。
- 商业银行如开办中间业务，需根据不同种类，严格履行审批制或备案制要求。
- 开展中间业务，不仅需要合规合法，规范业务操作流程，同时要参照国际的收费方式和标准，制定或适时调整相应的收费范围和标准。
- 鼓励创新，以促使中间业务功能更加多样化，产品更加多元化。但是必须不断查找漏洞，整章建制，稳健经营，严格内控管理，加强风险防范。

知识拓展

《商业银行中间业务暂行规定》（节选）

第一条　为进一步促进商业银行发展中间业务，规范与完善银行服务，提高竞争能力，同时有效防范金融风险，根据《中华人民共和国中国人民银行法》、《中华人民共和国商业银行法》，特制定本暂行规定。

第二条　本暂行规定所称的商业银行是指依照《中华人民共和国商业银行法》设立的吸收公众存款、发放贷款、办理结算等业务的银行机构。

第三条　本暂行规定所称中间业务是指不构成商业银行表内资产、表内负债，形成银行非利息收入的业务。

第四条　商业银行开办中间业务，应经中国人民银行审查同意，并接受中国人民银行的监督检查。

第五条　商业银行申请开办中间业务，应符合以下要求：

（一）符合金融市场发展的客观需要；

（二）不损害客户的经济利益；

（三）有利于完善银行的服务功能，有利于提高银行的盈利能力；

（四）制定了相应的业务规章制度和操作规程；

（五）具备合格的管理人员和业务人员；

（六）具备适合开展业务的支持系统；

（七）中国人民银行要求的其他条件。

第六条　中国人民银行根据商业银行开办中间业务的风险和复杂程度，分别实施审批制和备案制。

适用审批制的业务主要为形成或有资产、或有负债的中间业务，以及与证券、保险业务相关的部分中间业务；适用备案制的业务主要为不形成或有资产、或有负债的中间业务。

第七条　适用审批制的中间业务品种包括：

（一）票据承兑；

（二）开出信用证；

（三）担保类业务，包括备用信用证业务；

（四）贷款承诺；

（五）金融衍生业务；

（六）各类投资基金托管；

（七）各类基金的注册登记、认购、申购和赎回业务；

（八）代理证券业务；

（九）代理保险业务；

（十）中国人民银行确定的适用审批制的其他业务品种。

第八条 适用备案制的中间业务品种包括：

（一）各类汇兑业务；

（二）出口托收及进口代收；

（三）代理发行、承销、兑付政府债券；

（四）代收代付业务，包括代发工资、代理社会保障基金发放、代理各项公用事业收费（如代收水电费）；

（五）委托贷款业务；

（六）代理政策性银行、外国政府和国际金融机构贷款业务；

（七）代理资金清算；

（八）代理其他银行银行卡的收单业务，包括代理外卡业务；

（九）各类代理销售业务，包括代售旅行支票业务；

（十）各类见证业务，包括存款证明业务；

（十一）信息咨询业务，主要包括资信调查、企业信用等级评估、资产评估业务、金融信息咨询；

（十二）企业、个人财务顾问业务；

（十三）企业投融资顾问业务，包括融资顾问、国际银团贷款安排；

（十四）保管箱业务；

（十五）中国人民银行确定的适用备案制的其他业务品种。

第十八条 商业银行开展中间业务，应加强与同业之间的沟通和协商，杜绝恶性竞争、垄断市场的不正当竞争行为。

第十九条 对国家有统一收费或定价标准的中间业务，商业银行按国家统一标准收费。对国家没有制定统一收费或定价标准的中间业务，由中国人民银行授权中国银行业协会按商业与公平原则确定收费或定价标准，商业银行应按中国银行业协会确定的标准收费。

第二十条 商业银行应健全内部经营管理机制，加强内部控制，保证对中间业务的有效管理和规范发展。

第二十一条 商业银行应制定中间业务内部授权制度，并报中国人民银行备案。

第二十二条 商业银行应加强对中间业务风险的控制和管理，并应依据有关法律、法规和监管规章，建立和实施有效的风险管理制度和措施。

第二十三条 商业银行应建立监控和报告各类中间业务的信息管理系统，及时、准确、全面反映各项中间业务的开展情况及风险状况，并及时向监管当局报告业务经营情况和存在的问题。

第二十四条 商业银行应注重对中间业务中或有资产、或有负债业务的风险控制和管理，对或有资产业务实行统一的资本金管理；应注重对交易类业务的头寸管理和风险限额控制；应对具有信用风险的或有资产业务实行统一授信管理。

第二十五条 商业银行应建立中间业务内部审计制度，对中间业务的风险状况、财务状况、遵守内部规章制度情况和合规合法情况进行定期或不定期的审计。

第二十八条　本规定由中国人民银行负责解释。

第二十九条　本规定自发布之日起实施。

思考与训练

一、填充完整

1. 汇款结算分为电汇、信汇和________3 种形式。

2. 依据清偿方式不同，银行卡业务可分为贷记卡业务、准贷记卡业务和________业务。

3. 根据银行卡的发卡对象，银行卡可以分________和________两种。

4. 信用证涉及的基本当事人有________、________、________。

5. 商业银行的经营原则是________、________和________。

二、正误判断

1. 商业银行的中间业务不会占用银行资金，也不会给银行带来风险。(　　)

2. 支付结算和代理等传统的中间业务收益较低，发展潜力不大。(　　)

3. 信用卡允许持卡人在核定的信用额度内进行透支，在有效免息期内，可以不必支付利息，其实是银行对持卡人提供了一笔无息的循环信用贷款。(　　)

4. 银行的贷款承诺一经作出，不经客户同意不可撤销。(　　)

5. 银行保函是典型的担保业务，为规避风险，银行可以要求申请人提供反担保。(　　)

三、单项选择

1. 中间业务是指不构成商业银行表内资产、表内负债，形成银行（　　）的业务。

A. 手续费收入　　B. 佣金收入　　C. 非利息收入　　D. 经营收益

2. 支付结算类业务是在商业银行（　　）的基础上产生的。

A. 存款业务　　B. 贷款业务　　C. 中间业务　　D. 表外业务

3. 商业银行在办理代理业务过程中（　　）。

A. 可以为客户垫款　　B. 可以收取手续费

C. 要承担经济损失　　D. 可以参与利益分配

4. 银行信用卡的最主要功能是（　　）。

A. 储蓄　　B. 转账结算　　C. 汇兑　　D. 消费信用

5. 银行作为保证人向受益人开立的保证书被称为（　　）。

A. 信用证　　B. 银行保函　　C. 托收　　D. 贷款承诺

四、多项选择

1. 商业银行基本的国内结算方式有（　　）。

A. 汇兑　　B. 委托收款　　C. 托收承付　　D. 信用证

2. 在我国，商业银行代理证券业务是指（　　）。

A. 代理发行证券

B. 代理兑付证券

C. 买卖各类有价证券

D. 接受委托代办债券还本付息、代发股票红利、代理证券资金清算等业务。

3. 银行从事衍生品交易的目的是（　　）。

A. 为客户提供保值的手段　　B. 管理利率风险

C. 管理汇率风险　　D. 获取一定收益

4. 银行承兑汇票的特点有（　　）。

A. 一经承兑，承兑银行成为汇票的主债务人

B. 一经承兑，承兑银行成为出票人的债权人

C. 银行承兑时不能以得到相等的对价为前提，承担了很大的信用风险

D. 银行承兑汇票到期时，不论出票人有无足额的备付金存款，承兑银行都必须无条件履行支付义务。

5. 下列各项业务中属于有风险的中间业务的是（　　）。

A. 代理业务　　B. 银行承兑汇票业务

C. 贷款承诺业务　　D. 咨询顾问类业务

五、问题简答

1. 商业银行中间业务的概念是什么？中间业务包括哪些种类？

2. 商业银行表内业务与表外业务的区别与联系是什么？

六、案例分析

某公司总资产 10 亿元，净资产 3 亿元，主营业务收入 32 亿元（出口收入占 80%），净利润 1 500 万元。某行连续 3 年给与其 2 000 万美元的信用贸易授信额度（进出口融资可以混用），公司收付汇及时，银行信用良好，近期向某行提出使用 1 300 万美元进出口开证额度，进口氧化铝，保证金比例为 10%，付款方式为远期 90 天，目前还有 1 500 万美元的授信额度可以使用，进口氧化铝是公司新开发的业务。

请问接到该申请后，银行应主要调查和了解哪几个方面的情况来识别和防范可能出现的业务风险？银行应如何审核信用证及其开证申请书？

模块二　商业银行综合柜台业务技能

模块的目标与任务

知识与技能目标：

- 熟练掌握个人存款业务、代理业务、开具证明类业务、挂失及查询、冻结、扣划业务、银行卡业务、对公存款业务、支付结算业务、自助设备业务等各项业务操作流程，.并达到职业岗位要求
- 严格内控管理，规范业务操作流程，不断提高风险防范意识

主要任务：

- 能够独立完成个人存款业务、代理业务、开具证明类业务、挂失及查询、冻结、扣划业务、银行卡业务、对公存款业务、支付结算业务、自助设备业务等项目中各项任务的实践操作
- 高度重视，严格履行各项业务的风险控制要求

商业银行综合柜员岗位认知

一、商业银行综合柜员制简介

银行营业机构劳动组织形式经历了从经办复核制到柜员制，再到综合柜员制的发展。目前我国大多数银行都已经开始实行综合柜员制。

综合柜员制是指在具备严密的监控条件下，打破原来的业务分工界限，根据业务核算制度和操作规程，使柜员独立完成各项业务操作并承担相应责任的劳动组织形式。综合柜员制通过限制操作人员的操作权限、主管人员严格进行授权的方式实施业务控制，其指导思想是面向客户、面向交易。

实行综合柜员制的营业机构，其柜员岗位设置如下：普通柜员是指具体办理会计核算业务的人员，负责权限范围内业务的操作和会计资料的初审；主管兼柜员是指对业务经办处理的各类业务进行复核或在规定业务范围内和额度内授权的人员；主管是指对超过业务主办权限的重要业务进行授权处理的管理人员。主管主要包括网点负责人、总会计、各级会计结算部门负责人，以及有权部门聘任的、行使业务主管职能的管理人员。

二、商业银行综合柜员日初日终工作流程

（一）日初与日终工作的基本要求

（1）手续严密：就是在办理日初与日终工作时必须有健全的、严密的规章制度，并严格认真地贯彻执行。例如要严格贯彻双人装开箱、换人复核和办理交接等手续。

（2）责任分明：就是做到谁经办的事由谁盖章，谁盖的章由谁负责。

（3）库款安全：就是在任何情况下都要做到钱在人在，确保所经管的现金和财务的安全。

（4）准确迅速：在保证准确的前提下努力提高工作效率和工作质量。

（二）日初工作操作流程

（1）用具定位，现金清讫章等各类业务用章换好日期，零钞、零把放在固定位置上。

（2）接通电源，进行点钞机的调试。

（3）开机，选择柜员签到开始联机交易。

（4）网点交接人员核验并接受业务押运员送来的本网点款箱。

（5）网点交接人员发放款箱。

（6）柜员办理营业用款箱（包）领用手续。

（7）双人开箱核实款箱（包）内（现金、贵金属、重要票证、有价单证等）是否与“柜员库存明细单”所记录的数据相符。

（8）正确匡计，现金调剂，领取备付款。

（9）查验核打备付款。调入的现金，由两名柜员共同验捆、卡把、核对总数。调入现金需拆捆支付时，必须先拆把清点无误后才能向外支付。

（三）日终工作操作流程

（1）检查当日应处理的业务是否处理完毕，整理款箱现金、业务凭证，清点和核对款箱库存（现金、贵金属、重要票证、有价单证等）是否与系统数据相符。

（2）进行系统日结，款箱（包）换人核点，核点方式为以点捆卡把加计零钞明细的方式，检查与系统数据是否相符。

（3）打印“柜员库存明细单”作为当天业务单据，整理当日业务的相关凭证和资料。

（4）营业用款箱（包）里的现金必须换人复核无误双人封存后放入寄库款箱。

（5）款箱监管人确认各柜员已完成日结工作。

（6）款箱监管人汇总营业用款箱（包）里的现金余额与网点库存查询交易金额核对相符。

（7）寄库款箱进行双人加锁加封后移交本网点交接箱人员，与押运人员办理款箱入库交接手续。

（8）次日休息柜员的营业用款箱（包）里的现金必须当天全部调剂到当班柜员或上缴到库管员。

风险警示

商业银行综合柜员岗位认知

- 柜员必须坚持操作定型，必须严格按照操作流程办理业务，否则易发生交接不清等差错事故。

● 不坚持中午现金轧账制度或现金轧账不进行核对控制，不定时或及时与现金等科目余额核对，以及不执行柜员、网点的库存限额管理规定，会导致账实不符不能被及时发现，从而可能会形成案件的严重后果。

项目一 个人存款业务

项目的目标与任务

知识与技能目标：

● 熟悉了解活期储蓄存款业务、定活两便储蓄业务、整存整取定期储蓄存款业务、零存整取类储蓄存款业务、存本取息定期储蓄存款业务、通知存款业务的基本规定

● 能够熟练操作活期储蓄存款业务、定活两便储蓄业务、整存整取定期储蓄存款业务、零存整取类储蓄存款业务、存本取息定期储蓄存款业务、通知存款业务流程

主要任务：

● 能够独立完成各项业务的实践操作

● 严格履行各项业务的风险控制要求

导学案例

未到期储蓄存款被他人冒领，银行违规给客户造成损失理应赔偿

【案例情况】

甲银行（存款机构）于2002年6月5日受理了在本行开户的乙企业将发放职工买断工龄款项，以职工个人姓名转账存入该银行，存入时向银行提供了每个职工的居民身份证，并逐个填写了储蓄存款凭条，存期1年，记录了身份证号码。2002年8月20日乙企业的主管会计持丙职工姓名的储蓄存款单1万元及丙职工的身份证复印件来甲银行办理提前支领，并向银行说明提前支领的目的，是因丙职工欠其（乙企业）承包款。甲银行当时认为，为职工办理存款时就是该主管会计，现在又由该主管会计办理提前支领，甲银行为防止提前支领是主管会计的个人行为，又告诉该主管会计由单位开具证明信，证明提前支领的原因及事实。乙企业的主管会计补开了单位证明后，将存款支走。丙职工得知此情况后，来甲银行办理存款单挂失手续，甲银行以存款已被他人（乙企业）支领拒绝挂失，丙职工要求挂失遭拒绝后，要求甲银行负赔偿责任。根据上述情况，经调解双方达成如下协议：（1）甲银行出面找乙企业协调，将提前支领丙职工的储蓄存款1万元退还给丙职工；（2）甲银行与乙企业协调不成功由甲银行赔偿储户（丙职工）。

【分析】

在此案例中，甲银行为什么要负赔偿责任呢？理由如下：

1. 储蓄存款的所有权应归属于存款凭证上的记名。储蓄存款属记名存款，并实行实名制，客户到银行办理存款不论是为本人还是为他人代办只要客户按规定要求向银行提供办理存款的信息及载体，并交付与存款信息表示相同的款项，经银行审核无误后，并按规定依据客户提供的存款信息及载体，制做了存款凭证，存款的所有权就归属于存款凭证上记载的存款人。办理存款手续的客户和存款单的持有人，并不是存款的所有人。

2. 银行违反规定办理提前支取。《储蓄管理条例》第三十九条和《关于执行〈储蓄管理条例〉的若干规定》第三十四条规定，储户支取未到期的定期储蓄存款，必须持存单和本人居民身份证明办理，代储户支取的，代支取人还必须持其身份证明。这里所说的居民身份证明，就是指居民身份证、户口簿、军人证、外籍储户护照、居住证的原件。而案例中的甲银行是凭存款所有人的居民身份证的复印件办理了提前支取，应属违规办理提前支取。

3. 银行为客户违规办理存款支取造成的损失应负赔偿责任。根据《储蓄管理条例》第三十七条和《关于执行〈储蓄管理条例〉的若干规定》第四十二条规定，储蓄机构违反国家有关规定，侵犯储户合法权益，造成损失的，储蓄机构应当依法承担赔偿责任。案例中的甲银行属违反规定办理存款的提前支取，并为储户造成了损失，因此应负赔偿责任。

【启示】

1. 银行必须按规定为客户办理支取款，否则就要对造成的损失承担赔偿责任。

2. 对有异常的提前支取要慎重办理。本案中的乙企业为丙储户（职工）办理提前支取，事前向甲银行阐述了理由，并未提供存款人的身份证原件，本应属异常支取，结果仍给予办理。如果当时与乙企业协商，叫储户本人到场凭居民身份证原件支取，就会免除责任。

3. 银行要警惕承担他人的民事纠纷责任。经了解乙企业与丙职工在承包费上有分歧意见，未达成协议，采取扣留丙职工存款单用支取的存款上交承包费。因甲银行为照顾开户企业的关系违反规定为乙企业办理代丙职工提前支取存款，从而使乙企业与丙职工的民事纠纷转嫁给了甲银行，使甲银行承担了赔偿责任。

（案例来源：2004年04月04日金融时报）

个人存款是指经济社会中的个人在银行或其他金融机构中存入的人民币或外币资金。个人存款业务包括个人活期存款和定期存款。活期存款包括活期储蓄和结算存款、定活两便储蓄存款。个人活期存款形式多样，有活期存折、一本通等形式。个人定期存款包括整存整取定期储蓄存款、零存整取定期储蓄存款、存本取息定期储蓄存款、教育储蓄定期储蓄存款、个人通知存款。上述存款可采用储蓄存单、存折、卡等形式。

任务一　活期储蓄存款业务

能力目标　熟练操作活期储蓄存款各项业务流程

知识目标　了解活期储蓄存款业务基本规定

重点难点　活期储蓄存款业务风险控制要求

一、活期储蓄存款业务基本规定

个人活期存款账户是指不定存期，根据客户需要和自愿随时存入或提取的一种存款。个人活期存款账户按账户能否与外部账户办理转账结算业务，分为个人结算账户和个人储蓄账户。人民币活期储蓄存款1元起存，外汇账户开户起点金额为等值5美元的外币，由银行或金融机构发给存折等存款凭证，客户凭存款凭证存取。

活期储蓄存款的主要特点有以下两点：流动性强，可频繁存取；人民币活期每季度结息一次，外币活期储蓄存款每年12月20日结息一次。

现行币种主要有人民币及经当地外管批准允许开办的各种外币储蓄币种，如美元、英镑、欧元、日元、港元、加拿大元、瑞士法郎、澳元等。

个人活期存款可采用活期存折、活期一本通和卡等形式。活期一本通指将客户的人民币活期和外币活期现钞或现汇账户集中在一本存折上，方便客户管理和使用的个人外币活期存折账户。

资 料 卡

个人银行结算账户

个人银行结算账户是存款人因投资、消费、结算等而凭个人身份证件以自然人名称开立的可办理支付结算业务的银行结算账户。个人银行结算账户用于办理个人转账收付和现金存取。

个人银行结算账户有3个功能：活期储蓄功能，可以通过个人结算存取存款本金和支付利息，该账户的利息按照活期储蓄利息计算；普通转账功能，通过开立个人银行结算账户，办理汇款，支付水、电、气等基本日常费用，代发工资等转账结算服务，使用汇兑、委托收款、借记卡、定期借记、定期贷记、电子钱包（IC卡）等转账工具；通过个人银行结算账户使用支票、信用卡等信用支付工具。

根据《人民币银行结算账户管理办法》的规定，下列款项可以转入个人银行结算账户：工资、奖金收入；稿费、演出费等劳务收入；债券、期货、信托等投资的本金和收益；个人债权或产权转让收益；个人贷款转存；证券交易结算资金和期货交易保证金；继承、赠与款项；保险理赔、保费退还等款项；纳税退还；农、副、矿产品销售收入；其他合法款项。有下列情况的，可以申请开立个人银行结算账户：使用支票、信用卡等信用支付工具的；办理汇兑、定期借记、定期贷记、借记卡等结算业务的。

自然人可根据需要申请开立个人银行结算账户，也可以在已开立的储蓄账户中选择并向开户银行申请确认为个人银行结算账户。

个人银行结算账户开户要求。存款人申请开立个人银行结算账户，应向银行出具下列证明文件：中国居民，应出具居民身份证或临时身份证；中国人民解放军军人，应出具军人身份证件；中国人民武装警察，应出具武警身份证件；香港、澳门居民，应出具港澳居民往来内地通行证；台湾居民，应出具台湾居民来往大陆通行证或者其他有效旅行证件；外国公民，应出具护照；法律、法规和国家有关文件规定的其他有效证件。银行为个人开立银行结算账户时，根据需要还可要求申请人出具户口簿、驾驶执照、护照等有效证件。

来源：人民币银行结算账户管理办法

二、活期储蓄存款业务操作流程

个人活期存款账户是指可多次存入，不需要提前预约（大额支取或银行另有规定的除外）可随时支取的账户。一个活期一本通主账户可统领多个不同币种的个人活期账户。对同一外币币种，只允许开立现钞、现汇账户各一个；卡下的卡储蓄活期账户只能为外汇账户，同一币种的外汇账户，只允许开立现钞、现汇账户各一个。

主要有活期存款开户、续存、支取、转账、销户等业务。

（一）活期储蓄存款开户业务

1. 实名制开户

人民银行个人存款账户实名制规定：个人在金融机构开立个人存款账户时应当出示本人身份证件，使用实名。代理他人开立账户的代理人应当出示被代理人和代理人的身份证件。

资料卡

实名制规定

国务院颁布的《个人存款账户实名制规定》（国务院令第285号）（2000年4月1日起施行）规定，个人在金融机构开立个人存款账户时，应当出示本人身份证件，使用存款人真实姓名。代理他人在金融机构开立个人存款账户时，代理人应当出示被代理人和代理人的身份证件。银行为存款人开立个人银行账户，存款人应出具以下有效证件：

居住在中国境内16岁以上的公民，应出具居民身份证或临时居民身份证。军人、武装警察尚未申领居民身份证的，可出具军人、武装警察身份证件。

居住在中国境内16岁以下的中国公民，应由监护人代理开立个人银行账户，出具监护人的有效身份证件以及账户使用人的居民身份证或户口簿。

香港、澳门特别行政区居民，应出具港澳居民往来内地通行证；台湾居民，应出具台湾居民往来大陆通行证或其他有效旅行证件。

外国公民，应出具护照或外国人永久居留证（外国边民，按照边贸结算的有关规定办理）。

除以上法定有效证件外，银行还可根据需要，要求存款人出具户口簿、护照、工作证、学生证、机动车驾驶证、社会保障卡、公用事业账单、介绍信等其他能证明身份的有效证件或证明文件，以进一步确认存款人身份。

2. 起存金额控制

人民币个人结算账户允许零金额开户；人民币个人储蓄账户开户起点金额为 1 元，多存不限；外币账户开户起点金额为等值 5 美元的外币。

3. 活期开户业务流程

具体流程见图 2－1。

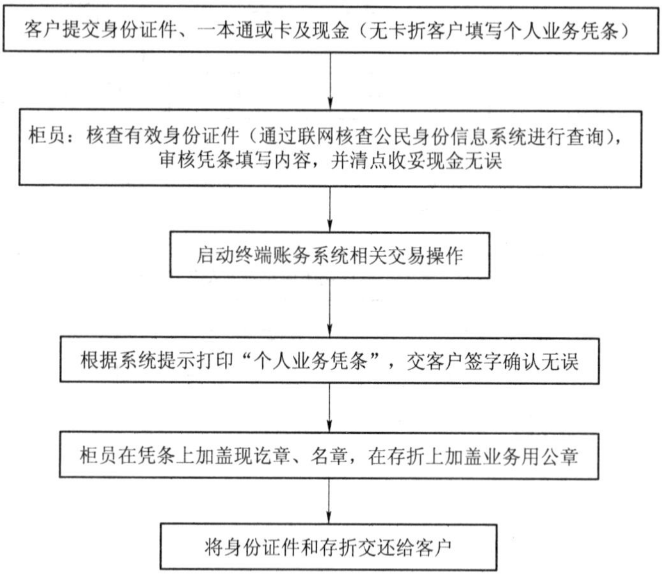

图 2－1　个人活期储蓄存款开户业务流程

（二）活期储蓄存款续存业务

个人活期储蓄存款续存业务是指商业银行根据客户的要求，在客户的账户内存入一定现金的过程。具体流程见图 2－2。

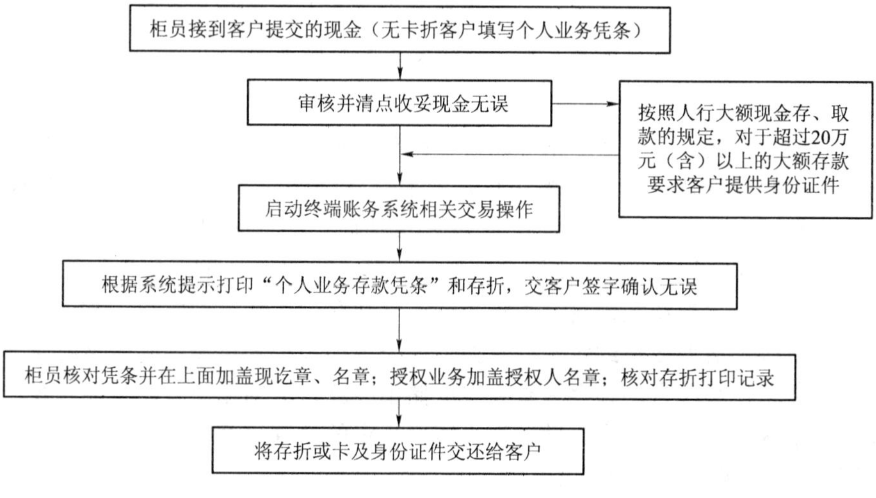

图 2－2　个人活期储蓄存款续存业务流程

（三）活期储蓄存款支取业务

个人活期储蓄存款支取业务是指商业银行根据客户的要求，在客户的账户内取出一定现金的过程。具体流程见图2－3。

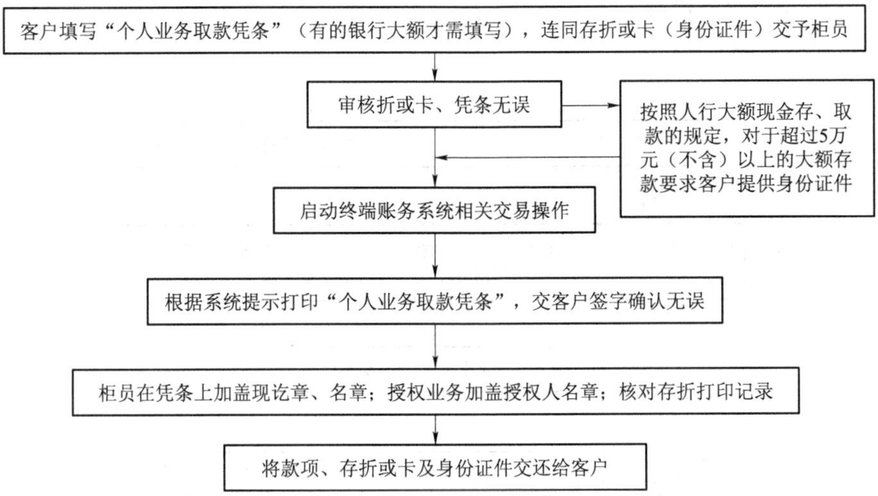

图2－3　个人活期储蓄存款支取业务流程

想一想

单折类账户支取方式有几种？

单折类账户的支取方式有凭密支取、凭证支取、凭印支取和任意支取4种方式。

支取方式为任意支取的，可将支取方式修改为凭印支取、凭密支取或凭证支取；支取方式为凭印支取的，可将支取方式修改为凭密支取或凭证支取；支取方式为凭密支取或凭证支取的，两者可互为修改，但不可更改为任意支取或凭印支取。

活期一本通账户的支取方式只能为凭密支取或凭证支取。

（四）活期储蓄存款转账业务

个人活期结算账户可与活期结算账户、内部账户、卡人民币活期存款、外币与现汇指定等账户之间进行转账，转出账户必须为本行对公账户和内部账户（外币现汇账户必须为本交易网点外币现汇指定账户）。交易成功后，根据终端系统提示打印“个人业务凭条”（若内部账户或现汇指定账户需要挂销账，按要求打印“挂销账通知书”）。柜员审核并交客户签字确认无误后，并将身份证件和存款凭证交予客户。

此外，银行对活期账户约定转存有如下3个规定：按客户设定的转存周期、转账日期、转账金额条件系统自动转存为整存整取储蓄存款；活期账户自动转存入客户指定的个人零整储蓄账户；活期账户自动转存入客户指定的教育储蓄账户。

（五）活期储蓄存款销户业务

个人活期储蓄存款销户业务是指商业银行根据客户的要求，注销该客户在该行内的账户，并进行结息。具体流程见图 2－4。

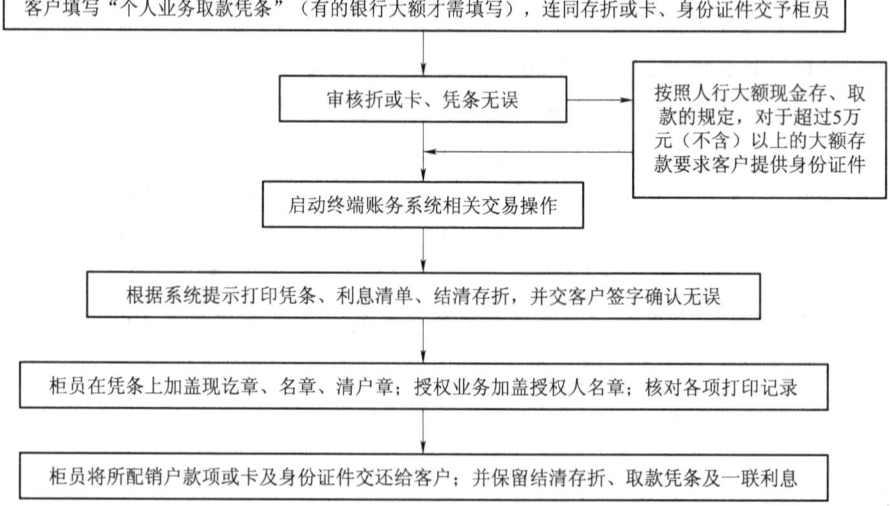

图 2－4　个人活期储蓄存款销户业务流程

销户注意事项有如下几点：一是外币活期销户交易成功后，根据需要可启动外币找零交易，折算人民币付出；二是挂失的活期账户可以补折；三是活期一本通账户只有在所有各币种活期存款账户结清的情况下，该账户才允许销户。

三、活期储蓄存款结息

人民币活期存款账户按季结息；以每季末 20 日挂牌公告的活期储蓄存款利率计付利息，21 日并入本金起息。外币活期存款账户以每季末 20 日挂牌公告的外币活期储蓄存款利率计提利息，每年 12 月 21 日记付利息。

想　一　想

利息所得税的变革与什么有关系？

利息税全称为“储蓄存款利息所得个人所得税”，主要指对个人在中国境内存储人民币、外币而取得的利息所得征收的个人所得税。利息税在中国的每一次变革都与经济形势密切相关。

1950 年，我国颁布了《利息所得税条例》，规定对存款利息征收所得税。但当时国家实施低工资制度，人们的收入差距也很小，征收利息税没有实质意义，因而在 1959 年停征了存款利息所得税。

随后，1980 年通过的《个人所得税法》和 1993 年修订的《个人所得税法》，再次把利息所得列为征税项目。但是，针对当时个人储蓄存款数额较小、物资供应比较紧张的情况，随后对储蓄利息所得又作出免税规定。

1997 年亚洲金融危机爆发，紧缩成为经济的主要特征。为此，中国人民银行从 1996 年 5 月 1 日起连续 7 次降低人民币存、贷款利率，但仍难以扭转储蓄存款余额增长的势头。为了调控经济、拉动内需、刺激消费，国家税务总局决定恢复征收利息税，自 1999 年 11 月 1 日施行，税率为 20%，由存款银行代扣代缴。

起征 7 年之后的 2006 年，全国税收收入（不包括关税、耕地占用税和契税、未扣减出口退税）共入库 37 636 亿元，利息税 459 亿元，占比不到 1.2%。

2007 年 6 月 29 日，全国人大常委会批准授权国务院可停减征利息税。

2007 年 7 月 20 日，国务院决定自 8 月 15 日起，将储蓄存款利息所得个人所得税的适用税率由现行的 20% 调减为 5%。

2008 年 10 月 9 日，根据个人所得税法有关规定，国务院决定自 10 月 9 日起，对储蓄存款利息所得暂免征收个人所得税。

来源：中国经济周刊

风险警示

活期储蓄存款业务风险控制要求

- 严格按人民银行存款实名制的要求开立账户或办理存、取款和销户业务。
- 严格按个人银行结算账户使用要求办理个人转账收付业务。
- 活期“一本通”销折必须将存折的封面和封底收回，作个人业务凭条附件送风险监督管理部门。

任务二　定活两便储蓄存款业务

能力目标　熟练操作定活两便储蓄存款业务流程

知识目标　了解定活两便储蓄存款业务基本规定

重点难点　定活两便储蓄存款业务风险控制要求

一、定活两便储蓄存款业务基本规定

定活两便储蓄存款不约定存期，一次存入，一次性支取，起存金额为人民币 50 元，多存不限。定活两便储蓄存款支取时利随本清。

定活两便存款介于定期、活期两种存款之间，适用于存款金额适中、存期不确定、要求方便并适当保息的个人客户需求。

定活两便储蓄存款是人民币储蓄存款。可采用存单、一本通和借记卡等形式。

二、定活两便储蓄存款业务操作流程

定活两便储蓄存款账户是不约定存期的人民币储蓄存款账户，一次存入，支取时利随本清，按实际存期计算利息。

定活两便开户须按《个人存款账户实名制规定》的要求，凭个人有效实名证件开立，凭证式定活两便记名，可挂失（具体要求见实名制开户规定）。

定活两便业务包括凭证式定活两便和面额式定活两便（面额式定活两便不开立新账户，只作销户处理）。主要有定活两便开户、销户。

（一）凭证式定活两便开户

客户提交一本通或卡、身份证及现金，柜员审核并清点收妥现金无误后，启动终端账务系统相关交易，交易成功后，柜员根据系统提示打印“个人业务凭条”，交客户签字确认无误后，并将身份证和存单、折交予客户。

（二）凭证式定活两便销户

凭证式定活两便销户，按照人行大额现金存、取款的规定，对于超过规定金额的大额存、取款要求客户提供身份证件，柜员审核无误后，启动终端账务系统相关交易，交易成功后，柜员根据系统打印“个人业务凭条”，柜员审核并交客户签字确认无误后，根据销户金额、利息实付金额配款，并将身份证、现金及加盖业务章的“个人业务凭条”的客户留存联交予客户。

异地只允许现金销户并扣收手续费。

（三）凭证式定活两便存款账户的转账开户、销户

定活两便存款账户可与活期结算账户、内部账户、卡人民币活期存款账户等账户之间进行转账开户、销户，转出账户必须为本分行内的账户。交易成功后，根据系统提示打印“个人业务凭条”（若内部账户或现汇指定账户需要挂销账，按要求打印“挂销账通知书”）。柜员审核并交客户签字确认无误后，并将身份证及存款凭证、加盖业务章的“个人业务凭条”的客户留存联交予客户。

（四）面额式定活两便兑付

按照人行大额现金存、取款的规定，对于超过规定金额以上的大额存、取款要求客户提供身份证件，柜员审核无误后，启动终端账务系统相关交易，交易成功后，柜员根据系统提示打印“个人业务凭条”，柜员审核并交客户签字确认无误后，根据销户金额、利息实付金额配款，并将身份证件、现金及加盖业务印章的“个人业务凭条”的客户留存联交予客户。面额式定活两便销户，只允许现金销户。

想 一 想

定活两便储蓄存款业务如何计息？

三、定活两便储蓄业务利息计算

存期不满 3 个月的，按支取日挂牌的活期储蓄存款利率计算；

存期 3 个月（含）以上不满半年的，整个存期按支取日挂牌公告的整存整取 3 个月定期储蓄存款利率打 6 折计息；

存期半年（含）以上不满 1 年的，整个存期按支取日挂牌公告的整存整取半年期的定期储蓄存款利率打 6 折计息；

存期在 1 年（含）以上，无论存期多长，整个存期一律按支取日挂牌公告的整存整取一年期定期储蓄存款利率打 6 折计息。

风险警示

定活两便储蓄存款业务风险控制要求

- 严格按照人民银行存款实名制的要求开立账户和进行销户。
- 凭证式定活两便或面额式定活两便收回，作个人业务凭条附件送风险监督管理部门。

任务三　整存整取定期储蓄存款业务

能力目标　熟练操作整存整取定期储蓄存款各项业务流程

知识目标　了解整存整取定期储蓄存款业务基本规定

重点难点　整存整取定期储蓄存款业务风险控制要求

一、整存整取定期储蓄存款业务基本规定

整存整取定期储蓄存款是指个人在银行或其他金融机构存入的人民币或外币资金，约定存期，整笔存入，到期一次性支取本息的一种储蓄存款。

整存整取定期储蓄存款的特点：整存整取定期储蓄存款利率较高，可以为储户获得较高的利息收入；客户可在存款时约定转存，定期存款到期后的本金和税后利息将按原定期存期和转存日公告利率自动转存。

现行币种主要有人民币及经当地外管批准允许开办的各种外币储蓄币种，如美元、英镑、欧元、日元、港元、加拿大元、瑞士法郎、澳元等。

整存整取定期储蓄存款可采用定期存单、定期一本通和卡等形式。定期一本通是指将客户的人民币定期和外币定期现钞或现汇账户集中在一本存折上，方便客户管理和使用的个人本外币定期存折账户。

想 一 想

你知道整存整取定期储蓄存款的起存额及存期吗？

人民币整存整取定期储蓄 50 元起存，多存不限，本金一次存入，到期支取利息。存期分为 3 个月、半年、1 年、两年、3 年、5 年。

外币整存整取定期储蓄金额起点为等值 20 美元，外币存期为 1 个月、3 个月、半年、1 年、两年。

二、整存整取定期储蓄存款业务操作流程

（一）整存整取定期储蓄存款开户业务

1. 实名制开户

具体要求同活期储蓄存款实名制开户规定。

关于定期账户的约定转存规定如下：整存整取存款开户时，可根据储户意愿，办理定期存款到期按原存期自动转存业务；整存整取存款约定转存时，利息于每个到期日扣除利息税后并入本金计算复利；支取时，除非是到期日当天支取，否则柜员需要核对存款人的有效身份证件。

2. 起存金额控制

整存整取定期储蓄存款金额起点为人民币 50 元或外币等值 20 美元。

3. 整存整取定期储蓄存款业务开户流程图

整存整取定期储蓄存款是指一次存入一定数额，约定期限到期一次支取本息的储蓄存款。整存整取定期储蓄存款开户业务具体流程见图 2－5。

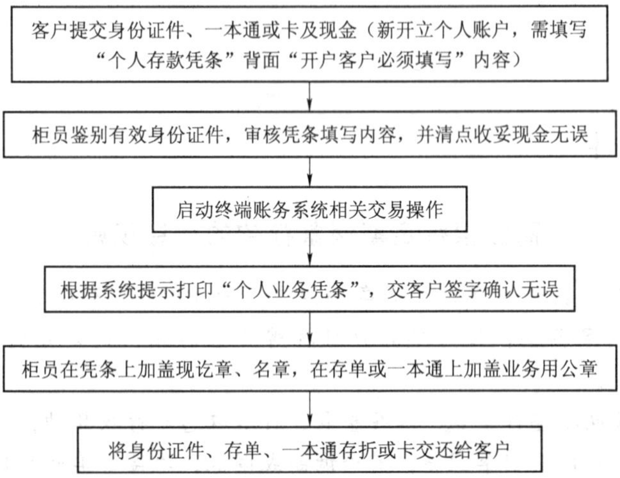

图 2－5　整存整取定期储蓄存款开户业务流程

（二）整存整取定期储蓄存款部提业务

客户提交存单、定期一本通、卡或相关的业务凭证及身份证件，若部提代理人办理，需提供存款人和代理人身份证件。柜员审核无误后，启动终端账务系统相关交易，交易成功后，根据系统提示打印“个人业务凭条”及新、旧存单，交客户签字确认无误后，根据部提金额、利息实付金额配款，并将现金、身份证件和存款凭证等加盖业务印章的个人业务凭条交予客户。

与部提有关的主要要求如下：对于超过规定金额以上的大额存、取款客户应提供身份证件；柜员按交易金额配款外币定期部提交易成功后，根据需要启动外币找零交易，折算人民币付出；整存整取未到期部分提前支取（包括存单式整存整取、一本通整存整取、卡储整存整取），允许办理多次部提；部分提前支取时，支取的本金部分以活期利率计算利息，剩余本金的起息日和利率不变；部提后新开账户金额应以未支取部分的金额为存款金额，剩余金额不足起存金额的，必须销户。

（三）整存整取定期储蓄存款销户业务

客户提交存单、定期一本通、卡或相关的业务凭证及身份证件，柜员审核无误后，启动终端账务系统相关交易，交易成功后，根据系统提示打印个人业务凭证，交客户签字确认无误后，根据销户金额、利息实付金额配款，并将现金、身份证件和新开的存款凭证及加盖业务印章的个人业务凭证客户联交予客户。

与销户有关的主要要求如下：对于超过规定金额以上的大额取款，客户应提供身份证件；柜员按交易金额配款外币定期销户交易成功后，根据需要启动外币找零交易，折算人民币付出；提前支取时，支取的本金部分以活期存款利率计算利息；整存整取定期存款到期销户，按存入日挂牌公告的利率计息，遇利率调整时不分段，销户时利随本清；整存整取定期储蓄逾期销户时，其超过原定存期的部分，约定自动转存的除外，逾期天数按实际天数计算，逾期利息按支取活期储蓄存款利率计付；异地销户交易只可以取现，不允许办理转账业务；对跨分行办理的业务须按规定采取外收的收费方式收取异地交易手续费。

资料卡

商业银行定期储蓄存款的计息规则

按照《储蓄管理条例》第二十六条的规定，自 1993 年 3 月 1 日起，定期储蓄存款在存期内遇有利率调整，按存单开户日挂牌公告的相应的定期储蓄存款利率计付利息。

定期储蓄存款包括整存整取、零存整取、存本取息等存款品种，均按上述规定计算利息。即在原定存期内遇利率调整，不论调高或调低，均按存单开户日所定利率计付利息，不分段计息；全部提前支取和部分提前支取的部分，均按支取日挂牌公告的活期储蓄利率计息，未提前支取的部分，仍按原存单所定利率计付利息。

（四）整存整取定期储蓄存款转账业务

整存整取定期储蓄账户与内部账户、卡人民币活期存款账户、活期结算账户之间，外币整存整取定期储蓄账户与现汇指定账户之间可进行转账开、销户处理，转出账户必须为本分行内的账户。交易成功后，根据系统提示打印“个人业务凭条”（若内部账户或现汇指定账户需要挂销账，按要求打印“挂销账通知书”）。柜员审核并交客户签字确认无误后，将身份证件及存款凭证、加盖业务印章的“个人业务凭条”的客户留存联交予客户。

风险警示

整存整取定期储蓄存款业务风险控制要求

- 严格按人民银行存款实名制的要求办理，不得使用非实名制或伪造的证件开立账户、销户。

● 定期“一本通”销折必须将存折的封面和封底收回，作个人业务凭条附件送风险监督管理部门。

任务四　零存整取类储蓄存款业务

能力目标　熟练掌握教育储蓄存款业务规定和操作流程

知识目标　了解零存整取类储蓄存款业务基本规定

重点难点　零存整取类储蓄存款业务风险控制要求

一、零存整取类储蓄存款业务基本规定

（一）零存整取类储蓄存款业务种类

零存整取类的储蓄存款主要分为3类：个人零存整取定期储蓄存款、集体零存整取定期储蓄存款和教育储蓄。

1. 零存整取定期储蓄存款

每月固定存额，一般5元起存，存款金额由储户自定，每月存入一次，存期分1年、3年、5年，中途如有漏存，应在次月补齐，未补齐者，到期支取时按实存金额和实际存期计算利息。

2. 集体零存整取储蓄存款

集体零存整取储蓄存款是指企事业单位或群众团体集中代办，由员工自愿参加的一种事先约定金额，逐月按约定金额存入，到期支取本息的储蓄存款。起存金额为50元，存期1年。

3. 教育储蓄定期存款

教育储蓄定期存款是指针对在校小学四年级（含四年级）以上学生而开办的零存整取式的定期存款，存款到期储户可凭存折和学校提供的正在接受非义务教育的学生身份证明一次支取本息。储户凭“证明”可以享受利率优惠，并免征储蓄存款利息所得税。存期分1年、3年、6年，最低起存金额为50元，本金合计最高限额为两万元。

（二）零存整取类储蓄存款业务特点

零存整取定期储蓄存款主要特点如下：积零成整，收益较高；零存整取定期储蓄存款是人民币定期储蓄，起存金额低。

零存整取定期储蓄存款主要采用存折或卡的形式。

二、零存整取储蓄存款业务操作流程

零存整取储蓄存款是一种事先约定金额，逐月按约定金额存入，到期支取利息的定期储蓄。

零存整取储蓄存款业务主要有零存整取的开户、续存（漏存、补存）、集体零存整取的退储、零存整取销户等。

（一）零存整取定期储蓄存款（含集体零存整取、教育储蓄存款）开户业务

客户提交一本通或卡、身份证件及现金（无卡折客户填写个人业务凭条），柜员审核并清点收妥现金无误后，启动终端账务系统相关交易，交易成功后，柜员根据

系统提示打印“个人业务凭条”，交客户签字确认无误后，将身份证件和存单、折交予客户。

（二）零存整取定期储蓄存款（含集体零存整取、教育储蓄存款）续存业务

客户提交一本通或卡、身份证件及现金（无卡折客户填写个人业务凭条），柜员审核并清点收妥现金无误后，启动终端账务系统相关交易，交易成功后，柜员根据系统提示打印“个人业务凭条”，交客户签字确认无误后，将身份证件和存单、折及加盖业务印章的个人业务凭条客户留存联交予客户。

个人零存整取储蓄存款、教育储蓄存款账户可跨分行办理现金续存业务。

个人零存整取储蓄存款、教育储蓄存款账户可办理约定转存业务，即从客户指定个人结算账户、卡人民币活期存款账户自动转存入个人零整储蓄或教育储蓄账户。

想 一 想

个人零存整取储蓄存款（含教育储蓄存款）漏存了怎么办？

- 零存整取（含教育储蓄）储蓄存款账户中途有漏存的情况，应采取“漏一补三”的办法办理补存业务，即零存整取（含教育储蓄）储蓄存款账户中途如有漏存，应在次月补齐，即补存上月、存储本月、预存下月。
- 存期内可多次补存处理。
- 如连续两个月漏存，如补存，后续存款按活期利率计算利息。

（三）集体零存整取退储业务

客户提交存折及经办人身份证件，柜员审核无误后，启动终端账务系统相关交易，交易成功后，根据系统提示打印个人业务凭证，交客户签字确认无误后，根据退储金额、利息实付金额配款，并将现金、身份证件和存款凭证交予客户。

零存整取部分退储仅限于集体零存整取定期存款账户，退储后每月额度需要根据退储金额度重新计算。

集体零整整取的退储利息按支取日活期储蓄存款利率记付利息。

退储后留存额大于等于开户起存额。如本月未续存，要求先存入后退储。退储金额 = 供款期数 × 退储额度。

不支持异地退储交易处理。

（四）零存整取定期存款（含集体零存整取）的销户和计息

1. 销户规定

客户提交存单、定期一本通、卡或个人业务凭证及身份证件，柜员审核无误后，启动终端账务系统相关交易，交易成功后，根据系统提示打印个人业务凭证，交客户签字确认无误后，根据销户金额、利息实付金额配款，并将现金、身份证件加盖印章的个人业务凭证客户联交予客户。

2. 计息规定

（1）对于超过规定金额以上的大额取款客户应提供身份证件。

（2）存内无漏存或漏存次数只有1次且已按期补存的到期销户，按存款累计日积数计算利息，到期利随本清。

（3）零存整取储蓄到期销户，但漏存次数超过两次时，漏存之前按开户日零存整取定期储蓄存款利率计付利息，漏存之后按支取活期储蓄存款利率计付利息。

（4）零存整取储蓄逾期销户，其超过原定存期部分，按支取日活期储蓄存款利率计付利息。

（5）零存整取储蓄提前支取时必须全额支取，按实际存期和支取日活期储蓄存款利率计付利息。

（五）零存整取定期储蓄存款的转账业务

零存整取定期储蓄账户与内部账户、卡人民币活期存款、活期结算账户之间可进行转账、销户、续存等处理，转出账户必须为本分行内的账户，交易成功后，根据系统提示打印“个人业务凭条”（若内部账户需要挂销账，按要求打印“挂销账通知书”）。柜员审核并交客户签字确认无误后，将身份证件及存款凭证、加盖业务印章的“个人业务凭条”的客户留存联交予客户。

三、教育储蓄存款业务基本规定

教育储蓄开户、续存如上所述，以下仅就销户业务进行详细介绍。

教育储蓄有证明销户时，提供证明的免征个人利息税，利率按存款开户日靠档整存整取利率计。教育储蓄无证明销户的计息视同零存整取销户处理。

（一）教育储蓄提前支取

（1）提前支取时必须全额支取。

（2）如能提供“证明”的，按实际存期和开户日同期同档次整存整取定期储蓄存款利率计付利息，免征储蓄存款利息所得税。

（3）如不能提供“证明”的，按实际存期和支取日活期储蓄存款利率计付利息，并按规定征收储蓄存款利息所得税。

（二）教育储蓄到期支取

（1）存期分为1年、3年、6年，利率实行优惠，即分别按开户日挂牌公告的1年期、3年期、5年期整存整取定期储蓄存款利率计付利息。

（2）客户凭存折及“非义务教育证明”一次支取利息，不征收储蓄存款利息所得税。

（3）存期内遇有利率调整，仍按开户日挂牌公告的相应储蓄存款利率计付利息，不分段计息。

（4）储户若不能提供“证明”，其存款不享受利率优惠，按零存整取业务办理，即1年期、3年期按开户日同档次零存整取定期储蓄存款利率计付利息，6年期按开户日5年期零存整取定期储蓄存款利率计付利息，并按规定征收储蓄存款利息所得税。

（三）教育储蓄逾期支取

教育储蓄逾期支取时，超过原定存期的部分，按支取日挂牌公告的活期储蓄存款利率计付利息，并按规定征收储蓄存款利息所得税。

资料卡

关于教育储蓄存款的销户规定

- 异地销户交易只可以取现，不允许办理转账业务。
- 对跨分行办理的业务须按规定采取外收的收费方式收取异地交易手续费。
- 对非正常状态的账户不允许办理销户业务。
- 每份证明只享受一次优惠。柜员审核后，对符合条件的，给予免税优惠，并在“证明”第二、第三联加盖“已享受教育储蓄优惠”戳记。
- 必须在存款到期后方可办理托收。

风险警示

零存整取类储蓄存款业务风险控制要求

- 严格按人民银行存款实名制的要求办理开立账户、销户。如他人代理的，还应提供代理人的有效身份证件（具体要求见实名制开户规定）。
- 教育储蓄定期存款为只对小学四年级（含四年级）以上学生而开办，以储户本人（即学生本人）的真实姓名开户。
- 销户时存折的封面和封底必须收回，作个人业务凭条附件送风险监督管理部门。

任务五　存本取息定期储蓄存款业务

能力目标　掌握存本取息定期储蓄存款业务操作流程

知识目标　了解存本取息定期储蓄存款业务基本规定

重点难点　存本取息定期储蓄存款业务风险控制要求

一、存本取息定期储蓄存款业务基本规定

存本取息定期存款时本金一次存入，一次存入本金，分次支取利息，到期支取本金的定期储蓄。存本取息开户金额不低于 5 000 元，多存不限，有 1 年、3 年、5 年存期。

存本取息定期存款起存金额较高，分期付息，不得提前支取利息，取息日后可随时取息，不计算复利。存本取息定期存款是人民币定期储蓄存款，主要采用储蓄存折或卡的形式。

二、存本取息定期储蓄存款业务操作流程

存本取息定期存款是本金一次存入，分次支取利息，到期支取本金的定期储蓄。利

息凭存折或卡分期支取，可采用按月支取、按季支取或半年支取一次的方式，在开户时由客户自己选择。存本取息定期存款业务主要有存本取息开户、取息、销户。

（一）存本取息定期储蓄存款开户业务

1. 实名制开户

按照人民银行个人存款账户实名制的规定：个人在金融机构开立个人存款帐户时应当出示本人身份证件，使用实名。代理他人开立账户的代理人应该出示被代理人和代理人的身份证件（具体要见实名制开户规定）。

2. 起存金额控制

存本取息定期储蓄存款，金额起点为人民币 5 000 元。

3. 操作流程

客户提交存折或卡、身份证件及现金，柜员审核并清点收妥现金无误后，启动终端账务系统相关交易，交易成功后，柜员根据系统提示打印“个人业务凭条”，交客户签字确认无误后，将身份证件和存折或卡交予客户。

（二）存本取息定期储蓄存款账户取息业务

客户提交存折或卡，柜员审核无误后，启动终端账务系统相关交易，交易成功后，柜员根据系统提示打印相关业务凭证，交客户签字确认无误后，根据取息金额配款，并将现金、身份证件和存折或卡等加盖业务印章的“个人业务凭条”客户留存联交予客户。

想 一 想

存本取息定期储蓄存款取息
都有哪些规定?

对于超过规定金额以上的大额存、取款，客户应提供身份证件。

存本取息定期存款账户的利息可约定转存转入客户指定的卡人民币活期存款账户或活期结算账户内。

如到期取息日未取息，以后可以随时取息。

（三）存本取息定期储蓄存款账户销户业务

客户提交存折或卡，柜员审核无误后，启动终端账务系统相关交易，交易成功后，柜员根据系统提示打印相关业务凭证，交客户签字确认无误后，根据销户金额配款，并将现金、身份证件等以及加盖业务印章的“个人业务凭条”客户留存联交予客户。

对于超过规定金额以上的大额存、取款，客户应提供身份证件。

存本取息定期存款储蓄账户到期销户时，只支取本金；有未支取利息的销户时一并支取本金和利息。

提前支取时，根据实际存期按支取日银行挂牌公告的活期利率计息，同时扣回已支取的利息。

（四）存本取息定期储蓄账户转账业务

存本取息定期储蓄账户与内部账户、卡人民币活期存款、活期结算账户之间可进行转账开、销户等处理，转出账户必须为本分行内的账户。交易成功后，根据系统提示打印“个人业务凭条”（若内部账户需要挂销账，按要求打印“挂销账通知书”）。柜员审核并交客户签字确认无误后，并将身份证件及存款凭证、加盖业务印章的“个人业务凭条”的客户留存联交予客户。

风险警示

存本取息定期储蓄存款业务风险控制要求

- 严格按人民银行存款实名制的要求办理开立账户、销户。
- 销户存折封面和封底必须收回，作个人业务凭条附件送风险监督管理部门。

任务六　通知存款业务

能力目标　熟练操作通知存款各项业务流程

知识目标　了解通知存款业务基本规定

重点难点　通知存款业务风险控制要求

一、通知存款业务基本规定

通知存款是指存款人在存入款项时不约定存期，支取时须提前通知金融机构，约定支取日期和金额方能支取的存款。

想 一 想

你知道通知存款的起存额和存期吗？

通知存款不论实际存期多长，按存款人提前通知的期限长短划分为1天通知存款和7天通知存款两个品种。

个人通知存款的最低起存金额为5万元的人民币定期存款。存款人需一次性存入，可以一次或分次支取。开户时由储户确定取款的通知期限，通知期限分为“提前1天通知”和“提前7天通知”两种。储户每次取款应不少于5万元。储户通知后若按约支取，则按支取日挂牌公告的通知存款1天或7天利率档次计息。

通知存款不论实际存期多长，按存款人提前通知的期限长短划分为1天通知存款和7天通知存款两个品种。1天通知存款必须提前1天约定支取存款，7天通知存款必须提前7天通知约定支取存款。通知存款存入时，由储户自行选择通知存款品种（1天通知存款或7天通知存款）。通知存款主要采用储蓄存折或卡或存单的形式。

二、通知存款业务操作流程

通知存款主要有通知存款开户、通知、取款和销户。

（一）通知存款开户业务

1. 实名制开户

按照人民银行个人存款账户实名制的规定，个人在金融机构开立个人存款帐户时应当出示本人身份证件，使用实名。代理他人开立账户的代理人应该出示被代理人和代理人的身份证件（具体要见实名制开户规定）。

2. 存款金额控制

通知存款的最低起存金额为 5 万元，最低支取金额为 5 万元。

通知存款部分支取，留存部分低于起存金额的予以清户。

3. 个人通知存款的开户流程

客户提交卡、身份证件及现金，柜员审核并清点收妥现金无误后，启动终端账务系统相关交易，交易成功后，柜员根据系统提示打印“个人业务凭条”，交客户签字确认无误后，将身份证件和存折或卡交予客户。

（二）通知存款通知业务

通知存款业务的通知管理是指支取通知、取消通知、修改通知、删除通知、查询通知。

（1）存款人提供存折或卡及有效实名证件办理个人通知存款的通知手续，柜员审核无误后，启动终端账务系统相关交易。交易成功后，系统自动生成一个 4 位通知编号。

（2）存款人可凭通知编号在原通知网点修改或取消约定的支取方式。若要修改通知，只允许修改支取金额、支取日期，且只能在当日进行。

（3）对于同一笔通知存款可以支持符合条件的多笔业务通知处理。

（4）对于卡储通知可选择自动转存卡人民币活期存款账户或柜面取现。

（5）如选择更改通知状态为取消，通知存款支取时将扣除该违约利息；如选择更改通知状态为删除，通知存款支取时不需扣除违约利息。

（6）柜员可通过账号查询有关通知信息，采用列表方式显示每次通知编号的内容。

（三）通知存款取款和销户业务

客户提交存折，柜员审核无误后，启动终端账务系统相关交易，交易成功后，根据系统提示打印“个人业务凭证”，交客户签字确认无误后，根据支取或销户金额配款，并将现金、身份证件等加盖业务印章的“个人业务凭证”客户留存联交予客户。

资 料 卡

通知存款计息规定

● 通知存款按提前通知期限的长短，划分为 1 天和 7 天通知两个品种，按支取日挂牌公告通知存款利率计息。

● 遇下列情况，按支取日挂牌公告活期存款利率计息。

（1）实际存期不足通知期限的；

（2）未提前通知而支取的；

（3）支取金额不足最低支取金额的；

（4）已办理通知手续而提前或逾期支取的；

（5）支取金额不足或超过约定金额的部分。

● 通知存款如已办理通知手续而不支取或在通知期限内取消通知的，通知期限内不计息。

● 通知存款部分支取，留存部分高于最低起存金额的，需重新填写通知存款单或凭证，从原开户日计算存期；留存金额低于起存金额的予以清户，按清户日挂牌公告的活期存款利率计息，或根据存款人意愿转为其他存款。

（四）通知存款转账业务

通知存款定期储蓄账户与内部账户、卡人民币活期存款、活期结算账户之间可进行转账开、销户等处理，转出账户必须为本分行内的账户。交易成功后，根据系统提示打印“个人业务凭条”（若内部账户需要挂销账，按要求打印“挂销账通知书”）。柜员审核并交客户签字确认无误后，并将身份证件及存款凭证、加盖业务印章的“个人业务凭条”的客户留存联交予客户。

根据中国人民银行《通知存款管理办法》（银发［1999］3号）规定，办法实施前的老通知存款，仍按原规定办理。

风险警示

通知存款业务风险控制要求

● 严格按照人民银行存款实名制的要求开立账户和进行销户。

● 对于超过规定金额以上的大额存、取款，客户应提供身份证件。

● 销户存折封面和封底必须收回，作个人业务凭条附件送风险监督管理部门。

思考与训练

一、选择填空

1. 个人活期存款账户按账户能否与外部账户办理转账结算业务，分为________账户和________账户。

2. 人民币整存整取定期储蓄__________起存，存期分为__________、__________、________、________、________、________。

3. 零存整取定期储蓄存款一般________起存，每月存入一次，存期分________、________、________。

4. 对于超过规定金额以上的大额存、取款，客户应提供________。

5. 定期储蓄存款在存期内遇有利率调整，按________挂牌公告的相应的定期储蓄存款利率计付利息。

二、正误判断

1. 人民币活期每季度结息一次，外币活期储蓄存款每年 12 月 20 日结息一次。(　　)

2. 人民银行个人存款账户实名制规定：个人在金融机构开立个人存款账户时应当出示本人身份证件，使用实名。代理他人开立账户的代理人出示被代理人身份证件即可。(　　)

3. 通知存款部分支取，留存部分低于 1 万元的予以清户。(　　)

4. 应严格按人民银行存款实名制的要求办理开立账户、销户。(　　)

5. 通知存款是指存款人在存入款项时不约定存期，支取时须提前通知金融机构，约定支取日期和金额方能支取的存款。(　　)

三、单项选择

1. 定活两便储蓄存款起存金额为（　　）。

A. 人民币 5 元　　B. 人民币 50 元　　C. 人民币 10 元　　D. 人民币 1 元

2. 存本取息开户金额不低于（　　），多存不限，有 1 年、3 年、5 年存期。

A. 500 元　　B. 1 000 元　　C. 5 000 元　　D. 100 元

3. 个人通知存款的最低起存金额为 5 万元的人民币定期存款，储户每次取款应不少于（　　）。

A. 5 万元　　B. 1 万元　　C. 两万元　　D. 5 000 元

4. 教育储蓄定期存款为只对小学四年级（含四年级）以上学生而开办，以（　　）的真实姓名开户

A. 家长　　B. 学校　　C. 家长和学生　　D. 学生本人

5. 销户时存折的封面和封底（　　）。

A. 可让客户选择　　B. 可以收回　　C. 必须收回　　D. 归还客户

四、多项选择

1. 个人银行结算账户有 3 个功能（　　）。

A. 活期储蓄功能　　B. 定期储蓄功能　　C. 普通转账功能　　D. 可使用支票

2. 人民币个人结算账户（　　）开户；人民币个人储蓄账户开户起点金额为（　　），多存不限；外币账户开户起点金额为等值（　　）的外币。

A. 允许零金额　　B. 1 元人民币　　C. 5 元人民币　　D. 5 美元

3. 教育储蓄定期存款是指针对在校小学（　　）学生，存期分 1 年、3 年、（　　），最低起存金额为（　　），本金合计最高限额为（　　）。

A. 四年级（含四年级）以上　　B. 6 年

C. 50 元　　D. 两万元

4. 通知存款不论实际存期多长，按存款人提前通知的期限长短划分为（　　）通知存款和（　　）通知存款两个品种。

A. 3 天　　B. 1 天　　C. 5 天　　D. 7 天

5. 零存整取定期储蓄存款主要特点有（　　）。

A. 积零成整　　B. 收益较高　　C. 是活期储蓄　　D. 起存金额低

五、问题简答

1. 简述整存整取定期储蓄存款部分提前支取业务操作规定。

2. 简要说明通知存款业务的基本规定和业务流程。

六、实战训练

1. 熟练掌握活期储蓄存款开户、续存、支取、销户等业务操作流程。

2. 请为上五年级的小明同学讲解教育储蓄存款业务相关规定。

七、案例分析

2003 年 9 月 19 日，西安市中级人民法院开庭审理了建国以来罕见的一起特大银行职员挪用、贪污公款案。公诉人指控：1996 年 2 月至 2000 年 10 月，犯罪嫌疑人周利民、刘怡冰以高息存款为诱饵，采用私刻印鉴、伪造金融凭证等不法手段，用私自制作的存单、存款证实书大肆吸收单位和个人存款计 4.123 亿元，并将吸收的存款采取不入账的手段任意支配使用，尚有 1.34 多亿元无法归还。公诉人同时指出，两人在高息揽存过程中，为弥补挪用公款造成的亏空，用“拆东墙补西墙”的办法强行将储户在银行账上的存款划走，非法占有他人存款 6 074.11 万元……主审法官当庭宣判：周利民、刘怡冰以挪用公款罪、贪污罪分别被判处死刑，剥夺政治权利终身。

请结合本案例，了解违规揽储存款的相关规定，并分组探讨如何积极拓展资金来源渠道。

项目二　代理业务

项目的目标与任务

知识与技能目标：

- 熟悉、了解代发工资业务、其他代理业务、代理保险业务、代理国债业务、代理证券业务的基本规定
- 能够熟练操作代发工资业务、其他代理业务、代理保险业务、代理国债业务、代理证券业务、代理缴费和代理基金业务

主要任务：

- 能够独立完成各项业务的实践操作
- 严格履行各项业务的风险控制要求

导学案例

银行卖保险不许忽悠

【案例情况】

去银行存款，毫不知情，存单变保单；经不住理财人员的忽悠，购买了并不需要的保险；购买了保险，发现期待与事实相距甚远。近年来，银行代理保险产品时违规销

售、误导客户的问题比较突出。为进一步加强对银行代理保险业务的监管，银监会日前下发《中国银监会关于进一步加强商业银行代理保险业务合规销售与风险管理的通知》，对银行代理保险业务的相关问题进行规范。

案例：王大妈辛苦半年，攒了5 000元，赶紧拿去存银行。在储蓄窗口，柜台人员热情服务，推荐一款“零风险、高收益”的分红型储蓄，不仅收益高，还能提供人身、意外伤亡保障，王大妈有些心动。紧接着，工作人员拿出“高收益演示表”，详细解释如何让5 000元变成更多的钱，并且承诺，签了合同还能反悔。于是，王大妈欣然应允，工作人员服务周到，一切代劳，王大妈只需签个字，一份保单就生成了。

实际上，这份分红型储蓄就是保险；“高收益演示表”只是宣传材料，合同里却写着“不作为保证的收益”；要想重获本息，5 000元远不够，还要年年存5 000元；签了合同后，犹豫期内钱已被扣，过期想要退保就损失惨重；保险公司要求客户手抄风险提示语，银行员工却私自代抄。

为了遏制这些违规行为，《通知》强调，商业银行开展代理保险业务，应遵循公开、公平、公正的原则，充分保护客户利益，应向客户充分揭示保险产品特点、属性和风险，不得对客户进行误导；不得将保险产品与储蓄产品、基金、银行理财等产品混淆销售，不得将保险产品收益与这些产品简单类比，不得夸大保险产品收益；在售前应如实向客户告知保险产品的犹豫期、保险责任、电话回访、费用扣除、退保费用等关键信息；不得以中奖、抽奖、回扣或者送实物、保险等方式进行误导销售等。商业银行通过电话向客户销售保险产品的，应先征得客户同意，明确告知客户销售的是保险产品，销售过程应全程录音并妥善保存。

（案例来源：2010年11月10日人民日报）

随着经济全球化和金融一体化的不断深入，中间业务是中西方商业银行一项重要的收入来源。但是比起国际性商业银行的中间业务收入占比而言，我国商业银行的中间业务发展仍然较慢。而作为中间业务手续费收入重要来源的代理业务，当前已经成为各家商业银行竞争的焦点。以下将着重介绍综合柜员主要操作的代理业务。

任务一　代发工资业务

能力目标　熟练掌握代发工资业务操作流程

知识目标　了解代发工资业务基本规定

重点难点　代发工资业务风险控制要求

一、代发工资业务基本规定

（一）代发工资业务的概念

代发工资业务是指商业银行利用自身网点、人员、技术和网络等优势，接受委托单位的委托，代委托单位发放工资等收入。即将委托单位职工的工资、奖金等收入，按照协议要求划入指定活期储蓄账户中的一项代理业务。

代发工资业务是商业银行储蓄存款的重要来源之一。

（二）代发工资业务的特点

代发工资业务主要具有以下特点：

1. 方便快捷，及时准确

委托单位通过代发工资系统发放工资，银行对委托单位上送的工资文本通过计算机实时处理，工资实时入账；通过付款业务的功能发放工资，银行通过计算机自动进行处理，保证工资及时到账；网上操作，是否成功当场反映，银企可以及时对账。

2. 信息保密，降低风险

减少了交接环节，提升了工资信息的私密性，降低了财务人员的工作强度，减少财务成本。

3. 交易安全，省时省力

委托单位通过银行代发工资，避免了运送、保管现金的风险。同时由于不用清点现金，不用找零兑零，不仅节省人力，也提高了工作效率。

二、代发工资业务操作流程

代发工资操作流程主要有如下5个步骤：

（一）签订协议

委托单位与开户行就代发工资相关事宜签订委托代理协议。

（二）开户

委托单位应该按照现行银行实名制的要求提供职工姓名、身份证号码等相关代发清单资料，开户行根据清单办理批量开户手续。

（三）资金划拨

发放工资时，委托单位按照协议约定时间将代发工资资金足额划转到委托单位在开户行开立的指定账户，并向开户行提供书面代发工资明细清单。

（四）履约入账

开户行按照委托协议约定及委托单位提供的代发清单资料按时将应发金额足额转入每位职工的储蓄账户。

（五）客户取款

工资入账后，委托单位的职工即可自由办理取款业务。具体操作流程见活期储蓄取款业务。

风险警示

代发工资业务风险控制要求

● 因委托单位原因导致代理收付入账错误，应由委托单位出具账务调整证明，说明错误原因，调整账户，证明需要加盖委托单位财务专用章（或公章）、经办人员名章，营业网点根据委托单位的调账证明，按有关规定审批后进行账务调整，调账证明作凭证附件装订保管。

• 代付业务入账错误，进行调账前应取得账户所有人同意，并按有关规定进行审批，否则不能调账，代理单位应自行解决与其员工间就薪酬费用发生的任何纠纷。

任务二　代理证券业务（第三方存管业务）

能力目标　理解和掌握第三方存管业务操作流程

知识目标　了解第三方存管业务基本规定和操作规定

重点难点　代理证券业务风险控制要求

银行代理证券业务主要体现在第三方存管业务上。

证券公司客户交易结算资金第三方存管业务（以下简称第三方存管业务）是指按照中国证券监督管理委员会证券公司客户交易结算资金第三方存管有关规定，与证券公司签订《＊＊证券公司客户交易结算资金委托＊＊银行存管协议》，并为其开立客户交易结算资金账户，集中存放证券公司证券投资者客户交易结算资金，同时为该公司每一个证券投资者设立独立的客户交易结算资金管理账户，记录投资者在证券公司的客户证券资金台账余额变化，每日将所有的台账资金总额与证券公司客户交易结算资金账户余额进行平衡试算监管，并向有关证券投资者提供全国集中式银证转账和相关查询服务的业务。

资 料 卡

“第三方存管”的优势

第三方存管是指客户交易结算资金由独立于券商的第三方存管机构管理。第三方存管机构按照法律法规的要求，负责客户交易结算资金的存管以及客户的资金存取等。这里的第三方机构指具备存管资格的商业银行。目前第三方存管业务只针对人民币资金，不适用于B股外币资金。

推行“客户交易结算资金第三方存管”的原因，源于《证券法》第六章第一百三十九条规定证券公司客户的交易结算资金应当存放在商业银行，以每个客户的名义单独立户管理。“客户交易结算资金第三方存管”的实施有效避免了券商挪用客户交易结算资金，防范系统风险，维护证券市场的稳定，更好地保护投资者利益。

“资金更放心”——客户资金的安全由券商和商业银行的双重信用作为保障，确保客户资金的兑付，客户资金的安全得到保障。

“存取更省心”——客户可以通过券商电话委托、网上交易以及银行柜台、电话银行、网上银行等多种方式完成银行账户与交易结算资金账户之间的资金划转。

“服务更贴心”——客户成为券商和银行的共同客户，同时享受证券投资服务和银行综合理财服务。

一、第三方存管业务基本规定

（一）客户

指已经与证券公司签订证券委托代理协议，且在证券公司开立证券资金台账的机构投资者和个人证券投资者（以下分别称为机构客户和个人客户）。

（二）客户证券资金台账

投资者在证券公司开立的，专门用于管理其客户证券交易的资金台账，与投资者在存管银行开立的客户交易结算资金管理账户一一对应。证券公司通过该账户对投资者的证券买卖交易进行前端控制，进行清算交收和计付利息等。客户证券资金台账是证券公司的内部管理台账。

（三）客户交易结算资金管理账户（以下简称管理账户）

指银行为每个投资者开立的，管理投资者用于证券买卖用途的交易结算资金存管专户。管理账户记载客户交易结算资金的变动明细，并与客户的银行结算账户和客户的证券资金台账之间建立银证转账对应关系。管理账户是虚账户。

（四）客户交易结算资金账户（以下简称资金账户）

指银行为证券公司客户（包括个人投资者和机构投资者）交易结算资金而开立的专用存款账户。该账户以证券公司名义开立，只得用于存放客户交易结算资金；账户中的资金只得用于投资者进行银证转账和向客户交易结算资金交收账户及资金分账户划拨。

（五）客户银行结算账户

指投资者在存管银行开立的，用于银行资金往来结算，并与客户证券资金台账和管理账户建立转账对应关系的银行存款账户。客户的交易结算资金只能由该账户通过银证转账的方式划入资金账户，客户取出的交易结算资金，只能通过银证转账的方式从资金账户划回到客户银行结算账户。

二、第三方存管业务操作规定

（一）客户指定业务

1. 客户指定存管银行

客户指定存管银行是指客户选定某个银行为其提供第三方存管服务。

指定存管银行的模式是指存管银行需先在证券公司办理预指定。

2. 指定存管银行对于客户银行结算账户的要求

（1）个人客户只能允许使用借记卡；

（2）机构客户必须在银行开立单位结算账户。

3. 对客户要求

客户只能在其借记卡发卡行或账户开户行所属分行所管辖网点办理指定存管银行、变更借记卡或银行结算账户等手续。

客户在银行成功办理指定存管银行手续以后，方能办理第三方存管业务的银证转账。银行为机构客户提供网点柜面、网上银行等服务渠道，对客户提供网点柜面、网上银行、电话银行、自助通等服务渠道。客户若需使用营业网点柜面以外的服务渠道，应在银行柜台办理指定存管银行业务时，选择提供第三方存管业务的银证转账服务渠道的开通或关闭服务。

（二）客户撤销业务

客户撤销第三方存管业务只能到证券公司办理撤销第三方存管业务手续。

（三）第三方存管业务的银证转账

银证转账是指客户银行结算账户与客户证券资金台账之间的资金划转，按照转账方向不同，可以分为“银行转证券”和“证券转银行”。

1. “银转证”业务

个人客户可以使用银行服务渠道和证券公司渠道办理“银转证”业务。机构客户只能使用银行服务渠道办理“银转证”业务。“银转证”业务必须验证客户在银行方的密码或印鉴，以及客户在银行方和证券方的证件一致性。

2. “证转银”业务

个人客户和机构客户可以使用银行服务渠道和证券公司办理“证转银”业务。“证转银”业务必须验证客户在证券方的资金密码，以及客户在银行方和证券方的证件一致性。如果证券公司要求机构客户凭证券公司预约流水号等办理“证转银”，预约流水号等由机构客户在办理“证转银”交易之前向证券公司申领。

（四）查询管理

客户查询资金账户余额可以查询到资金账户的实时可用余额，而管理账户仅提供截至上一交易日的银证转账明细和日终余额信息。

想一想

代理证券业务验证和调账有哪些要求？

验证要求：指定存管银行须验证客户在银行方的密码和印鉴、客户在证券方的资金密码，以及客户在银行方和证券方的证件一致性。

调账要求：对于银证转账，若日间出现单边账情况，则日终后证券公司会以银行方记账情况为准进行调整，保证两边账务准确、一致。

三、第三方存管业务操作流程

（一）指定存管银行操作流程

1. 个人客户

（1）个人客户到银行营业网点办理指定存管银行业务，需持本人有效身份证件、证券资金账户卡、银行借记卡，填写《证券交易结算资金存管/转账业务申请表》，并签署一式三份《第三方存管客户协议》。

（2）网点柜员在审核客户提供的证件原件和银行借记卡的真实性和一致性及协议的有效性和准确性后，复印证件留存。柜员启动系统相应交易进行信息录入，交易成功打印一式两联《私人业务受理书》。柜员在《私人业务受理书》上加盖业务受理章和名章后，一联留存，一联作为回单交客户。在《第三方存管客户协议》上加盖业务受理章，将《第三方存管协议》的客户留存联交客户；银行留存协议随业务凭证保管。

2. 机构客户

（1）机构客户到银行营业网点办理指定存管银行业务，需由机构客户授权代理人持本人有效身份证件、证券资金账户卡、加盖客户行政公章和预留印鉴的营业执照副本复印件、法人代表委托授权书、法人代表身份证复印件，签署一式三份《第三方存管协议》，填写《证券交易结算资金存管/转账业务申请表》。

（2）网点柜员审核相关资料的一致性、《第三方存管客户协议》签署的正确性，并验证《证券交易结算资金存管/转账业务申请表》加盖的印鉴的真实有效后，柜员启动系统相应交易进行信息录入，交易成功打印一式两联《私人业务受理书》。柜员在《私人业务受理书》上加盖业务受理章和名章后，一联留存，一联作为回单交客户。在《第三方存管客户协议》上加盖业务受理章，将《第三方存管协议》的客户留存联交客户；银行留存协议随业务凭证保管。

（二）银证转账操作流程

1. 个人客户

个人客户可选择自助渠道或到柜面网点办理业务。网点柜面办理业务的流程是：个人客户持需签约的银行卡，并填写《证券交易结算资金存管/转账业务申请表》，柜员审核无误后，启动相关交易为客户办理转账业务。交易成功后，系统提示打印业务凭证，交客户签字确认后，柜员加盖转讫章和名章，将客户留存联交客户作为回单，正联留存。在《证券交易结算资金存管/转账业务申请表》上加盖业务受理章，银行将留存联作附件，客户联返回客户。

2. 机构客户

客户可选择自助渠道或到网点柜面办理业务。网点柜面办理业务的流程是：对公业务经办人填写《证券交易结算资金存管/转账业务申请表》并加盖预留印鉴，柜员审核无误后，启动相关交易为客户办理转账业务。交易成功后，系统提示打印业务凭证，柜员加盖转讫章和名章，并在《证券交易结算资金存管/转账业务申请表》上加盖业务受理章，银行留存联作附件，客户联返回客户。

风险警示

代理证券业务风险控制要求

- 柜员操作风险控制要求：

（1）认真审核申请人有效证件，确保真实、有效。要由客户本人输入相关密码，申请表和协议等资料必须由客户本人签字确认。

（2）有效证件复印后随协议书附入当日传票内送风险监督管理部门。

- 签约用户风险控制要求：

（1）尽量避免在网吧等公共场所的计算机上使用网上渠道转账。如必须在公共场所的计算机上使用，要注意对输入的卡号、密码等信息的保护，转账完毕后及时清空浏览器及电脑上的记录。

（2）在转账页面上，要注意核对地址栏中的银行域名或证券公司域名，以防假冒网站。

（3）对于密码、印鉴，客户应妥善保管，防止泄露。

任务三 代理保险业务

能力目标 熟练掌握代理保险业务操作流程

知识目标 了解代理保险业务基本规定

重点难点 代理保险业务风险控制要求

当前，金融综合经营趋势的速度逐渐加快，发展银行保险业务不仅是保险行业的发展要求，也是商业银行多元化业务拓展的发展要求。

一、代理保险业务基本规定

（一）保险业务

是指投保人根据合同约定，向保险人支付保险费，保险人对于合同约定的可能发生的事故因其发生的财产损失承担赔偿保险金责任，或者当被保险人死亡、伤残、疾病或者达到合同约定的年龄、期限时承担给付保险金责任的商业保险行为。

（二）代理保险业务

是指商业银行使用集中式代理保险系统与保险公司的业务处理系统实时连接，实现新保业务功能、续期业务功能、保全业务功能及相关衍生业务功能的银行代理保险业务。

想 一 想

银行代理保险业务还有哪些特殊规定？

开办代理保险业务的网点应具有当地保监局颁发的《保险兼业代理许可证》。

办理代理保险业务，除续期代收外，客户必须持个人有效身份证件和其他相关资料，由本人到银行柜台办理，不得委托他人代办。

二、代理保险业务操作流程

客户可持现金或借记卡，在柜面购买银行代理的各家保险公司的保险产品。

（一）新保投保、缴费

（1）投保人持身份证、现金或借记卡至柜面填写投保单。

（2）柜员根据保险公司提供的投保单审核规则，审核无误后，启动账务系统相关交易，交易成功后打印《客户确认书》，交投资者审核并签字确认。

（3）客户按照投保确认书上记载的应缴保费金额和缴费方式缴纳保费。柜员收妥保费后，启动账务系统相关交易，交易成功，打印正本保险单、保险费发票、银行代理业务缴费凭证等单证。

（4）柜员在保单、保险费发票和代理业务缴费凭证上加盖柜员名章，在保险费发票和代理业务缴费凭证上加盖现讫、转讫章或业务章，请客户在保险费发票和代理业务缴费凭证上签。

（5）柜员将保单正本、保险费发票的客户留存联、代理业务缴费凭证（客户联）、正确的险种条款（保单与条款需骑缝加盖柜员名章）交给客户，并告知客户保单的初始查询密码。

（二）当日投保撤销

（1）投保人本人于投保当日凭本人有效身份证件和正本保险单、正本保险费发票和客户回单等资料，到原投保的银行网点办理退保。

（2）柜员审核无误后，启动账务系统相关交易，交易成功后，打印变更确认书和银行私人业务受理书（抹账）。

（3）请客户在变更确认书和银行私人业务受理书上签字确认。保费按原付款方式退还客户，同时收回保单正本、保险费发票（客户联）、银行代理业务缴费凭证（客户联）等单证。

（三）首期代收/当日首期代收撤销

柜面操作流程同新保投保/当日投保撤销

（四）续期代收/当日续期代收撤销

柜面操作流程同新保投保/当日投保撤销

（五）柜面给付

（1）受益人凭保险公司开据的领款通知书或支付流水号、身份证件等到银行柜台领取给付金。

（2）柜员审核无误后，启动账务系统相关交易，交易成功后，打印保险方领款凭证；客户选择现金领取，则打印个人业务凭条，请客户签收，并将现金和个人业务凭条（客户联）交给客户；客户选择借记卡领取，则打印个人业务凭条，请客户签收，并将个人业务凭条（客户联）交给客户。

（六）给付撤销

（1）领款人凭本人有效身份证件、领款凭证、取款/转账凭证（客户联）等资料，到银行柜台办理给付撤销手续。

（2）柜员审核无误后，启动账务系统相关交易，交易成功后，打印一式两联的私人业务受理书，由客户签字确认。原取款方式若为银行卡，则资金从卡内扣除；原取款方式选若为现金，且已付给顾客，则要求顾客将现金退回，并将个人业务凭条（客户联）回收作废。

资 料 卡

保单资料变更、保单挂失、资金清算手续要求

● 资料变更：

（1）投保人可持本人有效身份证件到银行柜台，填写保单变更申请书办理投保辅

助信息资料的变更手续；

（2）柜员审核无误后，启动账务系统相关交易，交易成功后，打印变更确认书和一式两联的私人业务受理书；

（3）请客户在变更确认书和私人业务受理书上签字确认。

● 保单挂失：

（1）投保人本人于投保当日凭本人有效身份证件，到原投保网点填写保单补发申请书；

（2）柜员审核无误后，启动账务系统相关交易，交易成功后，打印一式两联的私人业务受理书并通知投保人于次日前往保险公司办理保单补发手续。

● 资金清算：

代理保险业务资金清算，通过账务系统自动将款项从联机户结转至主办机构的待清算户，不需要手工划款。

风险警示

代理保险业务风险控制要求

● 代理保险凭证库管员每日日终进行网点凭证库存查询，查询的余额为当日日终后网点重空凭证汇总及回收凭证汇总。检查并核对当日收入与付出是否正确，余额是否与实物一致。

● 各行的凭证管理部门及各网点需指定人员每日登入报表系统，查看报表中代理保险业务提示清单，如有不符应打印报表并及时处理。

任务四　代理国债业务

能力目标　理解代理国债业务操作流程

知识目标　了解代理国债业务基本规定

重点难点　代理国债业务风险控制要求

一、代理国债业务基本规定

（一）商业银行代理国债业务的主要种类

银行代销的国债包括凭证式国债、储蓄国债（电子式）及记账式国债。

1. 凭证式国债

凭证式国债是指国家为了筹措财政资金，通过银行向投资者出具的承诺在一定时期按约定条件支付利息和到期归还本金的债务凭证。

凭证式国债发售以百元为起点，并按百元的整数倍递增。凭证式国债为记名国债，实行实名制，可以挂失，可以提前支取和办理质押贷款（1999 年前发行的国债除外），但不得更名，不可流通转让。

凭证式国债的主要特点如下：金边债券，国家担保；利率较高，免利息税；凭证记账，质押贷款。

凭证式国债认购统一使用“中华人民共和国凭证式国债收款凭证”。

凭证式国债是财政部于1994年推出的，主要面向个人投资者销售的国债品种，这种国债要在“凭证式国债收款凭证”上记载购买人的姓名、发行利率、购买金额等内容。

2. 储蓄国债（电子式）

储蓄国债是指财政部在中华人民共和国境内发行，通过试点商业银行面向个人投资者销售的、以电子方式记录债权的不可流通人民币债券。

储蓄国债以100元为单位办理各项业务，并按单期国债设单个个人国债账户最低、最高购买限制额。储蓄国债不可流通转让，但可以办理提前兑取、质押贷款、非交易过户等。

储蓄国债（电子式）具有以下7个特点。（1）针对个人投资者。认购对象仅限境内中国公民，不向机构投资者发行，同时设立了单个账户单期购买上限，充分考虑并保护了个人投资者特别是中小投资者的利益。（2）不可流通性。采用实名制，不可流通转让。（3）采用电子方式记录债权。有专门的计算机系统用于记录和管理投资人的债权，免去了投资者保管纸质债权凭证的麻烦，债权查询方便。（4）收益安全稳定。由财政部发行并负责还本付息，票面利率在发行时就已确定（不随市场利率或者储蓄利率的变化而变化），免缴利息税，适合低风险偏好的投资者。（5）鼓励持有到期。储蓄国债（电子式）设有最低持有期限，在持满最低期限后方可办理提前兑取，并被扣除部分利息，同时要支付相应手续费。（6）手续简化。省去了兑付手续，本金或者利息到期直接转入投资人资金账户。（7）付息方式较为多样。设计了按年支付利息的品种，适合个人投资者存本取息的投资习惯。

储蓄国债（电子式）是一种符合国际规范的国债品种。财政部、中国人民银行决定于2006年3月21日起施行，开展储蓄国债（电子式）代销试点工作。此代销品种的出现，主要是为了丰富国债品种，改进国债债权管理模式，提高国债发行效率，不仅有利于最大限度地服务和方便人民群众，而且也符合国际通行做法。

储蓄国债在西方国家已有多年历史，它是财政部为满足个人长期储蓄性投资需求、较多偏重储蓄功能而设计发行的一种国债。目前国际上以美国的储蓄国债为代表，它是美国财政部面向其国内个人投资者发行的一种长期凭证式国债。

3. 记账式国债

记账式国债是由财政部发行的、在实名托管账户中记账反映债权的债券。

与凭证式国债不同，记账式国债发行结束后，可以在商业银行柜台进行流通转让，流通转让价格依据当时经济金融状况，适应市场变化。

记账式国债投资期限灵活，收益较稳定，可在交易期内随时买卖，变现成本低（无利息税，无手续费），风险低，投资者可享受活期的方便，获得定期的收益。

国债账户卡是记录投资者所购买国债的真实载体，投资者认购后中央登记结算公司（国家）将国债记录到投资者开立的国债账户内，国债账户类似于投资者所购买国债的身份证。

想一想

凭证式国债、储蓄国债、记账式国债三者间的区别与联系是什么？

（二）储蓄国债（电子式）分别与凭证式国债、记账式国债间的主要区别

1. 储蓄国债（电子式）与凭证式国债对比

相同之处在于：都属于储蓄国债，均以国家信用为基础；相同期限的凭证式国债和对应品种的储蓄国债（电子式）收益水平基本相当；都免缴利息税。

不同之处有以下几点：

（1）申请购买手续不同。

投资者购买凭证式国债，可持现金直接购买；投资者购买储蓄国债（电子式），需开立个人国债托管账户并指定对应的资金账户后购买。

（2）债权记录方式不同。

凭证式国债债权采取填制“中华人民共和国凭证式国债收款凭证”的形式记录，由各承销银行和投资者进行管理；储蓄国债（电子式）以电子记账方式记录债权，采取二级托管体制，由各承办银行总行和中央国债登记结算有限责任公司统一管理，降低了由于投资者保管纸质债权凭证带来的风险。

（3）付息方式不同。

凭证式国债为到期一次还本付息；储蓄国债（电子式）付息方式比较多样，既有按年付息品种，也有利随本清品种。

（4）到期兑付方式不同。

凭证式国债到期后，需由投资者前往承销机构网点办理兑付事宜，逾期不加计利息；储蓄国债（电子式）到期后，承办银行自动将投资者应收本金和利息转入其资金账户，转入资金账户的本息资金作为居民存款按活期存款利率计付利息。

（5）发行对象不同。

凭证式国债的发行对象主要是个人，部分机构也可认购；储蓄国债（电子式）的发行对象仅限个人，机构不允许购买或者持有。

（6）承办机构不同。

凭证式国债可由各类商业银行、邮政储蓄机构或者由其组成的凭证式国债承销团成员的营业网点销售；储蓄国债（电子式）由经财政部会同中国人民银行确认代销试点资格并已经开通相应系统的商业银行营业网点销售。

2. 储蓄国债（电子式）与记账式国债的区别

（1）发行对象不同。

记账式国债的发行对象可以是机构也可以是个人，而储蓄国债（电子式）的发行对象仅限个人。

（2）发行利率确定机制不同。

记账式国债的发行利率是由记账式国债承销团成员投标确定的；储蓄国债（电子

式）的发行利率是财政部参照同期银行存款利率及市场供求关系等因素确定的。

（3）流通或变现方式不同。

记账式国债可以上市流通，可以从二级市场上购买，需要资金时可以按照市场价格卖出；储蓄国债（电子式）只能在发行期认购，不可以上市流通，但可以按照有关规定提前兑取。

（4）到期前变现收益预知程度不同。

记账式国债二级市场交易价格是由市场决定的，到期前市场价格（净价）有可能高于或低于发行面值。当卖出价格高于买入价格时，表明卖出者不仅获得了持有期间的国债利息，同时还获得了部分价差收益；当卖出价格低于买入价格时，表明卖出者虽然获得了持有期间的国债利息，但同时也承担了部分价差损失。因此，投资者购买可流通记账式国债于到期前卖出，其收益是不能预知的，并要承担市场利率变动带来的价格风险。而储蓄国债（电子式）在发行时就对提前兑取条件进行了规定，也就是说，投资者提前兑取所能获得的收益是可以预知的，而且本金不会低于购买面值（因提前兑付带来的手续费除外），不承担由于市场利率变动而带来的价格风险。因此，储蓄国债（电子式）适合注重投资安全、收益稳定的投资者购买。

资 料 卡

国债的发行历史

国债是由政府发行的债券。与其他类型债券相比较，国债的发行主体是国家，具有极高的信用度，被誉为“金边债券”。国债因为其风险低、收益稳定的特性而受到关注。

为了有效地发展我国的国民经济，增强我国的综合国力，提高人民的生活水平，我国政府除了有规律性地发行适度规模的普通型国债以外，还不定期地发行一定数量的特殊型国债。普通型国债目前主要已经发行了4种，即实物国债、凭证式国债、储蓄国债和记账式国债。特殊型国债主要有定向债券、特种国债和专项国债等几种。

一、普通型国债

- 实物国债：是有类似人民币券面且标明面值不记名不挂失的一种国债，已停止发行。
- 凭证式国债：是政府为筹集国家建设资金而面向社会公众发行的一种中央政府债券，其前身是国库券。
- 储蓄国债：是我国财政部面向境内中国公民储蓄类资金发行的、以电子方式记录债权的不可流通人民币债券。
- 记账式国债：记账式国债是主要通过在证券公司开立的证券账户购买的、目前惟一可以上市流通的一种国债。投资者进行记账式债券买卖，必须在证券交易所设立账户，由于记账式债券的发行和交易均无纸化，所以效率更高，成本更低，交易也更安全。

二、特殊性国债

- 定向债券：为筹集国家建设资金，加强社会保险基金的投资管理，经国务院批准，由财政部采取主要向养老保险基金、待业保险基金（简称：“两金”）及其他社会保险基金定向募集的债券，称为“特种定向债券”，简称“定向债券”。

- 特别国债：经第八届全国人大常委会第30次会议审议批准，财政部于1998年8月向四大国有独资商业银行发行了2 700亿元长期特别国债，所筹集的资金全部用于补充国有独资商业银行资本金。

- 专项国债：经九届全国人大常委会第四次会议审议通过，财政部于1998年9月面向中国工商银行、中国农业银行、中国银行和中国建设银行等4家国有商业银行发行了1 000亿、年利率5.5%的10年期附息国债，专项用于国民经济和社会发展急需的基础设施投入。

二、代理国债业务操作流程

凭证式国债：发行以网点柜面为主，客户也可以使用借记卡通过电话银行购买，客户凭本人有效身份证件，可在国债发行期内至银行网点填写申请书后购买。卡内国债可随时至网点转开为凭证式国债。

储蓄国债（电子式）：投资者携带本人有效身份证件、借记卡或活期存折至柜台，在详细阅读相关章程无异议后，开立一个储蓄国债托管账户，同时指定一个人民币结算账户（借记卡或凭密支取的活期存折）作为个人储蓄国债托管账户的资金清算账户，即可在网点购买处于发行期的储蓄国债。

（一）代售凭证式国债业务操作流程

1. 凭证式国债信息维护

（1）凭证式国债信息处理。包括凭证式国债信息维护、国债利率维护、国债发行额度定义、国债发行额度分配等，此类信息由总行进行统一维护。

（2）凭证式国债的额度管理。分为发行额度管理和预留额度管理两种。发行额度由总行统一分配给各分行，分行内各网点共享；预留额度是由分行根据需要将总行分配的发行额度进行预留处理，预留额度可由分行指定网点发行。

2. 凭证式国债认购/凭证式国债自营卖出

（1）客户凭本人有效身份证件，到网点填写申请书；

（2）柜员审核无误后，启动终端账务系统相关交易，交易成功后打印“申请书”和“凭证式国债收款凭证”，若为内部账户需挂销账，则要求打印“挂销账通知书”，柜员审核无误后，将打印的相关凭证交客户签字确认；

（3）“申请书”加盖“现金收讫章”或“转讫章”及柜员名章，“凭证式国债收款凭证”加盖“储蓄存款专用章”及柜员名章；

（4）柜员将客户留存联、存单及身份证件交还客户。

3. 凭证式国债到期兑付/凭证式国债自营买入

（1）客户提交凭证式国债收款凭证，如为凭证式国债自营买入，客户还需在“凭证式国债收款凭证”背面摘录购买人姓名、身份证号码、住址等信息；

（2）柜员审核无误后，启动终端账务系统相关交易，交易成功后，打印相关凭证交客户签字确认，若内部账户需挂销账，则按要求打印“挂销账通知书”；

（3）柜员审核无误后进行配款，将现金、客户留存联及身份证件交还客户。

（4）凭证式国债的利息转收益由系统自动处理。

（二）代售储蓄国债（电子式）业务操作流程

1. 储蓄国债日常业务处理

储蓄国债的日常业务处理（包括日始流程、日终流程、额度管理）和资金清算（包括新债发行、提前兑付、提前终止投资、定期付息、到期兑付、代销手续费），一般由各行的总行业务部门统一处理。

2. 储蓄国债账户类交易

（1）开通储蓄国债托管账户。

① 投资者携带本人有效身份证件、借记卡或活期存折至柜台，在详细阅读相关章程无异议后，填写一式两联《＊＊银行储蓄国债（电子式）账户类申请书》（以下简称《账户类申请书》），签名后提交柜员，资金结算账户若为凭密支取的人民币活折，投资者可委托他人代理开户，但必须出具经公证的授权委托书；

② 柜员审核无误后，启动账务系统相关交易，交易成功后打印储蓄国债（电子式）托管账户本、记账凭证、私人业务受理书等凭证，将《账户类申请书》和私人业务受理书、记账凭证、对账本核对一致后，交投资者审核并签字确认；

③ 柜员在各联加盖经办章和业务受理章，将《账户类申请书》和私人业务受理书的第二联、对账本、记账凭证回单联、投资者的身份证件、借记卡或活折交还。

（2）储蓄国债托管账户销户。

① 投资者携带本人有效身份证件、借记卡或活折、对账本，至柜台填写《账户类申请书》，签字后一并提交柜员；

② 柜员审核无误后，启动终端账务系统相关交易，交易成功后打印对账本“凭证已销户收回”和私人业务受理书；

③ 柜员将《账户类申请书》和私人业务受理书、对账本核对一致后，交投资者审核并签字确认；

④ 柜员在各联上加盖经办章和业务受理章，将对账本盖作废章剪角收回，同时将《账户类申请书》和私人业务受理书的第二联、投资者的身份证件、借记卡或活折交还。

（3）更改储蓄账户资金账户。

① 投资者因资金结算账户改变需更改资金结算账户，可携带本人有效身份证件、借记卡或活折至柜台填写《账户类申请书》，签字后提交柜员；

② 柜员审核无误后，启动终端账务系统相关交易，交易成功后打印私人业务受理书；

③ 柜员将《账户类申请书》和私人业务受理书核对无误后，交投资者审核并签字确认，然后在各联加盖经办章和业务受理章，并将《账户类申请书》和私人业务受理书的第二联、投资者的身份证件、借记卡或活折交还。

（4）储蓄国债非交易过户。

① 因法院扣划、继承、赠与、抵债可办理储蓄国债非交易过户，因赠与发生的非交易过户，必须由双方到转出方储蓄国债托管账户开户行亲自办理；

② 客户至柜台按规定填写《非交易过户申请书》，签字后提交柜员，同时出具经办人身份证件和相关法律文书等原件；

③ 柜员审核无误后，启动终端账务系统相关交易，交易成功后打印私人业务受理书和收费凭证，同时复印经办人身份证件、相关法律文书等；

④ 柜员将《非交易过户申请书》和私人业务受理书核对无误后，交投资者审核并签字确认；然后再各联加盖经办章和业务受理章，将《非交易过户申请书》和私人业务受理书的第二联、收费凭证回单联、经办人的身份证件、借记卡或活折、相关法律文书等一并交还。

（5）储蓄国债转托管。

① 投资者携带本人身份证件、转出地和转入地借记卡或活折、对账本至转入行柜台填写《账户类申请书》，签字后提交柜员；

② 柜员审核无误后，启动终端账务系统相关交易，交易成功后，打印私人业务受理书；

③ 柜员将《账户类申请书》和私人业务受理书核对一致后，交投资者审核并签字确认，然后在各联加盖经办章和业务受理章，将《账户类申请书》和私人业务受理书的第二联、投资者的身份证件、借记卡或活折交还。

（6）储蓄国债管理类交易。

① 储蓄国债管理类交易包括储蓄国债冻结/解冻、储蓄国债身份识别码变更、中心语音复核查询系统查询密码挂失、储蓄国债对账本挂失/解挂、储蓄国债对账本补本；

② 客户投资者可携带本人有效身份证件、借记卡或活折至柜台填写相关申请书后办理上述业务。

（7）储蓄国债交易类。

① 储蓄国债认购期间，新债发行，携带本人有效身份证件、借记卡或活折至柜台填写一式两联《＊＊银行储蓄国债（电子式）业务申请书》（以下简称《业务申请书》）签名后一并提交柜员；

② 柜员审核无误后，启动终端账务系统相关交易，交易成功后柜员打印转账凭证、《认购确认书》；

③ 柜员将《业务申请书》、转账凭证、《认购确认书》核对一致后，交投资者审核并签字确认，然后在各联加盖经办章和业务受理章，将《业务申请书》和《认购确认书》的第二联、转账凭证回单联、投资者的借记卡或活折交还。

（8）储蓄国债提前兑取。

① 投资者携带本人有效身份证件、借记卡或活折，在允许提前兑现时段至柜台填写《业务申请书》，签字后一并提交柜员；

② 柜员审核无误后，启动终端账务系统相关交易，交易成功后柜员打印转账凭证、私人业务受理书；

③ 柜员将《业务申请书》、转账凭证、私人业务受理书核对一致后，交投资者审核并签字确认，然后在各联加盖经办章和业务受理章，将《业务申请书》和私人业务受理书的第二联、转账凭证回单联、投资者的身份证件、借记卡或活折交还。

（9）储蓄国债终止投资申请。

投资者携带本人借记卡或活折，可在终止投资申请受理期内至柜台填写终投申请的《业务申请书》，办理储蓄国债终止投资申请，申请提交确认后，投资者需妥善保管终投申请的《业务申请书》的第二联，在终投撤销时提供此回执。

（10）储蓄国债终止投资撤销。

① 投资者携带本人借记卡或活折和终投申请时的《业务申请书》的第二联（如遗失，参照现有传票遗失处理），至柜台填写终投撤销《业务申请书》，签字后一同提交柜员；

② 柜员审核无误后，启动终端账务系统相关交易，交易成功后打印私人业务受理书；

③ 柜员终投撤销的《业务申请书》和私人业务受理书核对一致后，交投资者审核并签字确认，然后在各联加盖经办章和业务受理章，将《业务申请书》和私人业务受理书的第二联、借记卡或活折交还。

（11）储蓄国债认购确认书的补打。

投资者携带本人借记卡或活折，可至柜台办理储蓄国债认购确认书确认补打业务。

（12）对账本的更换。

当对账本满页或损坏时，投资者可携带本人借记卡或活折和对账本至柜台办理对账本的更换业务。

（13）手工付息处理。

由于投资者资金结算账户异常导致定期付息款未入账时，投资者可携带本人借记卡或活折至柜台办理手工付息业务。

（14）异常交易处理。

在办理储蓄国债各类交易中，可能因为通讯等问题出现单边账等异常情况。柜员可启动相关交易进行异常状态查询和异常交易抹单边账处理。

风险警示

柜员代理国债业务操作风险控制要求

- 认真审核申请人有效证件，确保真实、有效。申请表和协议等资料必须由客户本人签字确认。
- 严格按照相关规定办理国债的各项子业务，严禁违规办理国债的认购业务；严禁违规办理凭证式国债的自营买入、卖出业务；严禁违规办理凭证式国债的兑付业务；严禁使用伪造的印鉴办理凭证式国债的自营买入、兑付业务。

任务五　代理保管箱业务

能力目标　理解代理保管箱业务操作流程

知识目标　掌握代理保管箱业务基本规定

重点难点　代理保管箱业务风险控制要求

一、代理保管箱业务基本规定

保管箱业务是指银行提供场所及保管箱设备并以出租方式租赁给客户用于保管贵重物品、重要文件、有价单证等财务的一种租赁服务业务。

客户在保管箱内不得存放易燃易爆、辐射等危险物品，不得存放枪支、弹药、雷管和毒品等违禁物品，不得存放液态和易腐蚀性物品。

想 一 想

代理保管箱业务有哪些具体规定？

保管箱业务分为自助式和非自助式两种。基本规定如下：

（一）使用人规定

自然人租用自助式保管箱只能指定一人使用保管箱；单位或机关团体租用保管箱须授权一名代理人。

（二）保管箱业务严格执行实名制

（三）自助式保管箱租用对象和条件

（1）租用保管箱的个人须是年满 18 周岁、具有完全民事行为能力的个人。

（2）租用保管箱的单位须是在中国境内注册的具有独立法人资格的企事业单位、国家机关及社会团体等。办理保管箱业务的单位代理人须具有完全民事行为能力。

（四）非自助式保管箱租用对象和条件

（1）个人租用保管箱必须为年满 16 周岁并在本市有常住户口的居民。申请租用保管箱应提供实名制规定的有效身份证件（居民身份证、护照、军人证等）。

（2）单位租用保管箱应提供单位全称和详细地址，凭单位介绍信、营业执照及法定代表人（负责人）或经其授权的经办人员的有效身份证件向本行提出申请。

（3）外籍或外省市人租用须由本市人担保，或缴纳 3 倍的保证金。

（五）认证方式

非自助式保管箱提供指纹和密码两种认证方式，即凭租用人预留指纹作为开箱身份的确认。

（六）业务岗位设置

自助式保管箱业务岗位设置通常包括柜员、大堂经理、业务主管等岗位。非自助式保管箱营业期间一般应设置经办、出纳兼复核员及保安员 3 个岗位，不得相互兼岗、换岗。

二、代理保管箱业务操作流程

首先，客户提供本人有效身份证件、印鉴（或预留指纹），到银行开办保管箱出租业务的网点，签署租箱书并预留印鉴（或指纹），缴纳租金、保证金及开户费，当场可启用保管箱。

其次，银行保管箱按箱体大小收取租金，各类箱体租金以开办业务的营业网点公布为准。

最后，账务系统操作柜员根据负责保管箱业务的理财师签字确认的单据，进行保管箱业务的相关处理。

（一）代理保管箱业务开户手续操作流程

1. 自助式保管箱业务

（1）个人须亲自凭本人有效身份证明，单位由单位代理人凭营业执照副本原件和盖有公章的单位介绍信到出租人处办理租用保管箱手续；

（2）理财师按规定收取保证金和租金并在保管箱业务操作系统进行操作；

（3）柜员收到理财师在保管箱系统中打印的凭条，核点客户交来的保证金和租金数额无误后，启动账务系统相关交易进行收费处理，处理完毕后，及时登记保管箱业务手工登记簿；

（4）收取开户保证金时，柜员还需根据理财师提交的开立保证金账号的申请，经业务主管签字确认后，启动账务系统相关交易先开立保证金户，再启动相关交易收取保证金；

（5）租用人签署一式两份《自助式保管箱租约》，银行和租用人各1份，租用人在租约上签字确认，理财师在租约上加盖业务受理章，理财师审核无误后，在保管箱业务处理系统录入申请人资料；

（6）柜员负责保管钥匙和磁卡，并在收妥租金、保证金后发放事先密封好的保管箱钥匙两把和磁卡，由租用人当面拆封、核对、收执。同时还应设立签收登记簿，与客户办理交接手续。

2. 非自助式保管箱业务

（1）租用人仔细阅读《保管箱租用规则》后填写《租箱申请书》一式两份。经办员应先鉴别证件真伪，再审核申请书填写的各类要素，无误后加盖私章，同时将有关证件的复印件及其他开户资料作《租箱申请书》银行留存联的附件，并按规定收取相应的保证金、租金、开户费；

（2）启动保管箱操作系统相关交易，输入客户资料，并按客户的要求及系统提示录入客户指纹或印鉴，选择租用形式；

（3）交易提交后，打印保管箱保证金收据、保管箱租费收据和保管箱收费凭证，在打印的相关凭证上加盖经办员私章，并将已清点的现金、打印的相关凭证、《租箱申请书》以及租用人的有效证件一并交复核员；

（4）复核员复点现金，复核《租箱申请书》及凭证上的打印内容，无误后在《租箱申请书》和相关凭证上加盖公、私章，并将保证金收据、收费凭证、租费收据的第一联、租用人的有效证件及《租箱申请书》的客户联交还经办员；

（5）经办员将保证金收据、租费收据、收费凭证、租用人有效身份证件（单位的营业执照正本)、《租箱申请书》、连同保管箱专用钥匙一式两把交租用人，并陪同客户验箱确认。

(二) 授权与授权变更手续操作流程

1. 自助式保管箱业务

(1) 自助式保管箱租用人有授权他人代其办理该保管箱业务的权利，但应事先同被授权人前来网点办理有关授权手续，且租用人只能授权1人行使上述权利，被授权人须年满18岁，并具备完全民事行为能力；

(2) 租用人授权或终止被授权人作为其授权代理人使用保管箱时，需填写《保管箱使用（终止）授权书》，同时出示本人身份证件；

(3) 若单位或机关团体变更其授权代理时，需出具有效营业执照副本原件、介绍信及解除原代理人授权声明和新代理人的有效身份证件到营业机构办理；

(4) 授权事项包括开箱、退租、调换保管箱及挂失，授权可以设定时限，最长时限不能超过租约期，超过时限授权自动失效，若未设定授权时限，视下一次授权被终止、租用人退租或租约到期时授权失效，如租用人终止授权的同时，授权另外一人与其共用，须重新办理授权手续。

2. 非自助式保管箱业务

(1) 租用人可以把租用箱的开箱、挂失、退租、破箱等权利授予他人，多个租用人合租则不能授权给他人，所有权力必须相互牵制；

(2) 被授权人条件及相关证件参照对租用人开户时的规定；

(3) 办理授权时，租用人和被授权人必须本人到场，办理中断授权时，租用人必须到场，被授权人如未到场，可在日后补办有关手续。

(三) 非自助式保管箱信息变更手续操作流程

(1) 租用人变更有关信息，如指纹、密码、证件、地址、电话等，必须凭有效实名制身份证件亲自到场填写变更申请，签字盖章办理，单位租用的还需提供单位介绍信、营业执照和法定代表人授权书。

(2) 经办审核身份证件及有关申请，验证指纹或密码无误后收取手续费，启动相关交易，提交后打印手续费凭证交复核员复审，复审后加盖公私章交租用人。

(四) 开箱手续操作流程

1. 自助式保管箱业务

(1) 自助保管箱租用人及其被授权人凭磁卡、密码和钥匙随时可开启保管箱；

(2) 租用人及被授权人均有权委托他人办理开箱事宜，但需由国家公证机关出具公证书并在两名以上公证人员到场的情况下方能办理，租用人及被授权人在国外及港澳台地区的，需依我国有关法律法规的规定对委托手续办理公证认证程序。

2. 非自助式保管箱业务

(1) 租用人或代理人填写开箱书1份；

(2) 柜员审核各要素，验证指纹或密码，确认无误后在开箱书上加盖公私章交复核员，如为多人合租的保管箱，有多个租用人同时入库开箱，需验证所有入库开箱租用人指纹；

(3) 复核员复审无误后，加盖公私章，并根据开箱书箱号开箱，待客户离开时在开箱书上登记离库时间；

（4）客户超次开箱，应缴纳超次费。

（五）续租手续（预租、逾期、保证金抵扣）操作流程

（1）租约到期前，网点可通过信函、短信、电话等方式通知租用人办理续租或退租手续。

（2）租用人交清下期应缴租金，并填写《保管箱续租手续》后，即可继续租用该保管箱，具体操作流程参照开户手续。

（3）逾期未缴纳租金的，须补交租金和滞纳金后方可进库开箱。

（六）挂失手续操作流程

1. 自助式保管箱业务

（1）租用人或其被授权人因丢失钥匙、磁卡申请挂失的，必须到网点填写《保管箱挂失申请书》，并出示本人有效身份证件，办理挂失手续；

（2）租用人及其被授权人若丢失磁卡或泄露密码的，均应立即到网点办理挂失手续，租用箱钥匙挂失后应由出租人、租用人一同开启自助保管箱，由此造成的破箱、重制磁卡等费用依照有关收费标准收取；

（3）滞纳金、重置费、挂失费等其他自助保管箱费用的收取，柜员操作参照租金收入处理；

（4）柜员根据留存资料审核无误后予以冻结，此后 7 日内不得办理除解除挂失外的其他业务，7 日后，在租用人交清所需费用后，柜员予以办理密码重置或凿箱、换锁；

（5）若遗失一把钥匙，只需更换锁具，若两把钥匙均遗失，则需破箱，柜员相应收取换锁或破箱费用。

2. 非自助式保管箱业务

（1）租用人填写有关挂失说明和申请（遗失保管箱钥匙报告和破箱审批表）；

（2）经办审核相关要素，并验证指纹或密码，无误后收取手续费，启动相关交易，交易提交后打印凭证交复核员复审，复审后加盖公私章交租用人；

（3）破箱审批表送交部门主管审批后，通知破箱工作人员；

（4）挂失 7 天之后，租用人可凭本人身份证件（单位租用的还须凭单位介绍信）前来办理解挂换匙或破箱手续，操作流程参照信息变更的有关规定；

（5）经办人员收取工本费，清点之后交复核员，复核员复核无误后加盖公私章交租用人，然后为其办理换匙或破箱。

资 料 卡

换锁/凿箱手续和退租手续操作流程

● 换锁/凿箱手续操作流程：

1. 换锁手续

（1）租用人因丢失一把钥匙申请换锁的，由本人到网点办理换锁手续；

（2）受理换锁申请后要及时更换新锁，并保持箱体设备完整，换锁时租用人必须到场。

2. 凿箱手续

（1）租用人因丢失两把钥匙申请凿箱的，由网点统一安排，凿箱时租用人必须到场；

（2）因租用人逾期而凿箱的，网点应与当地县级以上公证机关联系，办理公证凿箱手续；

（3）因司法协助而凿箱的，网点应验明司法协助查询通知书及其他有效文件或证明，办理司法协助凿箱手续；

（4）凿箱后要及时修复，保持箱体设备完整。

● 退租手续操作流程：

1. 自助式保管箱业务

（1）租用人应带齐本人有效身份证件、保管箱租用租约、两把钥匙和磁卡，填写《保管箱退租申请书》；

（2）经银行查明箱体无损坏、箱体内无剩余物品，租箱人退还原配钥匙和磁卡、结清费用后办理退租；

（3）逾期退租应在补交租金的同时按规定缴纳滞纳金；

（4）滞纳金、重置费、挂失费等其他自助保管箱费用的收取，柜员操作参照租金收入处理；

（5）柜员根据理财师或业务主管签字确认的退租凭证，调阅保管箱业务手工登记簿，打印或复印该申请退租的箱号记录，审核无误后，启动账务系统相关交易，提交成功后打印挂销账通知书；

（6）款项交由客户后，客户应在退租凭证上签字确认，退租凭证、保管箱业务手工登记簿打印或复印页作为记账凭证的附件。

2. 非自助式保管箱业务

（1）租用人填写退箱书，并注明“已取回所有物品”字样；

（2）经办验证指纹或密码，并通过系统查询是否有欠缴费用，如有欠缴则办理补缴手续（参见开户有关流程），盖章确认；

（3）经办收回两把开箱钥匙后办理销户和退保证金手续，并将打印的保证金收据连同退箱书一并交复核员，复核员审核无误后盖章确认，钱款交清。

风险警示

代理保管箱业务风险控制要求

● 未出租的保管箱钥匙、备用锁、磁卡必须由专人登记保管，任何人不得私自配主匙、客匙，报废的保管箱设备配件应在保卫部门监督下销毁。

任务六　其他代理业务

能力目标　理解代理缴费业务特点

知识目标　了解代理缴费业务和代理基金业务基本规定

重点难点　代理基金业务风险控制要求

一、代理缴费业务基本规定

代理缴费业务是指银行通过计算机网络技术，代理企事业单位或公用团体向其用户收取公共事业费，并按协议或合同履行权利和义务的一项综合性业务。

代理缴费业务的主要特点如下：快捷便利，银行网点和通讯设施众多，客户可就近选择，操作简单，使用方便；代缴种类齐全，可代缴电费、水费、手机费等费用；缴费渠道多样，可通过电话、网络、自助终端、柜台等多种方式缴费，大大扩展了服务空间。

二、代理基金业务基本规定

代理基金业务：银行代理基金业务是指银行接受基金公司的委托，签订书面代销协议后，代为销售相关产品，受理投资者相关交易申请，同时提供配套服务并依法收取相关手续费的一项代理业务。

投资基金按照基金单位能否赎回，可以分为封闭式基金和开放式基金，这也是基金最基本的两种形式。

封闭式基金早于开放式基金。封闭式基金的规模和存续期是既定的，投资者认购封闭式基金单位后，在基金存续期内不能向基金公司赎回资金。在封闭式基金的存续期内，基金的资金规模是固定不变的，基金管理人可以把全部资金都用于投资，还可以根据存续期进行大量的长期投资。

开放式基金与封闭式基金不同。开放式基金是指基金规模可以随时根据投资者申购、赎回基金而发生增减变化的基金。其优点在于流动性更好，管理运作更规范，透明度更高，专家理财投资风险更小，长期收益看好，交易更方便。

除了以上两种基金，基金还可以按照不同标准分成很多种：按照组织形态的不同，可以分为公司型基金和契约型基金；按照投资对象的不同，可以分为股票型基金、债券型基金和货币市场基金等；按照风险收入的不同可以分为成长型基金、收入型基金和平衡型基金。

基金转换业务：基金转换业务是将投资人持有的某只开放式基金转换为同一家基金管理人管理的另一只开放式基金业务。当证券市场出现波动或投资人投资偏好发生变化时，投资人可通过基金转换业务变更投资的基金产品，回避市场波动带来的投资风险。

基金定投申购业务：基金定投申购业务是指在一定的投资期内投资人定额申购某只基金产品的业务。基金管理公司接受投资人的基金定投申购业务申请后，基金代销机构将根据投资人的要求每月从投资人指定的资金账户内扣划固定的申购款项。例如工行规定的基金定投业务的最低申购金额是200元。

风险警示

代理基金业务操作风险控制要求

- 由于开放式基金的业务申请需要经过相关注册登记机构确认，柜员需要提醒客户在交易申请提交后T+2日起打印成交单报告单查询交易结果。
- 由于开放式基金的净值波动频繁、时效性强，柜员应提高风险识别力和主动防范会计风险的能力，在处理基金业务相关会计凭证时，应认真审查凭证，注意账号、户名、金额、业务种类等基本要素是否与申请表相符，审核无误后再进行操作；同时要求客户本人在相应凭证、业务回单上签字确认，避免引起纠纷。

思考与训练

一、选择填空

1. ________是指商业银行利用自身网点、人员、技术和网络等优势，接受委托单位的委托，________发放工资等收入的一项代理业务。

2. ________，是指投资者在证券公司开立的，专门用于管理其客户证券交易的资金台账，与投资者在存管银行开立的客户交易结算资金管理账户一一对应。

3. ________，是指银行为每个投资者开立的，管理投资者用于证券买卖用途的交易结算资金存管专户。

4. 记账式国债是由财政部发行的、在________记账反映债权的债券。

5. 未出租的保管箱钥匙、备用锁、磁卡必须由________登记保管，任何人不得私自配主匙、客匙，报废的保管箱设备配件应在________监督下销毁。

二、正误判断

1. 任何一家商业银行均可担当客户交易结算资金第三方存管机构。(　　)

2. “银转证”业务必须验证客户在银行方的密码或印鉴；“证转银”业务必须验证客户在证券方的资金密码，以及客户在银行方和证券方的证件一致性。(　　)

3. 与凭证式国债不同，储蓄国债（电子式）发行结束后，可以在商业银行柜台进行流通转让，流通转让价格依据当时经济金融状况，适应市场变化。(　　)

4. 保管箱业务是指银行提供场所及保管箱设备并以出售方式给客户用于保管贵重物品、重要文件、有价单证等财务的一种租赁服务业务。(　　)

5. 保管箱业务可以自由选择是否执行实名制。(　　)

三、单项选择

1. 银行代销的国债不包括以下哪个品种？(　　)

A. 实物国债　　　　B. 凭证式国债

C. 储蓄国债（电子式）　　　　D. 记账式国债

2. (　　) 是指财政部在中华人民共和国境内发行，通过试点商业银行面向个人投资者销售的、以电子方式记录债权的不可流通人民币债券。

A. 实物国债　　B. 储蓄国债（电子式）

C. 凭证式国债　　D. 记账式国债

3. 银行保管箱按（　　）收取租金，各类箱体租金以开办业务的营业网点公布为准。

A. 物品价值　　B. 箱体大小　　C. 物品重量　　D. 统一标准

4. 代理缴费业务的主要特点不包括下面哪项？（　　）

A. 快捷便利　　B. 种类齐全　　C. 物美价廉　　D. 渠道多样

5. 柜员在处理基金业务相关会计凭证时，应认真审查凭证，注意账号、户名、金额、业务种类等基本要素是否与（　　）相符，审核无误后再进行操作；同时要求客户本人在相应凭证、业务回单上签字确认，避免引起纠纷。

A. 客户身份证件　　B. 银行凭证　　C. 银行要求　　D. 申请表

四、多项选择

1. 代发工资业务主要具有以下特点：（　　）

A. 方便快捷，及时准确　　B. 信息保密，降低风险

C. 交易安全，省时省力　　D. 方便快捷，省时省力

2. 指定存管银行对于客户银行结算账户的要求（　　）。

A. 个人客户必须在银行开立单位结算账户

B. 个人客户只能允许借记卡

C. 机构客户只能允许借记卡

D. 机构客户必须在银行开立单位结算账户

3. 储蓄国债（电子式）具有以下几个特点：（　　）

A. 针对个人投资者　　B. 不可流通性

C. 手续简化　　D. 付息方式多样

4. 保管箱业务分为（　　）和（　　）两种。

A. 自助式　　B. 互助式　　C. 自动式　　D. 非自助式

5. 非自助式保管箱提供（　　）和（　　）两种认证方式，即凭租用人预留指纹作为开箱身份的确认。

A. 口头　　B. 印章　　C. 指纹　　D. 密码

五、问题简答

1. 简述代发工资操作流程。

2. 简述代理保管箱业务操作流程。

六、实战训练

1. 分组讨论储蓄国债（电子式）分别与凭证式国债、记账式国债间的主要区别。

2. 分组探讨第三方存管业务规定及代理证券业务风险控制要求。

七、案例分析

2007 年间，有些股民都接到所在证券公司电话，即要速到证券公司和银行办理好“第三方存管业务”，否则到 2007 年 12 月 31 日，未来用于炒股的资金存取将大受影响。不要以为这是个别股民才会碰到的事情。事实上，只要你是股民，都免不了“摊”上

这件事，没按时办理的投资者都将被作出交易限制，可能既没法取钱，也没法把钱存进去买自己看好的股票。

请据以上案例试析：

1. 何为第三方存管业务？有何作用？
2. 第三方存管业务的操作规定有哪些？

项目三　开具证明类业务

项目的目标与任务

知识与技能目标：

- 熟悉、了解个人存款证明和存款余额证明的基本规定
- 能够熟练操作个人存款证明和存款余额证明的业务

主要任务：

- 能够独立完成各项业务的实践操作
- 严格履行各项业务的风险控制要求

导学案例

留学存款证明开立有要求

在办理出国留学存款证明过程中，部分客户会遇到易疏忽的一个问题——存款时间太短，不符合要求。不同留学国家所需费用差异较大，大多数国家要求提供保证金存款证明，而且一般都规定保证金存款的时间，像澳大利亚就要求存期为半年，而且是签证递交前的半年。因此，如果准备留学，必须提早办理准备资金定期存款，事后办理的存款证明因存期偏短，不符合存款期限要求，因而延误留学时间。另外，保证金存在谁的名下，不同国家规定也有所不同。例如留学澳大利亚，要求存在担保人名下，即申请人的配偶、兄弟姐妹、父母或者祖父母，或者是有澳洲永久居民权的亲戚名下。

此外，开过存款证明的资金，在证明有效期内是不能支取的，如果要提前支取，须把开具的存款证明归还给银行。开立出国留学存款证明的存款须为定期存款，活期存款以及国债、基金等，目前只能作为辅助证明。客户计划送孩子出国留学，可提前向留学中介或者银行咨询相关金融事项。

（案例来源：2009 年 10 月 22 日福州新闻网）

任务一　个人存款证明业务

能力目标　理解个人存款证明业务操作流程

知识目标　了解个人存款证明业务基本规定

重点难点　个人存款证明业务风险控制要求

个人存款证明是指各受理网点根据客户的申请，为本行存款人出具在一定期限内，证明本人存有一定数量本外币存款和国债的书面证明。存款证明不具有任何担保作用，不能挂失、转让、流通和抵押，不得作为所述存款的支取凭证。

一、个人存款证明业务基本规定

（一）开具存款证明的对象和用途

凡在银行存有本外币储蓄存款和国债的个人因自费留学、赴国外探亲、移民、境外旅游等用途，均可到各网点申请开具个人存款证明。

（二）开具存款证明的储蓄品种

1. 可开具存款证明的储蓄品种

（1）整存整取、零存整取、存本取息、教育储蓄、通知存款等定期存款；在银行购买的凭证式国债、储蓄国债（电子式）视同定期存款。

（2）卡备付金存款、活期存款、定活两便、活期一本通、定期一本通、卡无单折存款不需要转开存单可直接办理存款证明业务。

2. 不可开具存款证明的储蓄品种

在银行购买的各类基金、信托凭证，已办理挂失、已用于质押的储蓄存款，被司法部门实施冻结止付，以及存款人死亡后未能办理继承过户手续的本外币储蓄等存款。

（三）存款证明种类

存款证明可分为一般存款证明和留学存款证明。留学存款证明只适用于在银行开办的整存整取定期存款。

想 一 想

各家银行对存款证明都有哪些特殊规定？请分组搜集资料并探讨。

二、开具存款证明业务操作流程

柜员接到客户提交的开具存款证明申请书、存款凭证原件、有效身份证件，经审核无误后，启动终端账务系统相关交易，办理存款证明止付、开立手续。交易成功后，柜员根据系统提示打印个人业务凭条、个人存款证明书，并加盖有关业务印章。打印的个人业务凭条交客户签字确认后，一联附入当日凭证，一联和有效证件、个人存款证明书、存款凭证等客户留存联一齐交还客户。

（一）存款止付处理

（1）柜员受理开具存款证明申请书后，应认真审核客户填列的存款信息是否与存款凭证原件、业务系统记载的存款信息三相符。

（2）柜员启动终端账务系统相关交易，输入正确的凭证代码、号码及账号等要素，并根据客户开具存款证明申请书中存款证明止付时效的申请，输入存款止付日期，交易成功后，打印私人业务受理书。

若客户在开具存款证明同时开有多份不同截止日期的存款证明，柜员应以客户所开存款证明的最后截止日期作为账户解冻日。

（3）止付手续结束后，柜员在开具存款证明存单原件上加盖“已开具存款证明，××××年×月×日前不得提前支取”字样印章。

（二）个人存款证明开立

（1）柜员根据存款证明申请书将申请账户止付后，启动终端账务系统相关交易，按要求准确输入截止日期、止付账号、申请人证件类型及号码，交易成功后，根据系统提示打印“个人存款证明书”，加盖会计业务专用章，并联动私金收费交易收费。

（2）客户每开具 1 张存款证明，不论金额、笔数和止付期限长短，各行均会收取手续费。

（三）已开具存款证明存单的挂失处理

（1）经办柜员先经业务授权将申请挂失的证明存单解除冻结状态。

（2）按照挂失业务处理流程处理挂失申请，并在挂失申请书上注明“开具存款证明存单挂失，只办理转存”等字样（挂失期满在存款证明止付期内）。

（3）申请挂失一般满 7 天后，经办柜员为客户办理转存补单手续，并在新补发的存单上加盖“挂失补单、已开具存款证明，××××年×月×日前不得提前支取”字样印章。

（4）挂失业务处理结束后，经办柜员在挂失登记簿摘要栏中需注明“已开具存款证明挂失补单”。

（5）经办柜员再将新补发的存单按原存款证明开具的截止日期重新办理止付手续，并在系统冻结摘要栏中注明“挂失存单补单止付”。

资料卡

个人存款证明解除及销证手续要求

- 客户若需提前支取处于止付期内的证明存款，应回原开具存款证明网点办理，并将原申请开列的所有存款证明正本交还后，办理解除止付手续方能取款；
- 柜员审核无误后，启动终端账务系统相关交易，准确输入相关信息，交易成功后打印“私人业务受理书”，并在个人存款证明上打印“凭证已收回”；
- 原收取的开立存款证明手续费不予退回，收回的存款证明正本应及时加盖“作废”印章，并随当日传票送事后监督管理部门（如仅支取其中一笔存款，也需要将全部正本交还，并在剩余存单凭证的止付期限上加盖“取消”字样印章）。

任务二　存款余额证明业务

能力目标　了解存款余额证明业务操作流程

知识目标　了解存款余额证明业务基本规定

重点难点　存款证明业务风险控制要求

随着我国信用建设的不断加强，在企事业单位商务往来过程中，资信证明已经成为双方确认信用的重要手段，于是客户要求其开户行开具存款余额证明的业务逐渐增加。

一、开具存款余额证明业务的基本规定

存款余额证明是指商业银行根据客户的要求出具的证明该客户所在行账户中各种活期、定期储蓄时点存款余额的业务。

存款余额证明主要特点如下：余额证明上的名称等各要素要核对相符；具有高度的时效性，余额证明涉及的期限是某一个时点而非时间段。

二、开具存款余额证明业务的操作流程

网点柜员接到客户提交的单位账号等资料后，认真核对所记载信息后，启动终端业务系统进行操作。柜员打印一式两份证明书，并收取手续费，核对无误后，加盖储蓄业务专用章，一份交与客户，一份编号留存保管。

风险警示

开具存款证明业务风险控制要求

- 开具存款证明可委托他人代办，受托人在代办时应向银行出示本人和存款人的有效身份证件，以及相关原始存款凭证，经银行审核后方可开具存款人名下的存款证明。
- 在存款证明载明的期间内不得办理所述存款或者国债的过户更名手续，也不得对外办理存款或者国债的质押手续。
- 银行按存款人实际存款的币种开具存款证明，不得将一种币种折合另一种币种开列存款证明。
- 已开具存款证明的账户在止付期间按开户时约定的计息方式计算利息。
- 同一笔存款，原则上只能出具1份个人时段存款证明书。如遇特殊情况，确需出具多份存款证明书时，应从严掌握，必须由管辖行主管行长签发。
- 开具储蓄国债存款证明的交易时间为每个营业日的9:00－16:30。储蓄国债开立存款证明须遵循财政部关于储蓄国债允许冻结的交易日期规定。如遇该笔储蓄国债冻结业务停止日，则无法办理存款证明的止付和开立。

思考与训练

一、选择填空

1. ________是指各受理网点根据客户的申请，为本行存款人出具在一定期限内，

证明本人存有一定数量本外币存款和国债的书面证明。

2. ________是指商业银行根据客户的要求出具的证明该客户所在行账户中各种活期、定期储蓄时点存款余额的业务。

3. 开具存款余额证明业务时，柜员打印一式两份证明书，并收取手续费，核对无误后，加盖储蓄业务专用章，一份交与客户，一份________。

4. 客户若需提前支取处于止付期内的证明存款，应回原开具存款证明网点办理，并将原申请开列的所有存款证明________交还后，办理解除止付手续方能取款。

5. 凡在银行存有本外币储蓄存款和国债的个人因自费留学、赴国外探亲、移民、境外旅游等用途，均可到各网点申请开具________。

二、正误判断

1. 存款证明不具有任何担保作用，不能挂失、转让、流通和抵押，不得作为所述存款的支取凭证。(　　)

2. 个人存款证明解除及销证，原收取的开立存款证明手续费可予退回。(　　)

3. 在存款证明载明的期间内不得办理所述存款或者国债的过户更名手续，也不得对外办理存款或者国债的质押手续。(　　)

4. 已开具存款证明的账户在止付期间不计息。(　　)

5. 同一笔存款，原则上只能出具1份个人时段存款证明书。如遇特殊情况，确需出具多份存款证明书时，应从严掌握，必须由管辖行主管行长签发。(　　)

三、单项选择

1. 客户每开具1张存款证明，(　　) 各行均会收取手续费。

A. 根据金额不同　　B. 不论金额、笔数和止付期限长短

C. 根据笔数不同　　D. 根据止付期限长短

2. 在企事业单位商务往来过程中，(　　) 已经成为双方确认信用的重要手段。

A. 双方诚信　　B. 单位资产总额　　C. 单位净资产总额　　D. 资信证明

3. 开具存款证明可委托他人代办，受托人在代办时应向银行出示（　　）的有效身份证件，以及相关原始存款凭证，经银行审核后方可开具存款人名下的存款证明。

A. 代办人　　B. 代办人和存款人

C. 存款人　　D. 以上均不对

4. 银行按存款人实际存款的币种开具存款证明，(　　) 将一种币种折合另一种币种开列存款证明。

A. 可以　　B. 必须是人民币　　C. 不得　　D. 以上均可

5. 柜员受理开具存款证明申请书后，应认真审核客户填列的（　　）是否与存款凭证原件、业务系统记载的存款信息三相符。

A. 存款信息　　B. 取款信息　　C. 个人信息　　D. 申请书要素信息

四、多项选择

1. 可开具存款证明的储蓄品种（　　）。

A. 零存整取　　B. 通知存款　　C. 凭证式国债　　D. 电子式国债

2. 不可开具存款证明的储蓄品种（　　）。

A. 在银行购买的各类基金、信托凭证
B. 已办理挂失、已用于质押的储蓄存款
C. 被司法部门实施冻结止付
D. 存款人死亡后未能办理继承过户手续的本外币储蓄等存款

3. 存款余额证明主要特点，包括以下几项（　　）。

A. 各要素要核对相符　　B. 具有高度的时效性
C. 期限是时点数　　D. 期限是区间数

4. 柜员接到客户提交的（　　），经审核无误后，启动终端账务系统相关交易，办理存款证明止付、开立手续。

A. 开具存款证明申请书　　B. 存款凭证原件
C. 单位申请　　D. 有效身份证件

5. 存款证明具有以下特点（　　）。

A. 不具备担保作用　　B. 不能挂失
C. 不能转让　　D. 不能抵押

五、问题简答

简述开具个人存款证明业务的基本规定。

六、实战训练

分析理解开具存款证明业务风险控制要求。

七、案例分析

分组探讨各大银行存款证明开具方法。

项目四　挂失及查询、冻结、扣划业务

项目的目标与任务

知识与技能目标：

- 熟悉、了解挂失业务的基本规定以及协助查询、冻结、扣划业务的基本规定。
- 能够熟练操作挂失业务、冻结和扣划业务

主要任务：

- 能够独立完成各项业务的实践操作
- 严格履行各项业务的风险控制要求

导学案例

存款被他人冒领，储户索赔获支持

1996年10月31日，原告甘某在被告某储蓄所存入200元活期存折。同日原告甘某续存2 300元。后原告甘某到该储蓄所取款时，被告告知该活期存折已挂失，并且存款

已被领取。再后，该储蓄所因机构改制，原名称注销，重新设立为储蓄银行。2002 年 12 月和转年 7 月 3 日，原告甘某两次诉至法院，要求该储蓄所支付存款 2 500 元及相应利息。

法院经审理认为，被告以原告已挂失该存折、该存款原告已全部支取为抗辩理由，但被告未提交证据佐证原告向其申请挂失该存折。因此，人民法院判决被告某储蓄银行支付原告甘某存款 2 500 元及其利息。

（案例来源：2009 年 9 月 21 日人民法院报）

任务一 挂失业务

能力目标 熟知并谨慎操作挂失各项业务操作流程

知识目标 了解挂失业务基本规定和收费标准规定

重点难点 对挂失业务经办人身份、时效、密码和印鉴挂失的要求

一、挂失业务基本规定

挂失业务是指记名式存单（折）（以下简称存单（折））、卡等实物的挂失和后续处理；交易密码的挂失重置；印鉴的挂失和后续处理。挂失业务的基本要求如下：

（1）挂失业务手续须客户本人凭有效实名证件办理。若允许客户委托他人办理挂失业务手续的，代理人须凭本人及客户本人有效实名证件办理。基层网点在受理非口头挂失业务时，必须核实客户及代理人（若有）的身份。

（2）办理挂失业务可按有关收费要求收取手续费。

二、挂失业务操作流程

存单（折）挂失方式分为口头挂失和正式挂失。

（一）存单（折）口头挂失

（1）存单（折）的口头挂失业务手续可以由客户亲自或委托他人到同一分行任一网点柜面办理，也可以使用电话、信函等形式通知同一分行任一网点办理，或由客户通过电话银行自助办理。

（2）存单（折）口头挂失的有效期一般为 5 天，满 5 天后系统自动解除账户的口头挂失状态。

各行通过电话、电话银行、柜面受理存单（折）口头挂失时，必须提醒客户口头挂失的有效期限，请客户及时办理正式挂失手续。

（二）存单（折）正式挂失

（1）存单（折）的正式挂失手续由客户亲自或委托他人到同一分行任一网点银行柜面办理。卡的正式挂失手续可以由客户本人或委托他人到同一分行任一网点银行柜面办理，也可以由客户通过电话银行或者网上银行等渠道自助办理。

（2）在客户办理挂失后续手续前，正式挂失长期有效。

（三）口头挂失的后续处理

（1）通过电话、信函或直接至柜面办理的存单（折）口头挂失，必须由客户本人

持办理挂失时的有效实名证件及挂失的存单（折）至原挂失网点办理解挂手续，不得委托他人代办。

（2）通过电话银行办理的存单（折）口头挂失业务，必须由客户本人持有效实名证件，至任一网点办理解挂手续，不得委托他人代办。

（四）正式挂失的后续处理

（1）正式挂失后办理解挂手续的，由客户本人持《个人挂失业务申请书》回执联、办理正式挂失时有效实名证件、挂失的存单（折）/卡，随时至挂失网点办理，不得委托他人代办。

（2）正式挂失后办理补单（折）/卡、销户取现等后续业务手续的，必须自正式挂失满7天后，由客户本人持《个人挂失业务申请书》回执联及办理正式挂失时有效实名证件，在挂失网点办理，不得委托他人代办。

50 000元以上存单（折）/卡正式挂失业务，为了防范风险，根据各行的实际情况，分层授权进行核实。

（3）凡通兑标志为不通兑的账户在非开户网点办理正式挂失，或定、活期一本通存折办理正式挂失的，只允许在原挂失网点办理解挂或补单（折），不得办理销户取现。

（五）交易密码挂失重置操作规定

（1）客户申请办理交易密码挂失重置手续，除出示其有效实名证件，必须出示存单（折）/卡。存单（折）/卡已正式挂失的，必须出示《个人挂失业务申请书》回执联。

（2）客户存单（折）交易密码挂失重置，新密码7天后生效；客户卡交易密码挂失重置，新密码5天后生效。

（3）对于存单（折）遗失同时忘记密码的，客户可办理正式挂失后续处理手续时申请交易密码挂失重置，新密码可当天生效。

想 一 想

交易密码挂失重置可以委托他人代办吗？

交易密码挂失重置不可以委托他人代办。

交易密码的挂失重置手续，必须由客户本人在同一分行的任一网点银行柜面办理。

（六）印鉴挂失规定

（1）客户办理印鉴挂失业务，须由客户本人持有效实名证件和原存单（折）到原开户网点办理，不得委托他人代办。

（2）客户办理印鉴挂失手续后7天内申请更换新印鉴的，新印鉴在挂失7天后生效；挂失7天后申请更换新印鉴的，新印鉴即时生效。

三、挂失业务收费标准规定

存单（折）/卡、密码、印鉴挂失手续费的收费标准，当地人行或同业协会有规定的，按当地规定收取手续费。当地人行或同业协会未规定的，按各行中间业务收费标准收取。

任务二　协助查询、冻结、扣划业务

能力目标　理解冻结和扣划业务务操作流程

知识目标　了解协助查询、冻结、扣划业务基本规定和操作规定

重点难点　查询、冻结、扣划业务有权机关表

冻结、扣划特种存款和保证金业务注意事项

协助查询、冻结、扣划业务风险控制要求

一、协助查询、冻结、扣划业务基本规定

“协助查询、冻结、扣划”业务是指金融机构依法协助有权机关查询、冻结、扣划单位或个人在金融机构存款的行为。有权机关是指依照法律、行政法规的明确规定，有权查询、冻结、扣划单位或个人在金融机构存款的司法机关、行政机关、军事机关及行使行政职能的事业单位。

协助查询是指金融机构依照有关法律或行政法规的规定以及有权机关查询的要求，将单位或个人存款的金额、币种以及其他存款信息告知有权机关的行为。

协助冻结是指金融机构依照法律的规定以及有权机关冻结的要求，在一定时期内禁止单位或个人提取存款账户内的全部或部分存款的行为。

协助扣划是指金融机构依照法律的规定以及有权机关扣划的要求，将单位或个人存款账户内的全部或部分存款资金划拨到指定账户上的行为。

二、协助查询、冻结、扣划业务操作规定

（1）协助查询、冻结和扣划工作应当遵循依法合规、不损害客户合法权益的原则。

（2）应指定专职部门或专职人员，负责接待要求协助查询、冻结和扣划的有权机关，及时处理协助事宜，并注意保守国家秘密。协助查询、冻结和扣划存款，应当在存款人开户的营业分支机构具体办理。

（3）办理协助查询业务时，经办人员应当核实执法人员的工作证件，以及有权机关县团级以上（含，下同）机构签发的协助查询存款通知书。

（4）办理协助冻结业务时，金融机构经办人员应当核实以下证件和法律文件：

① 有权机关执法人员的工作证件；

② 有权机关县团以上机构签发的协助冻结存款通知书，法律、行政法规规定应当由有权机关主要负责人签字的，应当由主要负责人签字；

③ 人民法院出具的冻结存款裁定书、其他有权机关出具的冻结存款决定书。

（5）办理协助扣划业务时，金融机构经办人员应当核实以下证件和法律文书：

① 有权机关执法人员的工作证件；

② 有权机关县团以上机构签发的协助冻结存款通知书，法律、行政法规规定应当由有权机关主要负责人签字的，应当由主要负责人签字；

③ 有关生效法律文件或行政机关的有关决定书。

（6）金融机构在协助冻结、扣划单位或个人存款时，应当审查以下内容：

①“协助冻结、扣划存款通知书”填写的需被冻结或扣划存款单位或个人开户金融机构名称、户名和账号、大小写金额；

② 协助冻结或扣划存款通知书上的义务人应与所依据的法律文书上的义务人相同；

③ 协助冻结或扣划存款通知书上的冻结或扣划金额应当是确定的。如发现缺少应附的法律文书，以及法律有关内容与“协助冻结、扣划存款通知书”的内容不符，应说明原因，退回“协助冻结、扣划存款通知书”或所附的法律文书。

（7）有权机关对个人存款户不能提供账号的，金融机构应当要求有权机关提供该个人的居民身份证件号码或其他足以确认该个人存款账户的情况。

（8）在协助有权机关办理协助查询、冻结和扣划手续时，应对下列情况进行登记：有权机关名称，执法人员姓名和证件号码，金融机构经办人员姓名，被查询、冻结、扣划单位或个人的名称或姓名，协助查询、冻结、扣划的时间和金额，相关法律文书名称及文号，协助结果等。登记表应当在协助办理查询、冻结、扣划手续时填写，并由有权机关执法人员和金融机构经办人签字。

（9）协助查询、冻结、扣划存款，涉及内控制度中的核实、授权和审批工作时，应当严格按内控制度及时办理相关手续，不得拖延推诿。

（10）对有权机关办理查询、冻结和扣划手续完备的，应当认真协助办理。在接到协助冻结、扣划存款通知书后，不得再扣划应当协助执行的款项用于收贷收息，不得向被查询、冻结、扣划单位或个人通风报信，帮助隐匿或转移存款。

（11）在协助有权机关办理完毕查询存款手续后，有权机关要求予以保密的，金融机构应当保守秘密。金融机构在协助有权机关办理完毕冻结、扣划存款手续后，根据业务需要可以通知存款单位或个人。

（12）有权机关查询的资料应限于存款资料，包括被查询单位或个人开户、存款情况以及与存款有关的会计凭证、账簿、对账单等资料。对上述资料，有权机关根据需要可以抄录、复制、照相，但不得带走原件。

（13）冻结单位或个人存款期限为6个月，期满后可以续冻。有权机关应在冻结期满前办理续冻手续，逾期未办理续冻手续的，视为自动解除冻结措施。

（14）有权机关要求对已被冻结的存款再行冻结，金融机构不予办理并应当说明情况。

（15）在冻结期限内，只有在原作出冻结决定的有权机关作出解冻决定并出具解除冻结存款通知书的情况下，金融机构才能对已经冻结的存款予以解冻。被冻结存款的单位或个人对冻结提出异议的，应告知其与作出冻结决定的有权机关联系，在存款证明期限内金融机构不得自行解冻。

（16）有权机关在冻结、解冻工作中发生错误，其上级机关直接作出变更决定或裁定的，金融机构接到变更决定书或裁定书后，应当予以办理。

（17）金融机构协助扣划时，应当将扣划的存款直接划入有权机关指定的账户。有权机关要求提取现金的，金融机构不予协助。

（18）查询、冻结、扣划存款通知书与解除冻结、扣划通知书均应由有权机关执法人员依法送达，金融机构不接受有权机关执法人员以外的人员代为送达的上述通知书。

（19）两个以上有权机关对同一单位或个人的同一笔存款采取冻结或扣划措施时，金融机构应当协助最先送达协助冻结、扣划存款通知书的有权机关办理冻结、扣划手续。

（20）两个以上有权机关对金融机构协助冻结、扣划的具体措施有争议的，金融机构应当按照有关争议机关协商后的意见办理。

三、冻结业务的操作流程

为维护储户的利益，凡查询、冻结、扣划个人存款者必须按法律、行政法规规定办理，任何单位和个人不得擅自查询、冻结和扣划储户的存款。

想 一 想

冻结分为几种方式？两者有哪些区别？

冻结有法律冻结和特殊冻结两种处理方式。两者的区别如下：

（1）法律冻结是指银行依照法律的规定、有权机关冻结的要求，在一定时期内禁止个人提取其存款账户内的全部或部分存款的行为。

（2）特殊冻结是银行因特殊业务需要发起的、须由高级别柜员审核授权的、在一定时期内对个人存款账户全部或部分存款进行止付的行为。

特殊冻结可进行账户冻结、账户冻结变更、账户解冻处理。特殊冻结选择无期限时，系统不自动解除冻结状态。

（一）法律冻结业务操作流程

1. 账户冻结范围和期限

有权机关可以对活期账户存款进行金额冻结（即部分冻结），也可以对该账户进行冻结（即全部冻结），其他种类账户只能对账户冻结（即全部冻结）。

个人存款法律冻结的期限最长为6个月，期满后可以续冻。有权机关应在冻结期满前办理续冻手续，逾期未办理续冻手续的，系统自动解除账户冻结状态。

2. 法律冻结处理操作流程

（1）现行法律法规中有权查询、冻结个人银行存款的国家机关，出具有效的“协助冻结存款通知书”、介绍信，以及本人工作证或执行公务证到银行要求冻结个人银行存款的，经该行有权部门审核签章后送交经办部门。

（2）柜员认真审查“协助冻结存款通知书”上的开户银行名称、账号、户名、金额等要素，发现不符的，应说明原因，协助解决。

（3）柜员审核无误后，启动相关交易进行冻结处理。柜员需要准确输入冻结账号、冻结书号、冻结机关以及详细填明冻结原因，冻结类型选择“法律冻结”，并按文书要求选择“全部”或“部分”冻结方式及期限标志。提交后系统自动生成冻结编号，打印挂失、冻结业务受理书。冻结方式选择“部分”时，冻结金额必须输入，账户允许多次部分金额冻结。

（4）交易成功后，在“协助冻结存款通知书”及挂失、冻结业务受理书上加盖业务受理章和柜员名章。“协助冻结存款通知书”（回执联）交有权机关留存，“协助冻结存款通知书”原件作挂失、冻结业务受理书附件随当日传票送风险监督中心，“协助冻结存款通知书”复印件网点专夹保管留存。

（二）特殊冻结业务操作流程

1. 特殊冻结处理

特殊冻结处理是银行因业务需要发起的。

操作流程：经高级别柜员授权，启动相关交易在原开户网点或账务中心进行止付处理。柜员需准确输入止付账号，详细填明止付原因，冻结类型选择“特殊冻结”，按特殊业务处理要求选择“全部”或“部分”止付方及期限标志。提交后系统自动生成冻结编号，并打印挂失、冻结业务受理书，在挂失、冻结业务受理书上加盖业务受理章和柜员名章。

2. 账户冻结变更处理

账户冻结变更处理主要用于续冻处理，并可以增加或减少部分冻结的金额。

操作流程：柜员根据审核无误的变更冻结文书，启动相关交易，准确输入冻结存款账号、冻结编号及相关信息后，系统自动显示原冻结资料。柜员按要求可进行修改到期日期或冻结金额，允许两者同时修改，并打印挂失、冻结业务受理书。变更申请书原件作挂失、冻结业务受理书附件随当日传票送风险监督管理部门，变更申请书复印件网点专夹保管留存。

3. 解冻处理

被冻结的款项在冻结期限内需要解冻处理的，应由有权机关出具“解除冻结存款通知书”，到原冻结机构办理解冻。

操作流程：柜员审核无误后，启动相关交易，正确输入账号、冻结业务编号，并详细输入解冻原因。交易成功后打印挂失、冻结业务受理书，在“解除冻结存款通知书”和打印的挂失、冻结业务受理书上加盖业务受理章和柜员名章。“解除冻结存款通知书”（回执联）交有权机关。“解除冻结存款通知书”原件作挂失、冻结业务受理书附件，随当日传票送风险监督管理部门。

四、扣划业务的操作流程

扣划处理只有法律冻结的存款可以进行扣划处理。

柜员根据有权机关出具的“协助扣划通知书”启动相关交易，正确输入扣划账号、冻结编号及划款金额，并按扣划文书要求选择“续冻”或“不续冻”、“计息”或“不计息”。扣划处理不得提取现金，交易成功后，系统自动将需要扣划的款项转入到待划转暂收款项中，打印挂账通知书。挂账通知书加盖转讫章和个人名章，“协助扣划通知书”作附件。

柜员凭挂账通知书和法律文书要求，对扣划款项进行后续的划转处理。

资料卡

表 2－1 查询、冻结、扣划业务有权机关表

单 位 名 称	查询	冻结	扣划
人民法院	有权	有权	有权
税务机关	有权	有权	有权
海关	有权	有权	有权
人民检察院	有权	有权	无权
公安机关	有权	有权	无权
国家安全机关	有权	有权	无权
军队保卫部门	有权	有权	无权
监狱	有权	有权	无权
走私犯罪侦查机关	有权	有权	无权
监察机关（包括军队监察机关）	有权	无权	无权
审计机关	有权	无权	无权
工商行政管理机关	有权	暂停结算	无权
证券监督管理机关	有权	有权	无权

五、冻结、扣划特种存款和保证金业务注意事项

（一）特种存款的处理

军队、武警部队一类保密单位开设的特种预算存款、特种其他存款和连队账户的存款，原则上不采取冻结或扣划等项诉讼保全措施。但军队、武警部队的其余存款可以冻结和扣划。

（二）证券公司账户资金的处理

证券公司开立的下属存款账户资金，经办行不得协助人民法院冻结扣划：

（1）证券公司开立的客户交易结算资金专用账户的存款不得冻结扣划；

（2）新股发行验资专用账户中的资金不得冻结扣划；

（3）证券公司缴存在登记结算公司的客户结算备付金不得冻结扣划。

（三）保证金的处理

1. 信用证开证保证金

信用证开证保证金，人民法院在审理或执行案件时，可依法采取冻结措施，但不得扣划。如作为开证银行的分支机构，在履行了对外支付义务后，可向人民法院申请立即解除对信用证开证保证金的冻结；如开证保证金是外汇，并能举证证明信用证的受益人提供的单据与信用证条款相符时，应向人民法院申请立即解除冻结。如果银行分支机构因信用证无效、过期或因单证不符而拒付信用证款项并且免除了对外支付义务，以及在正常付出了信用证款项并从信用证保证金中扣除了相应款项后尚有剩余，即在信用证开证保证金账户存款已丧失保证金功能的情况下，人民法院可以依法采取扣划措施，分支机构应予协助。

2. 银行承兑汇票保证金

银行承兑汇票保证金，人民法院在审理或执行案件时，可依法采取冻结措施，但不得扣划。如银行已对汇票付款，银行可以向人民法院申请解除对银行承兑汇票保证金相应部分的冻结措施。银行承兑汇票保证金已丧失保证金功能的情况下，人民法院可以依法采取扣划措施，银行机构应予协助。

风险警示

协助查询、冻结、扣划业务风险控制要求

- *必须按法律、行政法规规定受理查询、冻结和扣划等业务，要求对有权机关及其提供的相关文书进行审核，要求指定专职部门或专职人员负责。*

思考与训练

一、选择填空

1. ________是指记名式存单（折）（以下简称存单（折））、卡等实物的挂失和后续处理；交易密码的挂失重置；印鉴的挂失和后续处理。

2. 存单（折）的正式挂失手续由客户________到同一分行任一网点银行柜面办理。

3. 正式挂失后办理解挂手续的，由客户本人持《个人挂失业务申请书》回执联、办理正式挂失时有效实名证件、挂失的存单（折）/卡，随时至挂失网点办理，________。

4. ________是指金融机构依法协助有权机关查询、冻结、扣划单位或个人在金融机构存款的行为。________是指依照法律、行政法规的明确规定，有权查询、冻结、扣划单位或个人在金融机构存款的司法机关、行政机关、军事机关及行使行政职能的事业单位。

5. 金融机构对有权机关办理查询、冻结和扣划手续完备的，应当认真协助办理。在接到协助冻结、扣划存款通知书后，不得再扣划应当协助执行的款项用于________，不得________________，帮助隐匿或转移存款。

二、正误判断

1. 办理挂失业务不允许收取手续费。(　　)

2. 在客户办理挂失后续手续前，正式挂失长期有效。(　　)

3. 凡通兑标志为不通兑的账户在非开户网点办理正式挂失，或定、活期一本通存

折办理正式挂失的，只允许在原挂失网点办理解挂或补单（折），不得办理销户取现。（ ）

4. 金融机构在协助冻结、扣划单位或个人存款时，无必要审查需被冻结或扣划存款单位或个人开户金融机构名称、户名和账号、大小写金额。（ ）

5. 只有法律冻结的存款可以进行扣划处理。金融机构协助扣划时，应当将扣划的存款直接划入有权机关指定的账户。有权机关要求提取现金的，金融机构可以协助办理。（ ）

三、单项选择

1. 各行通过电话、电话银行、柜面受理存单（折）口头挂失时，必须提醒客户口头挂失的（ ），请客户及时办理正式挂失手续。

A. 有效期限　　B. 提供资料要求

C. 挂失人身份要求　　D. 正式挂失地点

2. 通过电话银行办理的存单（折）口头挂失业务，必须由客户本人持有效实名证件，至任一网点办理解挂手续，（ ）他人代办。

A. 可以委托　　B. 有授权书，即可以委托

C. 不得委托　　D. 均可

3. （ ）是指金融机构依照法律的规定以及有权机关冻结的要求，在一定时期内禁止单位或个人提取存款账户内的全部或部分存款的行为。

A. 协助查询　　B. 协助冻结

C. 协助扣划　　D. 强制冻结

4. 在协助有权机关办理协助查询、冻结和扣划手续时，应登记有权机关名称，执法人员姓名和证件号码，金融机构经办人员姓名，被查询、冻结、扣划单位或个人的名称或姓名，协助查询、冻结、扣划的时间和金额，相关法律文书名称及文号，协助结果等。登记表应当在协助办理查询、冻结、扣划手续时填写，并由（ ）签字。

A. 有权机关执法人员

B. 有权机关执法人员和金融机构网点负责人

C. 金融机构网点负责人

D. 有权机关执法人员和金融机构经办人

5. 冻结单位或个人存款期限为（ ），期满后可以续冻。有权机关应在冻结期满前办理续冻手续，逾期未办理续冻手续的，视为自动解除冻结措施。

A. 3 个月　　B. 6 个月　　C. 9 个月　　D. 10 个月

四、多项选择

1. 存单（折）挂失方式分为（ ）。

A. 电话挂失　　B. 口头挂失　　C. 信函挂失　　D. 正式挂失

2. 交易密码挂失重置（ ）。交易密码的挂失重置手续，必须由（ ）在同一分行的任一网点银行柜面办理。

A. 不可以委托他人代办　　B. 可以委托代办

C. 本人和代办人　　　　　　　　　　D. 客户本人

3. 协助扣划是指金融机构依照法律的规定以及有权机关扣划的要求，将单位或个人存款账户内的（　　）或（　　）存款资金划拨到指定账户上的行为。

A. 全部　　　　B. 部分　　　　C. 当年存款余额　　D. 累计存款余额

4. 协助查询、冻结和扣划工作应当遵循（　　）的原则。

A. 公平合法　　　　　　　　　　B. 公开有序

C. 依法合规　　　　　　　　　　D. 不损害客户合法权益

5. 有权机关查询的资料应限于存款资料，有权机关根据需要可以（　　），但不得带走原件。

A. 抄录　　　　B. 传真　　　　C. 复制　　　　D. 照相

五、问题简答

简述冻结、扣划特种存款和保证金业务注意事项。

六、实战训练

联系实际，分组探讨“协助查询、冻结、扣划业务”操作规定。

七、案例分析

2007 年 6 月 25 日河南省南阳市地方法院因经济纠纷案件到唐山市汉沽管理区一家金融机构办理查询冻结事宜，该金融机构负责人考虑到“此冻结账户”是通过营销手段揽取的存款，故授意经办人员将资金临时转出，提供给办案人员一份只有少量资金的余额表，办案人员要求金融机构继续提供“此冻结账户”近期业务明细表，发现当天有大额转账业务，后经进一步核实票据，确认该金融机构“故意隐匿查询资金，妨碍司法执行”，对其处以 30 000 元的罚款，并如数划走了案件纠纷款项 400 500 元。（案例来源：2008 年 7 月 12 日河北金融网）

根据以上案例，探讨如何规范协助查询、冻结、扣划事项？

项目五　银行卡业务

项目的目标与任务

知识与技能目标：

- 熟悉、了解银行卡业务的基本规定，商业银行开办银行卡业务应当具备的条件，银行卡账户和交易管理规定，银行卡章程、计息、收费及优惠条件
- 能够熟练操作银行卡业务

主要任务：

- 能够独立完成各项业务的实践操作
- 严格履行各项业务的风险控制要求

导学案例

信用卡被消费八万多，持卡人状告商户败诉

原告沈某诉称，2008 年 7 月，他不慎将两张尾号分别为 2904 和 9708 的招商银行信用卡遗失，拾得人以他的名义冒用盗刷消费，其中在被告烟草公司消费共计 8.6 万余元。沈某认为，被告作为信用卡的特约商户，在受理信用卡业务时，依法应认真核对信用卡使用人的签名与信用卡背面的持卡人签名是否一致，依法应认真检验信用卡使用人的身份证及身份证上的信息是否与信用卡持卡人的信息相符。而被告的工作人员未严格遵守信用卡检查核实的工作流程，轻易与拾得人进行交易并促使交易成功，造成了原告巨额损失。原告诉求法院判令被告立即支付信用卡被盗刷款 8.6 万余元及利息。

被告烟草公司的答辩则牵出了此前的一个相关案件，根据厦门市翔安区人民法院的一份民事判决书查明如下事实：2008 年 5 月 24 日，沈某将两张卡尾号分别为 2904 和 9708 的招商银行信用卡出借给梁某，允许梁某使用信用卡里的金额 6 万元，梁某出具借条一份交由原告收执。随后，梁某又分两次向沈某借款，并分别出具借条和欠条。后来沈某向区人民法院起诉，诉求判令梁某返还借款和利息，并在起诉状中要求梁某立即返还两张信用卡。烟草公司由此辩称，根据前述案件，沈某没有遗失两张信用卡，而是将其借与他人用于套现，沈某的诉求与诉由均不成立。

法院认为，原告沈某将两张信用卡出借给梁某持有和使用，违反了《银行卡业务管理办法》的禁止性规定和信用卡领用合约的约定。两张信用卡均是凭密码消费，根据信用卡领用合约的规定，本案所涉及的 11 笔消费均应视为原告本人所为，由此产生的损失应由原告自行承担。且原告已就两张信用卡的出借问题另行起诉梁某，法院已就该案做出终审判决，判决梁某偿还原告相应欠款及利息，原告因出借两张信用卡而遭受的损失已经经由其他途径得以弥补。在明知非原告本人使用两张信用卡消费的情况下，被告烟草公司允许消费并由使用人在银联签购单上签署不同于原告的姓名，做法不当，应予纠正。

最终，人民法院一审认定持卡人沈某出借信用卡违反法律，其要求烟草公司赔偿信用卡被盗刷的损失缺乏法律和事实依据，判决驳回其诉讼请求。

（案例来源：2010 年 10 月 18 日中国法院网）

自 1985 年中国银行发行第一张信用卡以来，国内各银行始终不断探索寻求发展之路。在中国人民银行颁布了《银行卡业务管理办法》后，银行卡业务的发展进入了崭新的一页，我国银行卡产业发展迅速，其已经被各家银行列为业务发展的重点。以下将简要介绍与银行卡有关的基本规定及账务管理要求。

任务一 银行卡业务基础知识

能力目标 深刻理解银行卡账户和交易管理规定

知识目标 了解银行卡业务基本规定

重点难点 防范银行卡业务风险

一、银行卡业务基本规定

(一) 银行卡含义和特点

银行卡是指由商业银行(含邮政金融机构,下同)向社会发行的具有消费信用、转账结算、存取现金等全部或部分功能的信用支付工具。商业银行未经中国人民银行批准不得发行银行卡。

银行卡主要特点为功能多样、信用支付工具、属于电子货币。

银行卡的优点如下:扩大存款来源;增加银行收入;方便客户消费、结算;提升社会信用;使用安全可靠。

(二) 银行卡分类

依据是否具备透支功能,银行卡分为信用卡和借记卡。

(1) 信用卡按是否向发卡银行交存备用金分为贷记卡、准贷记卡两类。

贷记卡是指发卡银行给予持卡人一定的信用额度,持卡人可在信用额度内先消费、后还款的信用卡。

准贷记卡是指持卡人须先按发卡银行要求交存一定金额的备用金,当备用金账户余额不足支付时,可在发卡银行规定的信用额度内透支的信用卡。

(2) 借记卡按功能不同分为转账卡(含储蓄卡,下同)、专用卡、储值卡。

转账卡是实时扣账的借记卡,具有转账结算、存取现金和消费功能。

专用卡是具有专门用途、在特定区域使用的借记卡,具有转账结算、存取现金功能。专门用途是指在百货、餐饮、饭店、娱乐行业以外的用途。

储值卡是发卡银行根据持卡人要求将其资金转至卡内储存,交易时直接从卡内扣款的预付钱包式借记卡。

借记卡不具备透支功能。

此外,银行卡按币种不同分为人民币卡、外币卡;按发行对象不同分为单位卡(商务卡)、个人卡;按信息载体不同分为磁条卡、芯片(IC)卡。

再有,联名/认同卡是商业银行与盈利性机构/非盈利性机构合作发行的银行卡附属产品,其所依附的银行卡品种必须是已经中国人民银行批准的品种,并应当遵守相应品种的业务章程或管理办法。发卡银行和联名单位应当为联名卡持卡人在联名单位用卡提供一定比例的折扣优惠或特殊服务;持卡人领用认同卡表示对认同单位事业的支持。

二、商业银行开办银行卡业务应当具备的条件

(1) 开业3年以上,具有办理零售业务的良好业务基础;

(2) 符合中国人民银行颁布的资产负债比例管理监控指标,经营状况良好;

(3) 已就该项业务建立了科学完善的内部控制制度,有明确的内部授权审批程序;

(4) 合格的管理人员和技术人员、相应的管理机构；

(5) 安全、高效的计算机处理系统；

(6) 发行外币卡还须具备经营外汇业务的资格和相应的外汇业务经营管理水平；

(7) 中国人民银行规定的其他条件。

三、银行卡章程、计息、收费及优惠条件

(一) 发卡银行各类银行卡章程应载明的事项

(1) 卡的名称、种类、功能、用途；

(2) 卡的发行对象、申领条件、申领手续；

(3) 卡的使用范围（包括使用方面的限制）及使用方法；

(4) 卡的账户适用的利率、面向持卡人的收费项目及标准；

(5) 发卡银行、持卡人及其他有关当事人的权利、义务；

(6) 中国人民银行要求的其他事项。

(二) 计息、收费及优惠条件

银行卡的计息包括计收利息和计付利息，均按照《金融保险企业财务制度》的规定进行核算。

资 料 卡

商业银行办理银行卡收单业务向商户收取手续费标准

- 宾馆、餐饮、娱乐、旅游等行业不得低于交易金额的2%。
- 其他行业不得低于交易金额的1%。

贷记卡持卡人非现金交易享受如下优惠条件：(1) 免息还款期待遇。银行记账日至发卡银行规定的到期还款日之间为免息还款期。免息还款期最长为60天。持卡人在到期还款日前偿还所使用全部银行款项即可享受免息还款期待遇，无须支付非现金交易的利息。(2) 最低还款额待遇。持卡人在到期还款日前偿还所使用全部银行款项有困难的，可按照发卡银行规定的最低还款额还款。

四、银行卡账户和交易管理规定

个人申领银行卡（储值卡除外），应当向发卡银行提供公安部门规定的本人有效身份证件，经发卡银行审查合格后，为其开立记名账户；凡在中国境内金融机构开立基本存款账户的单位，应当凭中国人民银行核发的开户许可证申领单位卡；银行卡及其账户只限经发卡银行批准的持卡人本人使用，不得出租和转借。

单位人民币卡账户的资金一律从其基本存款账户转账存入，不得存取现金，不得将销货收入存入单位卡账户。

单位外币卡账户的资金应从其单位的外汇账户转账存入，不得在境内存取外币现钞。其外汇账户应符合下列条件：(1) 按照中国人民银行境内外汇账户管理的有关规

定开立；(2) 其外汇账户收支范围内具有相应的支付内容。

个人人民币卡账户的资金以其持有的现金存入或以其工资性款项、属于个人的合法的劳务报酬、投资回报等收入转账存入。

个人外币卡账户的资金以其个人持有的外币现钞存入或从其外汇账户（含外钞账户）转账存入。该账户的转账及存款均按国家外汇管理局《个人外汇管理办法》办理。个人外币卡在境内提取外币现钞时应按照我国个人外汇管理制度办理。

除国家外汇管理局指定的范围和区域外，外币卡原则上不得在境内办理外币计价结算。

持卡人在还清全部交易款项、透支本息和有关费用后，可申请办理销户。销户时，单位人民币卡账户的资金应当转入其基本存款账户，单位外币卡账户的资金应当转回相应的外汇账户，不得提取现金。

单位人民币卡可办理商品交易和劳务供应款项的结算，但不得透支；超过中国人民银行规定起点的，应当经中国人民银行当地分行办理转汇。

想 一 想

银行卡业务可能存在哪些风险？

银行卡业务的风险很多，主要涉及以下风险：

(1) 信用风险：恶意透支风险、持卡人信用变故风险。

(2) 操作风险：诈骗风险、内外勾结作案风险、业务操作不当风险。

(3) 技术风险：硬件与软件、互联网黑客和网络病毒。

任务二　银行卡业务操作流程

能力目标　理解银行卡业务操作流程

知识目标　了解银行卡业务基本当事人

重点难点　银行卡业务风险控制要求，防止银行卡犯罪发生

银行卡业务操作流程是指从发卡、建立特约商户、交易与授权、清算、风险管理、客户服务到业务管理的全过程。

银行卡基本当事人包括发卡银行、收单银行、持卡人、特约商户。

银行卡业务主要操作流程如下：

(1) 申请；

(2) 信用审查（申请人信用信息是否符合发卡条件、审核信用额度等）；

(3) 发卡（卡片和密码信函应分别寄送且时间有一定的间隔）；

(4) 建立特约商户；

(5) 交易和清算（交易包括商户交易、自助设备交易和柜台交易；清算业务是指以银行为中心，清偿持卡人、特约商户及银行之间债权债务的过程。清算方式基本上分为

两种形式，即直接清算和间接清算）。

另外，银行卡业务还包括银行卡的市场营销、业务管理、发卡管理、特约商户管理、授权及核算管理、挂失与止付、透支追索等。在此不再赘述。

资料卡

银行卡犯罪主要形式

从涉及银行卡犯罪形态来看，国内银行卡犯罪主要形式如下：骗取信用卡；盗取银行卡卡号和密码；盗录磁条信息制作假卡；假挂失真诈骗；恶意透支；内外勾结；网上银行诈骗；外包管理失控；内部人员作案；黑客技术作案；

风险警示

银行卡业务风险控制要求

● 发卡银行应当遵守下列信用卡业务风险控制指标：

（1）同一持卡人单笔透支发生额个人卡不得超过两万元（含等值外币），单位卡不得超过5万元（含等值外币）。

（2）同一账户月透支余额个人卡不得超过5万元（含等值外币），单位卡不得超过发卡银行对该单位综合授信额度的3%。无综合授信额度可参照的单位，其月透支余额不得超过10万元（含等值外币）。

（3）外币卡的透支额度不得超过持卡人保证金（含储蓄存单质押金额）的80%。

（4）从《银行卡业务管理办法》施行之日起新发生的180天（含180天，下同）以上的月均透支余额不得超过月均总透支余额的15%。

● 准贷记卡的透支期限最长为60天。贷记卡的首月最低还款额不得低于其当月透支余额的10%。

● 发卡银行通过下列途径追偿透支款项和诈骗款项：

（1）扣减持卡人保证金，依法处理抵押物和质押物；

（2）向保证人追索透支款项；

（3）通过司法机关的诉讼程序进行追偿。

思考与训练

一、选择填空

1. ________是指由商业银行（含邮政金融机构，下同）向社会发行的具有消费信用、转账结算、存取现金等全部或部分功能的信用支付工具。

2. 持卡人在还清________、________和________后，可申请办理销户。

3. 开业________以上，具有办理零售业务的良好业务基础，是商业银行开办银行卡业务的条件之一。

4. 贷记卡免息还款期________。

5. 发卡银行通过下列途径追偿透支款项和诈骗款项：（1）扣减持卡人保证金，依法处理抵押物和质押物；（2）____________________；（3）通过司法机关的诉讼程序进行追偿。

二、正误判断

1. 商业银行根据业务需要可自主决定是否发行银行卡。（　　）

2. 储值卡是具有专门用途、在特定区域使用的借记卡。（　　）

3. 单位人民币卡账户的资金一律从其基本存款账户转账存入，不得存取现金，不得将销货收入存入单位卡账户。（　　）

4. 交易一般包括柜台交易和自助设备交易。（　　）

5. 银行卡业务还包括银行卡的市场营销、业务管理、发卡管理、特约商户管理、授权及核算管理、挂失与止付、透支追索等。（　　）

三、单项选择

1.（　　）是指发卡银行给予持卡人一定的信用额度，持卡人可在信用额度内先消费、后还款的信用卡。

A. 借记卡　　B. 准贷记卡　　C. 贷记卡　　D. 透支卡

2.（　　）是商业银行与盈利性机构/非盈利性机构合作发行的银行卡附属产品。

A. 联名/认同卡　　B. 专用卡　　C. 附属卡　　D. 储值卡

3. 销户时，单位人民币卡账户的资金应当转入其（　　）账户，单位外币卡账户的资金应当转回相应的外汇账户，不得提取现金。

A. 基本存款　　B. 一般存款　　C. 临时存款　　D. 专用存款

4. 银行卡基本当事人包括发卡银行、收单银行、持卡人及（　　）。

A. 发卡银行经办柜员　　B. 特约商户

C. 收单银行经办柜员　　D. 银联中心

5. 银行卡犯罪主要形式不包括（　　）。

A. 恶意透支　　B. 内外勾结　　C. 黑客技术作案　　D. 以上均不对

四、多项选择

1. 银行卡主要特点包括（　　）。

A. 功能多样　　B. 方便携带　　C. 信用支付工具　　D. 属于电子货币

2. 银行卡的优点包括（　　）。

A. 扩大存款来源，增加银行收入　　B. 客户结算方便

C. 提升社会信用　　D. 使用安全可靠

3. 发卡银行各类银行卡章程应载明下列事项（　　）。

A. 卡的种类　　B. 卡的申领条件

C. 卡的使用范围　　D. 当事人权利和义务

4. 贷记卡持卡人非现金交易享受如下优惠条件（　　）。

A. 可透支消费　　B. 免息还款期待遇

C. 可享受折扣　　D. 最低还款额待遇

5. 银行卡可能存在以下主要风险（　　）。

A. 信用风险　　B. 操作风险

C. 技术风险　　D. 人为风险

五、问题简答

简述商业银行开办银行卡业务应当具备哪些条件?

六、实战训练

分组探讨银行卡账户和交易管理的基本规定。

七、案例分析

2008 年 11 月 20 日，一青年男子急急忙忙地来建行新城支行内勤主管处，称有人打电话给他，让他进行电话转账。此情况立即引起了该行员工警觉，经仔细询问，客户称其刚在松江购买一辆汽车并在江苏泰州办理上牌手续。当日，便有自称是泰州税务局工作人员打电话给他，称根据国家最新退税规定可以退给他税款 4 983.3 元，款项已存入为其办理的中国银行借记卡内，卡号：4563222555325587，密码：123456，让客户通过“01051661052”客服热线，自行将该卡卡内余额转入客户自己的借记卡内。该行员工当即向客户指出，银行办理个人银行结算账户要本人凭有效身份证件亲自办理，税务局不可能为其办理银行卡，而且办理退税等相关业务也不会是通过电话进行转账就能操作的。后经过证实，该电话是诈骗电话，该行员工立即阻止客户输入卡号和密码。（案例来源：2009 年 5 月 6 日上海东方早报）

根据以上案例，分组探讨银行卡业务面临的风险及其防范策略。

项目六　对公存款业务

项目的目标与任务

知识与技能目标：

- 熟悉、了解人民币单位结算账户、单位活期存款业务、单位定期存款业务、单位通知存款业务、单位协定存款业务、保证金存款业务的基本规定
- 熟练操作单位活期存款业务、单位定期存款业务、单位通知存款业务、单位协定存款业务、保证金存款业务

主要任务：

- 能够独立完成各项业务的实践操作
- 严格履行各项业务的风险控制要求

导学案例

千万存款被挪用，银行应不断加强内控制度建设

案例：2009 年 3 月初，一家企业到某上市城商行上海分行某分支机构开户，此后企业开始分批打进存款 5 000 万元，但在接下来几天时间，该存款被“陌生人”陆续分成小数额分批挪用转移达三千多万元。

案件被发现后，银监会 4 月初迅速召开紧急会议，要求银行对 100 万元以上的大额结算交易展开全面排查。银行的员工被要求亲自到企业去一一拜访，进行银企对账，以排查企业存款是否“不翼而飞”。此外，要求坚持把防控案件作为一项硬任务来抓，督促大型银行在构筑基层“第一道屏障”、前移防控关口、健全内控制度、完善长效机制上下功夫。

排查风暴的背后反映出银行案件防控任务面临挑战。因此，了解、掌握银行对公存款业务的基本规定、操作流程、风险控制要求，将有助于加强银行内控制度建设，不断提高银行风险管理水平。

（案例来源：2009 年 4 月 21 世纪经济报道）

对公存款又叫单位存款，是机关、团体、部队、企业、事业单位和其他组织以及个体工商户将货币资金存入银行，并可以随时或按约定时间支取款项的一种信用行为。

单位活期存款是指单位类客户在商业银行开立结算账户，办理不规定存期、可随时转帐、存取的存款类型。

定期存款指存款人事先约定存款期限，一次存入本金，到期后支取本息的存款。

通知存款指存款人在存入款项时不约定存期，支取时需提前通知银行，约定支取日期和金额方能支取的存款。

协议存款指经中国人民银行批准，面向中资保险法人、全国社会保障基金理事会、养老保险个人账户基金、国家邮政局、邮政储蓄局等特定客户开办的约定存期的存款。仅限于银行法人与特定企（事）业法人签定协议存款合同后开立。存款利率水平、存款期限、结息和支付方式及违约处罚标准等由双方协商确定。

在具体讲解各项对公业务之前，有必要先了解一下人民币单位结算账户的有关规定。

任务一　人民币单位结算账户基础

能力目标　理解人民币单位结算账户各项业务操作流程

知识目标　掌握人民币结算账户的类别分类

重点难点　人民币单位结算账户操作规定

一、人民币单位结算账户基本规定

人民币单位结算账户是指银行为单位开立的办理资金收付结算的人民币单位活期存

款账户。

人民币单位结算账户可按不同类别进行分类。

（一）按照用途分类

1. 基本存款账户

基本存款账户是指存款人因办理日常转账结算和现金收付需要开立的银行结算账户。根据人民银行规定，企业法人、非法人企业、机关、事业单位、团级（含）以上军队、武警部队及分散执勤的支（分）队、社会团体、民办非企业组织、异地常设机构、外国驻华机构、个体工商户、居民委员会、村民委员会、社区委员会、单位设立的独立核算的附属机构、其他组织等存款人可以申请开立基本存款账户。

2. 一般存款账户

一般存款账户是指存款人因借款或其他结算需要，在基本存款账户开户银行以外的银行营业机构开立的银行结算账户。

想一想

1. 存款人可以开立几个基本存款账户？
2. 一般存款账户可以支取现金吗？

3. 专用存款账户

专用存款账户是指存款人按照法律、行政法规和规章，对其特定用途资金进行专项管理和使用而开立的银行结算账户。根据人民银行规定，对基本建设资金，更新改造资金，财政预算外资金，粮、棉、油收购资金，证券交易结算资金，期货交易保证金，信托基金，金融机构存放同业资金，政策性房地产开发资金，单位银行卡备用金，住房基金，社会保障基金，收入汇缴资金和业务支出资金，党、团、工会设在单位的组织机构经费，合格境外机构投资者在境内从事证券投资开立的人民币特殊账户和人民币结算资金账户（简称“QFII 专用存款账户”）以及其他需要专项管理和使用的资金等的管理与使用，存款人可以申请开立专用存款账户。

4. 临时存款账户

临时存款账户是存款人因临时需要并在规定期限内使用而开立的银行结算账户。

（二）按照是否需要人民银行核准登记分类

1. 核准类账户

核准类账户是指开户时，银行将存款人的开户申请书、相关的证明文件和银行审核意见等开户资料报送中国人民银行当地分支行，经其核准后才办理开户手续的账户。主要包括基本存款账户、临时存款账户（因注册验资和增资验资开立的除外）、预算单位专用存款账户、QFII 专用存款账户等。

2. 非核准类账户

非核准类账户又称备案类账户，是指银行办理开户手续后，必须于开户之日起 5 个工作日内向中国人民银行当地分支行备案的账户。除上述核准类账户外，存款人开立的其他银行结算账户属于非核准类账户。

资料卡

人民币单位结算账户操作规定

（1）存款人只能在银行开立一个基本存款账户；

（2）存款人开立基本存款账户、临时存款账户和预算单位开立专用存款账户实行核准制度，经中国人民银行核准后由开户银行核发开户许可证；

（3）个体工商户凭营业执照以字号或者姓名开立的银行结算账户纳入单位银行结算账户管理；

（4）银行应依法为存款人的银行结算账户信息保密；

（5）对单位银行结算的存款和有关资料，除国家法律、行政法规另有规定外，银行有权拒绝任何单位或个人查询；

（6）银行账户业务，包括单位账户开立、单位账户资料修改业务，均需联网核查经办人员公民身份信息。

二、人民币单位结算账户开立业务操作流程

（一）基本规定

（1）开立结算账户时需按规定的流程进行相关处理，主要包括客户提出申请、公司业务经营部门初审、会计复审和正式开立结算账户。其中会计复审实行开户基层营业机构受理审核、分行会计结算部集中复审的方式。

（2）公司业务经营部门主要对开户资料的真实性负责，会计部门主要对开户资料的完整性、合规性负责。

（3）银行为存款人开立一般存款账户、专用存款账户和临时存款账户的，一般应自开户之日起3个工作日内通知基本存款账户开户银行。

（4）存款人申请开立单位银行结算账户时，可由法定代表人或单位负责人直接办理，也可授权他人办理。

（5）由法定代表人或单位负责人直接办理开户的，除出具相应的证明文件外，还应出具法定代表人或单位负责人的身份证明；授权他人办理的，除出具相应的证明文件外，还应出具其法定代表人或单位负责人的授权书及其身份证件，以及被授权人的身份证件。

（6）银行工作人员不得代单位办理开户申请手续。

（7）加盖了客户印鉴的印鉴卡必须由客户自己送至开户网点柜面。

（8）客户缴回印鉴卡时，如暗码已被刮开，应对该套印鉴作“作废”注销处理并由客户重新领用空白印鉴卡。

（二）业务操作流程

1. 客户申请

（1）建立客户号。

客户若是初次在分行申请开立账户，须先建立客户号。若已存在客户号，则需使用已有的客户号。

（2）申请单位向银行提交以下资料：

①“开立单位银行结算账户申请书”，并加盖单位公章。

②“单位银行结算账户管理协议”，并加盖单位公章及法人签字或名章。

③ 根据申请开立账户的不同性质，按照人民银行规定提交有关开户证件。

申请开立基本存款账户，应出具下列证明文件：企业法人，应出具企业法人营业执照正本；非法人企业，应出具企业营业执照正本；机关和实行预算管理的事业单位，应出具政府人事部门或编制委员会的批文或登记证书和财政部门同意其开户的证明，非预算管理的事业单位，应出具政府人事部门或编制委员会的批文或登记证书；军队、武警团级（含）以上单位以及分散执勤的支（分）队，应出具军队军级以上单位财务部门、武警总队财务部门的开户证明；社会团体，应出具社会团体登记证书，宗教组织还应出具宗教事务管理部门的批文或证明；民办非企业组织，应出具民办非企业登记证书；外地常设机构，应出具其驻在地政府主管部门的批文，对于已经取消审批外地常设机构的省（市），应出具派出地政府部门的证明文件；外国驻华机构，应出具国家有关主管部门的批文或证明，外资企业驻华代表处、办事处应出具国家登记机关颁发的登记证；个体工商户，应出具个体工商户营业执照正本；居民委员会、村民委员会、社区委员会，应出具其主管部门的批文或证明；独立核算的附属机构，应出具其主管部门的基本存款账户开户许可证和批文；其他组织，应出具政府主管部门的批文或证明；以上存款人为从事生产、经营活动纳税人的，还应出具税务部门颁发的税务登记证。

存款人申请开立一般存款账户，应向银行出具其开立基本存款账户规定的证明文件、基本存款账户开户许可证和下列证明文件：存款人因向银行借款需要，应出具借款合同；存款人因其他结算需要，应出具有关证明。

存款人申请开立专用存款账户，应向银行出具其开立基本存款账户规定的证明文件、基本存款账户开户许可证和下列证明文件：基本建设资金、更新改造资金、政策性房地产开发资金、住房基金、社会保障基金，应出具主管部门批文；财政预算外资金，应出具财政部门的证明；粮、棉、油收购资金，应出具主管部门批文；单位银行卡备用金，应按照中国人民银行批准的银行卡章程的规定出具有关证明和资料；证券交易结算资金，应出具证券公司或证券管理部门的证明；期货交易保证金，应出具期货公司或期货管理部门的证明；金融机构存放同业资金，应出具其证明；收入汇缴资金和业务支出资金，应出具基本存款账户存款人有关的证明；党、团、工会设在单位的组织机构经费，应出具该单位或有关部门的批文或证明；QFII 资金，应出具国家外汇管理部门的批复文件和证券管理部门的证券投资业务许可证；其他按规定需要专项管理和使用的资金，应出具有关法规、规章或政府部门的有关文件。

存款人申请开立临时存款账户，应向银行出具下列证明文件：临时机构，应出具其驻在地主管部门同意设立临时机构的批文；异地建筑施工及安装单位，应出具其营业执照正本或其隶属单位的营业执照正本、施工及安装地建设主管部门核发的许可证或建筑施工及安装合同以及基本存款账户开户许可证；异地从事临时经营活动的单位，应出具其营业执照正本以及临时经营地工商行政管理部门的批文以及基本存款账户开户许可证；注册验资资金，应出具工商行政管理部门核发的企业名称预先核准通知书或有关部门的批文，增资验资，应持其基本存款账户开户许可证、股东会或董事会决议等证明文件。

④ 出具法定代表人或单位负责人身份证件，法定代表人或单位负责人不能亲自办理的，必须授权他人在开户基层营业机构当面直接办理，同时还需出具“开户授权书”和被授权人身份证件原件。

（3）客户向开户行领用空白印鉴卡。

① 若为客户亲自来柜面办理开户手续，网点印鉴卡管理员根据客户提供的资料，将印鉴卡第三联（存根联）填制无误，登录印鉴系统录入相关客户信息。完毕后，将印鉴卡第一、第二联交客户，第三联留存。

② 若客户不能亲自前来柜面办理，可由客户经理上门办理。客户经理填写“内部人员领用印鉴卡审批单”，经有权人审批后送印鉴卡管理员。网点印鉴卡管理员根据客户经理提供的客户信息登记第三联印鉴卡（存根联），登录印鉴系统录入相关客户信息和领用客户经理信息。完毕后，将印鉴卡第一、第二联交给客户经理，第三联留存。

2. 公司业务经营部门初审

开户基层营业机构受理开户申请单位提交的开户资料后，应由指定公司业务营销人员采用上门实地核实、向工商管理部门查询等方式核实开户资料真实性，并填写“开户申请初审情况表”。开户资料与事实不符的，应将开户资料退回开户申请单位。

（1）核实时间。

最迟在客户提交开户资料的两个工作日内完成核实工作。

（2）核实方式。

① 按照营业执照、开户申请书填明的办公地址、留存的电话号码实地核查。

② 向工商管理部门等发证机关或行文单位查询。

3. 开户基层营业机构会计受理审核

开户基层营业机构开销户管理员、会计主管必须认真审查客户提交的开户申请书和相关证明文件是否齐全、完整、合规、有效。重点审核以下内容：

（1）客户提交的证明文件是否真实、有效。包括营业执照是否为正本；证书、批文等证明文件是否为原件；编号是否符合规律，行文单位是否符合规定，是否在有效期内等；需年检的资料是否有年检标志；相关开户证明文件和资料的复印件与原件是否一致；复印件上是否加盖单位公章。

（2）客户是否具备账户开立资格和条件。包括申请开立的账户类型是否符合相关政策规定；开户经办人身份证件是否真实有效；授权办理的是否出具授权书和法定代表人或单位负责人的身份证件；法定代表人或单位负责人的身份证件是否真实有效等。

（3）客户填写的开户申请书要素是否齐全、正确。客户在开户申请书上加盖的公章是否清晰、与证明文件上的单位名称是否一致；申请书上填写的要素和加盖的印章与提供的证明文件是否相符。

(4) 客户填写的账户管理协议内容是否齐全、无误，协议上的企业公章、法定代表人或单位负责人签章与相关证明文件、开户申请书是否一致。

(5) 单位提供的“开立单位银行结算账户申请书”、印鉴卡、相关的开户证明文件与公司业务营销人员提供的“开户申请初审情况表”是否一致。

(6) 审核无误后，在相关开户证明文件和资料的复印件上加盖“与原件一致”戳记，并由审核人员签章确认。

4. 分行集中复审

(1) 分行根据实际情况指定部门、指定专人办理集中复审工作，异地支行开户资料可以指定异地支行管理部门、指定专人进行复审。

(2) 属于核准类账户的，由会计结算部指定的部门、指定专人集中复审后，统一递送当地人民银行核准登记。人民银行核准后，由分行会计结算部指定专人集中提回开户资料，再通过人民银行账户管理系统进行核对复审。

(3) 属于非核准类账户的，由分行会计结算部指定专人复审。

(4) 寄送开户资料，将“开立单位银行结算账户申请书”的开户申请单位回执联和印鉴卡客户联、开户单位第一次使用的“重要空白凭证领购单”（已加盖“账户管理专用章”）密封后，由分行指定专人寄送开户申请单位。

(5) 对于验资账户，开户行应将所有出资人的签章作为开户行划转验资款的预留印鉴；如不以所有出资人签章作为预留印鉴的，应由所有出资人签章证明同意预留被委托人的签章作为划付款项的印鉴（被委托人应为出资人之一，尽量要求以出资额最多的出资人为被委托人）。开立银行结算账户申请和账户管理协议应为所有出资人或被委托人签章。

5. 正式开立结算账户

(1) 开户基层营业机构在账户正式开立之日起 3 个工作日后做账户解封处理。注册验资的临时存款账户转为基本存款账户，因借款转存开立的一般存款账户、在同一银行营业机构撤销银行结算账户后重新开立银行结算账户除外。

核准类结算账户正式开立之日以人民银行签章日期为准，非核准类结算账户正式开立之日以分行会计结算部签章日期为准。

(2) 对于非核准类账户，分行会计结算部复审不同意开立账户的，开户基层营业机构应对已预开账户作销户处理。

(3) 对于核准类账户，人民银行未核准或已核准但相关信息不符的，开户基层营业机构应在接到人民银行的销户通知书或者修改通知书后，在两个工作日之内对已预开账户作销户处理或修改相关信息。

(4) 申请单位账户启用后第一次购买支票等重要空白凭证，必须凭由分行寄送的、盖有“账户管理专用章”的“重要空白凭证领购单”办理。

三、人民币单位结算账户使用业务操作流程

（一）基本规定

（1）基本存款账户是存款人的主办账户。存款人日常经营活动的资金收付及其工资、奖金和现金的支取，应通过该账户办理。

（2）一般存款账户用于办理存款人借款转存、借款归还和其他结算的资金收付。该账户可以缴存现金，但不得办理现金支取业务。

（3）专用存款账户用于办理各项专用资金的收付。

（4）临时存款账户用于办理临时机构以及存款人临时经营活动发生的资金收付，有效期最长不得超过两年。注册验资的临时存款账户在验资期间只收不付。

（二）业务操作流程

（1）开户单位领购支票、商业承兑汇票和其他重要空白凭证应当登记在开户单位结算账户下进行系统控制。业务处理时必须输入凭证号码，不得以其他凭证种类代替客户使用的重要空白凭证，逃避系统的凭证编号控制。

（2）对存款人办理转账支取业务的，必须认真审核凭证、票据，核验印章及支付密码。对存款人办理现金支取业务的，必须审核存款人具有办理现金业务的资格，按照国家现金管理有关规定办理。

（3）对新开户后前10笔支付业务或大额支付业务，必须进行确认。

资 料 卡

单位存款账户取现的特殊要求

企业只可在下列范围内使用现金：（1）职工工资、各种工资性津贴；（2）个人劳务报酬，包括稿费和讲课费及其他专门工作报酬；（3）支付给个人的各种奖金，包括根据国家规定颁发给个人的各种科学技术、文化艺术、体育等各种奖金；（4）各种劳保、福利费用以及国家规定的对个人的其他现金支出；（5）收购单位向个人收购农副产品和其他物资支付的价款；（6）出差人员必须随身携带的差旅费；（7）结算起点以下的零星支出；（8）确实需要现金支付的其他支出。

- 单位提现超过5万元（含），需提前一天向开户网点预约。
- 单位提现超过30万元（含），视各行实际情况，根据权限分级授权进行审批。
- 基本存款账户提现用途为“工资”的现金支取每月一般只限1次，需附工资发放明细清单。
- 提现用途为“劳务费”，金额在5万元以上的需附明细清单，用途为购农副产品的现金提取，必须是营业执照规定经营范围内，并填写所购农副产品具体名称。
- 其他费用提取，只限机关事业单位用于集中报销、下岗失业救济金、补偿费等范围内使用。

● 当收款人为个人时，现金支票背面需填写身份证号码及名称，并提供其有效身份证件。

四、人民币单位结算账户变更业务操作流程

（一）基本规定

（1）存款人更改名称，但不改变开户银行及账号的，应于5个工作日内向开户银行提出银行结算账户的变更申请，并出具有关部门的证明文件。

（2）存款人变更单位的法定代表人或主要负责人、住址以及其他开户资料的，应于5个工作日内书面通知开户银行并提供有关证明。

（二）业务操作流程

1. 客户申请

客户申请变更人民币单位银行结算账户相关信息的，应填写“变更银行结算账户申请书”，并向开户银行提交开户许可证、有关证明文件。

2. 开户行处理

（1）审核要求。

① 审核账户变更资料，客户提交的变更银行结算账户申请书内容和相关证明文件完整、无误，客户加盖的公章与预留银行的公章必须相符。

② 如有需要，可对变更信息进行核实。核实无误后应在变更银行结算账户申请书核实意见栏签章确认。如发现问题应立即报告会计管理部门采取相应措施。

（2）经办员审核资料无误后，复印相关证明文件，在复印件上注明“已核原件”字样并签章，将所有资料提交给会计主管审核，会计主管审核无误后在“变更银行结算账户申请书”上审批签章。

（3）对于存款人申请变更核准类银行结算账户的存款人名称、法定代表人或单位负责人等信息，开户银行应在接到变更申请后的两个工作日内，将存款人的“变更银行结算账户申请书”、开户许可证以及有关证明文件报送中国人民银行当地分支行。

五、人民币单位结算账户撤销业务操作流程

（一）基本规定

有下列情形之一的，存款人应向开户银行提出撤销银行结算账户的申请：

（1）被撤并、解散、宣告破产或关闭的；

（2）注销、被吊销营业执照的；

（3）迁址需要变更开户银行的；

（4）其他原因需要撤销银行结算账户的。

存款人有上述第一、第二项情形的，应于5个工作日内向开户银行提出销户申请。

（二）业务操作流程

1. 客户申请

（1）提交一式三联“撤销银行结算账户申请书”。

（2）交回印鉴卡、全部未使用的重要空白凭证。未按规定交回各种重要空白凭证及结算凭证的，应由单位出具有关书面证明并明示责任自负。

（3）核准类账户销户，客户还需交回开户许可证正本，如无法提供，应出具证明。

2. 开户行审核

（1）申请撤销的账户是否为本行开立，客户填写的账号户名与本行系统记载的账号户名是否一致。

（2）客户填写的“撤销银行结算账户申请书”内容是否完整、无误，与营业执照等相关证明文件原件是否一致；申请书上加盖的单位公章与本行留存的是否相符。

（3）单位销户经办人身份证件是否真实，授权办理的，是否有授权书及授权人的身份证明。

（4）验资账户验资不成功撤资时，须由原出资人一并持有效身份证明或原被委托人持身份证件及出资人签章的委托书（有条件的还应提供公证书）到柜台办理撤资手续。

（5）客户交回的印鉴卡是否真实，与防伪系统的印章记录、编号是否相符；开户许可证是否是原人行核发的许可证。

（6）与客户核对存款余额，确保余额核对相符。

（7）检查账户状态是否正常，是否有冻结、暂封、未结清的事项。账户不得在应收款项登记簿上登记有未收取的费用；账户不得为协议转账签约户；不得有未销的以此账户为计息账户的保证金账户；不得有未结清的以此账户为付款账户的银行承兑汇票；不得有未结清的以此户为申请账户的已发出委托收款和托收承付；不得有未收妥的以此账户为收款账户的交换票据；不得有未结清的以此账户为结算账户的定期存款；不得已做 EDI 预处理；不得有未销的以此账户为申请账户的贴现。客户存在未结清事项的，不能办理销户手续。

3. 经办员按上述要求完成审查后，将所有销户资料交会计主管审查

会计主管按上述审查要求进行各项审查无误后，在“撤销银行结算账户申请书”的“开户银行审核意见”栏注明“同意销户”字样并加盖业务专用章。

想 一 想

人民币结算账户在销户过程中需要注意哪些问题？

4. 销户处理

（1）经办人员核对交回的重要空白凭证。

核对客户交回的重要空白凭证，在系统中对客户已缴回凭证进行注销，将收回的凭证加盖作废戳记或右下角剪角作废，并交凭证库管员保存。

凭证库管员登记收回重要空白凭证登记簿，定期上缴分行凭证库房。

存款人未按规定交回各种重要空白票据及结算凭证的，应出具有关证明，造成损失的，由其自行承担。

（2）销户计息处理。

审核无误后，经办员在系统进行销户计息处理。当该客户的结算账户余额加活期存

款利息数减透支利息数小于零时，销户计息不成功。柜员应将该户的存款利息数和透支利息数摘录在销户申请书上，并把该客户的结算账户余额也摘录在销户申请书上。通知客户存入足够金额后，重新进行销户计息处理。

当客户的结算账户余额加活期存款利息数减透支利息数大于（等于）零时，销户计息处理成功。

如果销户计息未结出利息，销户计息处理后无法抹账，可通过撤销销户计息处理恢复账户状态。如果销户计息结出利息，在未作销户处理前可以进行抹账处理，销户后无法恢复账户状态。

（3）经办柜员根据有关要求将账户余额转出。

当存款人被撤并、解散、宣告破产或关闭，或营业执照被注销、吊销时，且存款人申请撤销的账户为一般账户、专用账户、临时账户的，其本息应划转至同名基本账户；确需提取现金的，按当地人民银行的规定办理或由网点所在机构负责人签批后办理；如没有其他账户，按规定需要划上级主管单位的，审核证明上下级关系的相关文件无误后，将款项划上级主管单位。

验资账户验资成功后需在本行开立基本存款账户的，应提供开立基本存款账户所需的证明文件和资料，填写“撤销银行结算账户申请书”和“开立单位银行结算账户申请书”，开户行完成开立基本存款账户的开户审核，报人民银行核准后，在新系统中将注册验资临时存款账户销户，并开立基本存款账户，也可将验资账户修改为基本户。开户行需重新与客户签订“人民币结算账户管理协议”、办理预留银行印鉴，具体按照开立基本存款账户的手续办理。如基本账户不在本行开立的，客户需将验资款转往他行基本存款账户的，应凭原验资账户的预留印鉴和新公司营业执照及基本存款账户开户许可证方可办理验资账户的销户和转款手续。

验资不成功撤资时，验资款必须原路划回。原出资人持有效身份证明或原被委托人持身份证件及出资人签章的委托书（有条件的还应提供公证书），到柜台办理撤资手续，提交工商行政部门的不予核准证明或退资证明等相关销户资料，填写“撤销银行结算账户申请书”。开户行审核工商行政部门的不予核准证明或退资证明，核对验资户或增资验资户开户时的出资证明等资料，检查所有出资人有效身份证明与开立验资户留存的证件相符，销户申请书上的印鉴与验资账户预留印鉴相符后方可办理撤资手续。注册验资或增资验资资金以现金方式存入，验资不成功出资人需提取现金的，还应出具办理验资缴款时的现金缴款单原件及其有效身份证件，开户行核对无误后方予以办理。

（4）打印凭证。

经办柜员在系统中进行销户处理，按提示打印凭证，加盖业务印章和经办人名章。

按规定进行销户处理后，柜员在“销户申请书”和“销户通知书”上加盖业务章和名章，同时在“计付利息清单”上加盖转讫章和名章。一联销户通知书和销户申请书及一联“计付利息清单”交与客户留存；一联销户通知书和销户申请书交账户管理员进行手工开销户登记簿的销户登记后，销户通知书入当日传票，销户申请书入开销户档案中保管。一联计付利息清单作为原始凭证入当日传票。

只有账户的归属部门才能对该账户进行销户处理。销户后该账户不允许操作任何业务处理。销户处理后账户无法再恢复正常，需谨慎操作。销户计息与销户处理必须在同一天进行并完成。

(5) 上报人行账户管理系统。

如销户的账户为核准类账户，账户销户后，柜员需将“撤销账户申请书”和人行发的开户许可证正副本报送人行。

如销户的账户为报备类账户，需在人行账户管理系统中做撤销账户处理。

任务二　单位活期存款业务

能力目标　掌握单位活期存款业务操作流程

　　　　　理解临时户验（增）资的业务处理规定

知识目标　了解单位活期存款业务基本规定和计息规定

重点难点　单位活期存款业务风险控制要求

一、单位活期存款业务基本规定

单位活期存款账户又称为单位结算账户，包括基本存款账户、一般存款账户、临时存款账户和专用存款账户。个体工商户可凭营业执照以字号或经营者姓名开立单位银行结算账户。

（一）基本存款账户

基本存款账户简称基本户，是指存款人因办理日常转帐结算和现金收付需要开立的银行结算账户。

可以开立基本存款账户的存款人包括：企业法人、非法人企业、机关、事业单位、团级（含）以上军队、武警部队及分散执勤的支（分）队、社会团体、民办非企业组织、异地常设机构、外国驻华机构、个体工商户、居民委员会、村民委员会、社区委员会、单位设立的独立核算的附属机构、其他组织。

基本存款账户是存款人的主办账户，同一存款客户只能在银行开立一个基本存款账户。

（二）一般存款账户

一般存款账户简称一般户，是指存款人因借款或其他结算需要，在基本存款账户开户银行以外的银行营业机构开立的银行结算账户。一般存款账户可以办理现金缴存，但不得办理现金支取。

（三）专用存款账户

专用存款账户是指存款人对其特定用途的资金进行专项管理和使用而开立的银行结算账户。

存款人以下特定用途的资金可以开立专用存款账户：基本建设资金，期货交易保证金，信托基金，金融机构存放同业资金，政策性房地产开发资金，单位银行卡备用金，住房基金，社会保障基金，收入汇缴资金和业务支出资金，党、团、工会设在单位的组织机构经费等。

（四）临时存款账户

临时存款账户是指存款人因临时需要并在规定期限内使用而开立的银行结算账户。

想 一 想

哪些情形需要开立临时存款账户？

可以开立临时存款账户的情形包括：设立临时机构、异地临时经营活动、注册验资。临时存款账户的有效期最长不得超过两年。

二、单位活期存款业务操作流程

（一）单位活期存款开户流程

由法定代表人或单位负责人直接到柜面办理，也可授权他人办理。

存款人填写《开立单位银行结算账户申请书》和《账户管理协议》，提供《人民币银行结算账户管理办法》规定需出具的证明文件正本。由法定代表人或单位负责人直接办理的，除出具相应的证明文件外，还应出具法定代表人或单位负责人的身份证件；授权他人办理的，除出具相应的证明文件外，还应出具其法定代表人或单位负责人的授权书及其身份证件以及被授权人的身份证件。提交3份盖有与存款人营业执照或有关证明文件名称完全一致的单位公章或财务专用章及单位法人代表（或其授权代理人）、会计人员印章的印鉴卡片，客户保留其中1份。单位活期账户系统默认为按季结息。开户完成后，客户可预留交易密码，以便客户买支票时使用。

（二）单位活期存款销户流程

根据《人民币银行结算账户管理办法》有关银行账户销户管理的规定，销户存款人到银行销户时，必须向银行提交《撤销银行结算账户申请书》，写明销户理由。将单位未用完的重要空白凭证退回开户银行作废，未退回的由单位出具证明，注明由此引起的损失由存款人自行负责。企业销户时，如经办人不是企业负责人，还应出具负责人开具的授权书及经办人身份证件，方可进行销户。另外，要进一步加强核准类银行账户销户管理。核准类账户销户应同时将开户许可证正本、密码信息交回。

开户银行核验无误并办理销户手续后，应于当日或次日将开户单位《撤销银行户申请书》、开户许可证正副本送交人民银行作销户备案。

资 料 卡

临时户验（增）资业务处理规定

● 因注册验资开立的临时存款账户，其账户名称为工商行政管理部门核发的《企业名称预先核准通知书》或政府有关部门批文中注明的名称，持《企业名称预先核准通知书》、出资人身份证复印件开立临时账户。

● 单位存款人因增资验资需要开立银行结算账户的，应持其基本存款账户开户许可证、股东会或董事会决议、出资人身份证复印件等证明文件，开立一个临时存款账户。

● 验资单位付款时，必须审查验资单位出具的营业执照、税务登记证、组织机构代码等材料，经人民银行审批并发放基本存款账户开户许可证后，方可办理付款业务，在人民银行审批同意并发放基本存款账户登记证前，验资账户资金只收不付。

● 注册验资的存款人未经工商行政部门核准的，在验资期满后，应按照撤销银行结算账户的要求，出具工商行政管理部门的证明（无法出具证明的，应于账户有效期届满后办理销户退款手续），向开户银行申请撤销临时存款账户。单位取消增资，应出示股东会或董事会决议等证明文件。对撤销的账户资金应退还原汇缴人账户。注册资金以现金方式存入，出资人需要提取现金的，应出具缴存现金时的现金缴款单原件及身份证复印件，取消增资验资业务，不退还手续费。

三、单位活期存款业务计息规定

单位活期存款按季度结息，每季末月的 20 日为结息日，按结息日挂牌公告的活期利率计息，次日付息。未到结息日清户时，按清户日挂牌公告的活期利率计息到清户前 1 日止。在计息期内遇利率调整分段计息。

单位活期存款采取积数计息法（按实际天数每日累计账户余额，以累计积数乘以日利率计算利息）计息。

利息 = 累计计息积数 × 年利率/360

其中

累计计息积数 = 计息期内每日余额合计数

风险警示

单位活期存款业务风险控制要求

● 在办理开户手续时，一定要对开户单位提交的营业执照、税务登记证、组织机构代码证等开户文件原件的真实性进行审核，法人身份证应通过联网核查公民身份信息系统进行查询。

● 对开户单位提供的开户资料进行审查后，各银行机构应在营业执照复印件、税务登记证复印件、组织机构代码证复印件等需人民银行审核、留存的开户资料上加盖“经核对与原件一致”的审查章，在法人身份证复印件上加盖“已核查无误”审核章，凡复印件未加盖上述印章的，自 2007 年 9 月 1 日起，人民银行在办理账户核准业务时，将不予受理。同时，按照《中国人民银行关于规范人民币银行结算账户管理有关问题的通知》（银发［2006］71 号）的相关规定，各银行机构自 2007 年 9 月 1 日起，要按照文件规定对存款人提供的开户申请资料的真实性、完整性和合规性进行双人审查，并在开户申请书上双人签章予以确认。

任务三 单位定期存款业务

能力目标 掌握单位定期存款业务操作流程

知识目标 了解单位定期存款业务基本规定和计息规定

重点难点 单位定期存款业务风险控制要求

单位定期存款，是银行为吸收单位长期闲置资金而开办的存款业务。全民所有制企业、集体所有制企业、事业、机关、团体、学校等单位，按照有关规定提留归单位所有的短期内不用的资金和地方财政结余存款，均可在当地开户银行办理整存整取定期存款。

一、单位定期存款业务基本规定

单位定期存款是指单位类客户在商业银行办理的约定期限、整笔存入，到期一次性支取本息的存款类型。

单位定期存款期限分为 3 个月、半年、1 年、2 年、3 年、5 年 6 个档次，起存金额 1 万元，多存不限。

财政拨款、预算内资金及银行贷款不得作为单位定期存款存入金融机构。

单位定期存款使用的凭证为“单位定期存款开户证实书”。“开户证实书”不得作为质押的权利凭证。

单位支取定期存款时只能以转账方式将存款转入其基本存款账户，不得将存款用于结算或从定期存款账户中提取现金。

想 一 想

单位定期存款可以部分提前支取吗？如何计息？

单位定期存款只能部分提前支取一次，部提后剩余金额不能低于最低起存金额（1 万元）。部分提前支取金额按支取日挂牌活期利率计付利息，剩余金额重新打印开户证实书，起存日不变。全部提前支取时，银行按支取日挂牌活期利率计付全部利息。存款单位持提前支取的书面证明，在“定期存款开户证实书”上加盖预留印鉴，向银行办理存款支取。

二、单位定期存款业务操作流程

（一）开户业务

（1）客户开立定期存款账户时，须向银行提交一式两联的“单位定期存款开户书”（简称申请书），并出具组织机构代码证、营业执照等证件。

（2）由会计主管对申请书及开户证件上的相关内容进行审核，同意并签章后送交经办柜员。

（3）经办柜员在终端操作系统中查询该客户是否在银行有客户号。如有客户号，则在该客户号下开立定期类存款账户，如没有客户号，则在终端操作系统预设的定期特殊客户号下开立定期类存款账户。

（4）业务处理后，根据系统提示打印相关凭证。在申请书及“业务受理通知书”上加盖业务受理章和经办人员个人名章。

（5）将申请书及相关凭证交客户，其余凭证入当日传票。手工登记开销户登记薄。

（二）存入业务

（1）开户单位需将办理定期存款的款项划转到定期存款开户行。

（2）经办柜员审核存款单位提交的付款凭证无误后，在终端操作系统进行定期存款存入的账户处理，按系统提示打印相关凭证。

（3）将打印完毕的一式三联“定期存款开户证实书”送印章管理员。印章管理员审核无误后，在“定期存款开户证实书”第二联上加盖“存款专用章”和名章，超过规定金额（100万元）应由授权人授权并签章。处理完毕退经办人员。

（4）经办人员在第一联“定期存款开户证实书”上加盖转讫章。第一联作为定期存款科目的贷方凭证加盖转讫章；第二联由经办员交客户保存；第三联可根据客户要求预留支取印鉴，并指定专人专夹保管。

（三）支取业务

（1）客户支取定期存款时，需填制一式三联进账单，连同定期存款开户证实书一并递交开户行（如预留银行印鉴的，在定期存款开户证实书上加盖预留印鉴）。

（2）经办人员收到客户提交的定期存款客户证实书及进账单后，抽出定期存款开户证实书底卡联。审核进账单各要素、定期存款开户证实书及底卡联信息（提前支取的还应核对公函）无误后，在终端操作系统进行定期存款支取账务处理，根据系统提示打印相关凭证。

（3）在利息清单及定期存款开户证实书加盖转讫章和个人名章，定期开户证实书第二联（客户证实书底卡联作附件）、一联利息详单，一联进账单（如转暂收，进账单作打印的挂账通知书的附件）作当日传票。进账单回单与利息清单回单交客户。

三、单位定期存款业务计息规定

本金一次性存入，到期支取本息，期间不论利率是否调整，均按存入时同档次定期利率计付利息。逾期支取时，其超过原定期限的部分均按支取日挂牌公告的活期存款利率计付利息。提前支取的，按支取日挂牌公告的活期存款利率计付利息。整存整取定期存款按逐笔计息法计算利息，采用对年对月对日计算年数或月数，如有零头天数的，零头天数部分按照实际天数计息。

计息期为整年（月）的，计息公式为：

利息 = 本金 × 年(月)数 × 年(月)利率

计息期有整年（月）又有零头天数的，计息公式为：

利息 = 本金 × 年(月)数 × 年(月)利率 + 本金 × 零头天数 × 日利率

风险警示

单位定期存款业务风险控制要求

● 客户只允许到存入网点采用转账方式办理单位定期存款支取、转存、部分支取业务。

● 客户因急需用款，办理定期存款提前支取时，应有存款单位出具公函说明原因，支取利率为挂牌活期利率，结清存单。

● 客户对存入的定期存款部分提前支取时应将原定期卡片结清，提前支取的本金部分，支取利率为支取日挂牌日活期利率，剩余部分达到定期起存金额1万元的，按留存的金额重新开具开户证实书（如果剩余金额不足定期起存金额的，只能作全部支取），新开具的定期存款证实书的存入日期和利率为原存入时的日期和利率。

● 客户逾期支取的，逾期部分按支取日挂牌公告的活期存款利率支付利息。定期存款支取时要计提应付利息，并要严格执行分级授权制度，防范支付风险。

任务四 单位通知存款业务

能力目标 理解单位通知存款业务操作流程和计息规定

知识目标 了解单位通知存款业务基本规定

重点难点 活期储蓄存款业务风险控制要求

单位通知存款是指单位类客户在存入款项时不约定存期，支取时需提前通知商业银行，并约定支取存款日期和金额方能支取的存款类型。

一、单位通知存款业务基本规定

单位通知存款，不论实际存期多长，按存款人提前通知的期限长短，可再分为1天通知存款和7天通知存款两个品种。

想 一 想

单位通知存款业务起存金额是多少？支取时能否提取现金？

单位通知存款起存金额为50万元，最低支取金额为10万元。办理通知存款使用的凭证为“单位定期存款开户证实书”。通知存款一次性存入本金，可一次或多次支取。支取时只能办理转账，不得提取现金。

（一）预约

1天通知存款必须提前1天通知银行约定支取存款；7天通知存款必须提前7天通知银行约定支取存款。开户单位持开户证实书在开户网点柜台填写通知存款预约通知单，办理通知存款的预约手续，并在预约通知单上加盖预留银行印鉴。

（二）取消预约

开户单位需取消预约通知时，持通知存款预约通知单第二联、开户证实书到开户网点办理预约通知取消。开户单位在取消预约通知单上加盖预留印鉴予以确认。

（三）支取

通知存款支取时客户应出示预约取款通知单，并交付单位定期存款开户证实书，在证实书借方传票栏加盖预留银行印鉴。单位通知存款留存金额若高于起存金额，重新开具单位定期存款开户证实书，起存日不变。若低于起存金额，按清户日挂牌公告的活期存款利率计息。

二、单位通知存款业务操作流程

（一）存入业务

通知存款存入需要开具通知存款存单。开户单位需将办理通知存款的款项划转到通知存款开户行。款项可通过结算账户直接转入，也可通过同城提回、支付系统或异地分行转入。

办理通知存款业务的柜员必须为账务柜员，又为凭证柜员，且其凭证箱中有通知存款存单凭证。经办柜员审核存款单位提交的付款凭证无误后，在终端操作系统输入各相关要素，超过柜员权限的需要由授权员授权，业务处理成功后，打印一式三联“通知存款存单”，加盖名章后送印章管理员。印章管理员收到经办员交来的通知存款存单，审核无误后在第二联上加盖“存款专用章”和名章，超过规定金额（100 万元）应由授权人授权签章。通知存款存单第一联作为通知存款科目的贷方凭证；第二联由经办员交客户保存；第三联可根据客户要求预留支取印鉴，并指定专人专夹保管。

（二）支取业务

客户只允许到存入网点采用转账方式，办理单位通知存款支取、转存、部分支取业务。通知存款到期，由客户填具进账单，连同通知存款存单一并递交开户行（如预留印鉴的，在通知存款存单上加盖预留印鉴），存入网点应抽取通知存款存单底卡联进行核对。操作流程如下：

1. 支取通知

单位通知存款支取，客户需事先到存入网点办理通知存款支取通知。客户通知支取，通知日期应符合有关规定的通知期限，“7 天通知”的通知日期必须比支取日期提前 7 天（如客户约定的通知期限为 7 天，要求在 2010 年 10 月 17 日支取，其通知日为 10 月 10 日），“1 天通知”的通知日期必须比支取日期提前 1 天。通知支取日期金额必须大于 10 万元（外币无限制），剩余金额必须满足起存金额 50 万元。客户若要通知支取通知存款时，应以书面通知形式并加盖单位预留印鉴，递送开户网点，确有困难的，可用电话通知开户网点其支取户名、账号、日期、金额等内容，经办员可在终端操作系统中进行处理，但客户必须在次日将“书面通知”交开户网点。

经办员收到客户递交的“书面通知”，通过终端操作系统核对该笔通知存款卡片的有关信息无误后，在终端操作系统中选择“通知”选项，成功后，打印一式两联业务受理通知书，一联交客户，另一联入当日传票，客户交送的“书面通知”由通知存款经办人员专夹保管。

如客户在通知存款支取日前取消通知期限，应以书面形式并加盖单位预留印鉴，递送开户网点，经办人员在终端操作系统中选择“取消”选项，成功后，打印一式两联“取消通知信息”。一联加盖业务章交客户，另一联入当日传票。“书面通知”由经办员专夹保管（通知存款支取时将扣除违约利息）。如在业务处理中经办员出现误操作，可选择修改、删除等功能进行处理。

2. 支取处理

柜员在终端操作系统进行通知存款支取时，按系统提示输入相关要素，超过柜员权限的需由授权员授权，将通知存款的本金和利息转入原通知存款存入的账户。成功后，打印利息清单及在通知存款存单上打印支取信息，并连同单位交存的进账单（如转暂收，进账单作打印的挂账通知书的附件）、通知存款存单底卡及专夹保管的“书面通知”作当日传票。进账单回单与利息清单回单交客户。

三、单位通知存款业务计息规定

单位通知存款支取时，按支取日挂牌公告的相应利率和实际存期计息。

资料卡

单位通知存款在何种情况下，按照支取日活期存款利率计息？

单位通知存款遇下列情况，按支取日挂牌公告的活期存款利率计息：

- 实际存期不足通知期限的，按活期存款利率计息；
- 未提前通知而支取的，支取部分按活期存款利率计息；
- 已办理通知手续而提前支取或逾期支取的，支取部分按活期存款利率计息；
- 支取金额不足或超过约定金额的，不足或超过部分按支取日活期存款利率计息；
- 支取金额不足最低支取金额的，按活期存款利率计息；
- 通知存款如已办理通知手续而不支取或在通知期限内取消通知的，通知期限内不计息；
- 通知存款约定取款日遇节假日不予顺延。通知存款部分支取时，只结清部分支取部分的存款利息，留存部分起存日不变，利息不做结清。

任务五　单位协定存款业务

能力目标　理解单位协定存款业务操作流程

知识目标　了解单位协定存款业务基本规定

重点难点　单位协定存款业务风险控制要求

一、单位协定存款业务基本规定

协定存款是指客户通过与银行签订《协定存款合同》，约定期限、商定结算账户需要保留的基本存款额度，由银行对基本存款额度内的存款按结息日或支取日活期存款利率计息，超过基本存款额度的部分按结息日或支取日人行公布的高于活期存款利率、低于6个月定期存款利率的协定存款利率给付利息的一种存款。

协定存款合同最长为1年。协定存款合同期满后，开户单位可提出终止合同，办理取消协定存款手续。到期任何一方若无提出终止或修改，则自动延期。协定存款结算账户需保留的基本存款额度最低为10万元。

协定存款具有流动性强、收益较高、快捷方便、操作简便的特点。该存款在为存款人提供基本存款账户的结算功能的同时，又为其提供类似定期存款的服务，兼顾了存款人办理业务的方便性与资金效益性的需要。

二、单位协定存款业务操作流程

（一）存入业务

（1）客户与开户网点签订“协定存款合同书”，将办理协定存款的款项划转到开户行。

（2）经办柜员审核存款单位“协定存款合同书”及存款单位的付款凭证或挂账通知书无误后，在终端操作系统进行协定存款存入账务处理，根据系统提示打印一式三联“定期存款开户证实书”等凭证。

（3）将“定期存款开户证实书”送印章管理员，印章管理员核对无误后在“定期存款开户证实书”第二联上加盖“存款专用章”和名章，由授权人授权后加盖“大额授权人章”。

（4）经办柜员将“定期存款开户证实书”第一联加盖转讫章，作为协定存款科目的贷方凭证加盖转讫章；将第二联交客户；第三联加盖客户预留支取印鉴，与“协定存款合同书”银行留存联指定专人专夹保管。

（二）支取业务

（1）经办人员收到客户一式三联进账单及定期存款开户证实书后，应认真核对进账单要素内容是否准确、完整，与定期存款开户证实书相关要素是否相符。提前支取的，还应检查单位公函是否符合要求。

（2）抽取定期存款开户证实书底卡联，将开户证实书与留存底卡联进行核对，核验预留印鉴。

（3）核对无误后，经办员在终端操作系统进行协定存款支取的账务处理。

（4）打印利息清单及在定期存款开户证实书上打印支取信息，如收取违约金的，打印付款通知书。如为部提的，还应打印新的一式三联的“定期存款开户证实书”。

（5）进账单第一联加盖业务受理章，在进账单第二、第三联加盖转讫章，在定期存款开户证实书加盖转讫章、经办员个人签章。如为部提的，新的协定存款证实书第一联加盖转讫章和经办员名章，入当日传票，第二联加盖“存款专用章”、“大额授权人章”和经办人员名章交客户，第三联底卡联专人专夹保管。

（6）将协定开户证实书第二联、一联利息清单、一联特种转账借方传票、一联进账单（如转暂收，进账单作打印的挂账通知书的附件），开户证实书底卡联入当日传票。进账单回单、一联特种转账借方传票、利息清单回单和付款通知书回单（如果收取违约金）交客户。

三、单位协定存款业务计息规定

协定存款利率高于活期存款利率，低于6个月定期存款利率。

协定存款按季结息，每季末月21日计算产生两部分利息：协定存款利息、结算账户留存利息，利息于当日计入其结算账户。

资料卡

单位协定存款提前和逾期支取时计息处理规定？

• 客户办理协定存款全部提前支取时，应由存款单位出具公函说明原因，支取利率为支取日挂牌活期利率或合同约定利率，结清存单。

• 客户办理协定存款部分提前支取时，对存入的协定存款部分提前支取时的支取利率，为支取日挂牌活期利率或合同约定利率，剩余部分达到协议起存金额的，按留存的金额重新开具开户证实书（如果剩余金额不足协议起存金额的，只能作全部支取），新开具的协定存款开户证实的存入日期和利率为原存入时的日期和利率。

• 客户逾期支取协定存款的，逾期部分按支取日挂牌公告的活期存款利率计付利息。

风险警示

单位协定存款业务风险控制要求

• 客户只允许到存入网点办理协定存款结清、部分提前支取业务，且只能采用转账方式办理。

• 客户办理协定存款正常结清，按协定存款合同约定的协定存款利率计付利息，如遇合同约定的利率调整情况，分段计息。

• 协定存款支取时要计提应付利息，并要严格执行分级授权制度，防范支付风险。

任务六　保证金存款业务

能力目标　理解保证金存款业务操作流程

知识目标　了解保证金存款业务和存款准备金相关规定

重点难点　结合实际分析探讨央行对商行的调控措施和效应

一、保证金存款业务基本规定

保证金存款是商业银行在办理银行承兑汇票等融资业务时，为降低风险而按客户信用等级和信贷管理规定收取的业务保证金。主要有以下分类：

信用证保证金存款，是指采用信用证结算方式的企业为取得信用证而按规定存入银行信用证保证金专户的款项。企业向银行申请开立信用证，应按规定向银行提交开证申请书、信用证申请人承诺书和购销合同。

保函保证金存款。保函（Letter of Guarantee，L/G）又称保证书，是指银行、保险公司、担保公司或个人应申请人的请求，向第三方开立的一种书面信用担保凭证。保证在申请人未能按双方协议履行起责任或义务时，由担保人代其履行一定金额、一定期限范围内的某种支付责任或经济赔偿责任。保函即为保证书，为了方便，船公司及银行都印有一定格式的保证书。其作用包括凭保函交付货物、凭保函签发清洁提单、凭保函倒签预借提单等。保函出具的银行或公司，按照保证责任和金额的大小，向申请人收取的一定比例的保证金，称为保函保证金存款。

银行承兑汇票保证金是企业向开户行申请办理银行承兑汇票业务时，作为银行承兑汇票出票人按照自己在开户行（承兑行）信用等级的不同所需缴纳的保证银行承兑汇票到期承付的资金。根据企业在开户银行信用等级的不同，银行可能要求企业缴纳足额银行承兑汇票保证金、差额成数银行承兑汇票保证金，但对符合规定的低风险担保客户，可免收银行承兑汇票保证金。

证券交易保证金在我国的证券交易制度中专指客户在证券公司（以下简称券商）中存放的专门用于买卖证券的资金。

信用卡保证金是银行的一种风险防范措施。存入多少保证金，就可以申请多少信用额度的卡，额度上不封顶。目前大多数银行采用的是“免保证金”的办卡模式。

二、保证金存款业务操作流程

存款人应先开立结算账户，保证金账户的收息账户应为存款人的结算账户。信贷部门银行承兑汇票经办员填写信贷业务通知书交会计部门进行账务处理，会计主管审查后柜员办理，存款人使用转账支票或现金存入保证金账户。使用结算业务收费凭证（第二联加盖单位预留印鉴）收取客户承兑手续费，按票面金额的0.5‰计算。

保证金的部分提取及销户时，柜员要及时审查是否有保证金存款到期，以便及时进行账务处理。处理业务时，需手工填制一式四联特种转账传票，第一、第二联做借贷方传票，第三联交信贷部门存查，第四联为客户回单。为全额保证金的，若结算账户的状态正常，系统会在保证金到期的当天第一笔业务自动销户，将款项转入应解汇款账户，若结算账户的状态不正常，系统不会对保证金进行处理。

资 料 卡

保证金与存款准备金相关规定

央行2011年9月下发通知，要求从今年9月5日起至明年2月15日，商业银行信用证保证金存款、保函保证金存款及银行承兑汇票保证金存款3类保证金存款，将纳入存款准备金的缴存范围。这意味着在未来6个月的政策执行期内，将有超过9 000亿元的资金被冻结，相当于提高存款准备金率2次至3次。

存款准备金制度是指中央银行依据法律所赋予的权力，要求商业银行和其他金融机构按规定的比率在其吸收的存款总额中提取一定的金额缴存中央银行，并借以间接地对社会货币供应量进行控制的制度。提取的金额被称为存款准备金，准备金占存款总额的比率称为存款准备率或存款准备金率。存款准备金制度由两部分组成：一是法定存款准备金；二是支付准备金。

我国的法定存款准备金是银行业金融机构根据中国人民银行规定，按各项存款或各项负债总额的一定比例向人民银行缴存的存款。法定存款准备金制度的主要内容如下：

（1）存款准备金制度的实施对象。《中国人民银行法》规定，银行业金融机构，即中华人民共和国境内的商业银行、城市信用合作社、农村信用合作社等吸收公众存款的金融机构和政策性银行、金融资产管理公司、信托投资公司、财务公司、金融租赁公司以及经国务院银行业监督管理机构批准设立的其他金融机构均应按规定的比例和期限向人民银行各分支机构缴存存款准备金。

（2）存款准备金缴存范围。我国现行的存款准备金制度只对存款计提准备金。具体包括商业银行吸收的一般存款，所谓一般存款是相对财政性存款而言的，包括企业存款、储蓄存款、农村存款；信托投资机构吸收的信托存款；农村信用合作社及联社和城市信用合作社及联社等集体金融组织吸收的各项存款。

（3）规定和调整存款准备金率的机构。国家授权人民银行规定存款准备金率并根据放松银根或紧缩银根的需要进行调整，并组织分支机构具体实施。

支付准备金又称超额准备金，是指银行为应付可能的提款所安排的除法定准备金之外的准备金，其特点为超额准备金是商业银行在中央银行的一部分资产。我国的超额准备金包括两个部分：一是存入中央银行的准备金；二是商业银行营运资金中的现金准备。前者主要用于银行间的结算和清算，以及用于补充现金准备，后者主要用于满足客户的现金需要。

我国的存款准备金制度，是根据1983年9月《国务院关于中国人民银行专门行使中央银行职能的决定》重新恢复建立的。《中国人民银行法》对其作了明确规定，把它列为中国人民银行货币政策工具的首位。1998年3月24日中国人民银行发布了《关于改革存款准备金制度的通知》，对有关存款准备金制度的事宜作了具体规定。

思考与训练

一、选择填空

1. ________，是机关、团体、部队、企业、事业单位和其他组织以及个体工商户将货币资金存入银行，并可以随时或按约定时间支取款项的一种信用行为。

2. 通知存款指存款人在存入款项时________存期，支取时________通知我行，约定支取日期和金额方能支取的存款。

3. 人民币单位结算账户按照是否需要人民银行核准登记分类，具体可以分为________和________两种类型。

4. 单位定期存款使用的凭证为“单位定期存款开户证实书”。“开户证实书”不得作为________的权利凭证。

5. 协定存款是指客户通过与银行签订《协定存款合同》，约定期限、商定结算账户需要保留的基本存款额度，由银行对基本存款额度内的存款按结息日或支取日________计息，超过基本存款额度的部分按结息日或支取日人行公布的高于活期存款利率、低于________利率的协定存款利率给付利息的一种存款。

二、正误判断

1. 单位通知存款是指单位类客户在商业银行开立结算账户，办理不规定存期、可随时转帐、存取的存款类型。(　　)

2. 存款人根据业务可在银行开立多个基本存款账户。(　　)

3. 银行工作人员可以代单位办理开户申请手续。(　　)

4. 一般存款账户用于办理存款人借款转存、借款归还和其他结算的资金收付。该账户可以缴存现金，但不得办理现金支取业务。(　　)

5. 单位支取定期存款支取时只能以转账方式将存款转入其基本存款账户，不得将存款用于结算或从定期存款账户中提取现金。(　　)

三、单项选择

1. (　　) 是指存款人因办理日常转账结算和现金收付需要开立的银行结算账户。

A. 基本存款账户　B. 一般存款账户　C. 专用存款账户　D. 临时存款账户

2. (　　) 是指存款人因借款或其他结算需要，在基本存款账户开户银行以外的银行营业机构开立的银行结算账户。

A. 基本存款账户　B. 一般存款账户　C. 专用存款账户　D. 临时存款账户

3. 开户单位领购支票、商业承兑汇票和其他重要空白凭证应当登记在开户单位结算账户下进行系统控制。业务处理时 (　　) 输入凭证号码，不得以其他凭证种类代替客户使用的重要空白凭证，逃避系统的凭证编号控制。

A. 必须　B. 不必　C. 均可　D. 都不对

4. 单位通知存款起存金额为 (　　)，最低支取金额为 10 万元。

A. 20 万元　B. 30 万元　C. 40 万元　D. 50 万元

5. “7 天通知”的通知日期必须比支取日期提前 7 天。如客户约定的通知期限为 7 天，要求在 2011 年 6 月 18 日支取，其通知日为 (　　)。

A. 6 月 9 日　B. 6 月 10 日　C. 6 月 11 日　D. 6 月 12 日

四、多项选择

1. 开立结算账户时，由法定代表人或单位负责人直接办理开户的，除出具相应的证明文件外，还应出具 (　　) 的身份证明；授权他人办理的，除出具相应的证明文件外，还应出具其法定代表人或单位负责人的 (　　)，以及被授权人的身份证件。

A. 法定代表人或单位负责人　B. 公章和名章

C. 授权书　D. 身份证件

2. 临时存款账户用于办理临时机构以及存款人临时经营活动发生的资金收付，有效期最长不得超过 (　　)。注册验资的临时存款账户在验资期间 (　　)。

A. 1年 B. 两年 C. 只付不收 D. 只收不付

3. 单位撤销银行结算账户时，应交回（　　），未按规定交回各种重要空白凭证及结算凭证的，应由单位出具有关书面证明并明示责任自负。

A. 印章 B. 印鉴卡

C. 全部未使用的重要空白凭证 D. IC卡

4. 单位通知存款，不论实际存期多长，按存款人提前通知的期限长短，可再分为（　　）。

A. 1天通知存款 B. 3天通知存款 C. 5天通知存款 D. 7天通知存款

5. 协定存款按季结息，每季末月21日计算产生两部分利息：（　　），利息于当日计入其结算账户。

A. 协定存款利息 B. 结算账户留存利息

C. 1年定期存款利息 D. 6个月活期存款利息

五、问题简答

1. 简述人民币单位结算账户的种类和特点。
2. 简述单位活期存款业务计息规定。

六、实战训练

请为A公司的张会计介绍一下临时户验（增）资的业务处理规定，及单位活期存款开户业务的操作流程。

七、案例分析

中国人民银行日前下发通知要求，从今年9月5日起至明年2月15日，商业银行信用证保证金存款、保函保证金存款及银行承兑汇票保证金存款3类保证金存款，将纳入存款准备金的缴存范围。这意味着在未来6个月的政策执行期内，将有超过9 000亿元的资金被冻结，相当于提高存款准备金率2次至3次。（案例来源：2011年09月06日中国经济网）

请结合以上案例分析：

1. 央行为何要将保证金存款纳入存款准备金的缴存范围?
2. 扩大存款准备金缴存范围将对市场产生怎样的影响?

项目七　支付结算业务

项目的目标与任务

知识与技能目标：

- 熟悉、了解支票业务、汇票业务、本票业务、汇兑业务、委托收款业务、托收承付业务、信用卡的基本规定
- 了解全国支票影像交换系统和银行间结算与清算系统的业务处理过程
- 能够熟练操作支票业务、汇票业务、本票业务、汇兑业务、委托收款业务、托

收承付业务、信用卡业务

主要任务：

- 能够独立完成各项业务的实践操作
- 严格履行各项业务的风险控制要求

导学案例

及时准确把握头寸，防止空头支票的发生

案例一：前程公司开通了电子缴税功能。在一般情况下，银行在代扣税款成功后，3天内即向开户人发出扣税单，公司出纳则以此为记账凭证变更账本记录。但是，这个月该公司迟迟没有收到扣税单，因此，账本没有这笔支出记录。某年7月11日，该公司开出一张支票给供货商，结果在提示付款时被银行以“出票人账户余额不足”为由退票。该企业反查账户变动情况时才发现税局已扣款。该行为已构成了签发空头支票。

案例二：A贸易公司于2005年9月8日向B公司签发了一张金额为45 000元的转账支票。出票当天，A公司的账户余额为26 600元，因此，次日上午，A公司的财务人员就去开户银行存入现金20 000元。由于在银行办理业务的人太多，当A公司的现金存入时，持票人已经向银行提示付款，A公司存入资金的时间已经超过了银行票据交换的退票时间。因此，银行只好将提入的支票以“出票人账户余额不足”为由给予退票。

以上两个案例，人民银行依法对两个公司签发空头支票的行为给予了处罚。

由此可知，在公司业务经营过程中，了解支付结算纪律，并掌握一定的支付结算规定和流程是非常重要的。

（案例来源：中国人民银行西宁中心支行）

一、支付结算业务的含义

支付结算是指单位、个人在社会经济活动中使用票据、信用卡和汇兑、托收承付、委托收款等结算方式进行货币给付及其资金清算的行为。

传统的结算方式是指“三票一汇”，即汇票、本票、支票和汇款。在银行为国际贸易提供的支付结算及带有贸易融资功能的支付结算方式中，通常是采用汇款、信用证及托收。从信用证和托收又派生出许多带有融资功能的服务，如打包贷款、出口押汇、进口押汇、出口托收融资、出口票据贴现、提货担保等。近年来，又出现了电子汇兑、网上支付等结算方式。支付结算业务是银行的中间业务，主要收入来源是手续费收入。

二、支付结算业务的原则和纪律

（一）支付结算业务原则

（1）恪守信用，履约付款；

（2）谁的钱进谁的账，由谁支配；

（3）银行不垫款。

（二）支付结算业务纪律

1. 单位和个人的结算纪律

（1）不准签发没有资金保证的票据或远期支票，套取银行信用；

（2）不准签发、取得和转让没有真实交易和债权债务的票据，套取银行和他人资金；

（3）不准无理拒绝付款，任意占用他人资金；

（4）不准违反规定开立和使用账户。

2. 银行的结算纪律

银行办理支付结算，有以下“十不准”：

（1）不准以任何理由压票、任意退票、截留挪用客户和他行资金；

（2）不准无理拒绝支付应由银行支付的票据款项；

（3）不准受理无理拒付、不扣少扣滞纳金；

（4）不准违章签发、承兑、贴现票据，套取银行资金；

（5）不准签发空头银行汇票、银行本票和办理空头汇款；

（6）不准在支付结算制度之外规定附加条件，影响汇路畅通；

（7）不准违反规定为单位和个人开立账户；

（8）不准拒绝受理、代理他行正常结算业务；

（9）不准放弃对企事业单位和个人违反结算纪律的制裁；

（10）不准逃避向人民银行转汇大额汇划款项。

三、支付结算业务基本规定

（一）票据和结算凭证规定

票据和结算凭证的金额、出票或签发日期、收款人名称不得更改，更改的票据无效，更改的结算凭证，银行不予受理。对票据和结算凭证上的其他记载事项，原记载人可以更改，更改时应当由原记载人在更改处签章证明。

（二）办理支付结算需要交验证件

办理支付结算需要交验的个人有效身份证件是指居民身份证、军官证、警官证、文职干部证、士兵证、户口簿、护照、港澳台同胞回乡证等符合法律、行政法规以及国家有关规定的身份证件。

（三）票据上的签章

票据上的签章为签名、盖章或签名加盖章。单位、银行在票据上的签章和单位在结算凭证上的签章，为该单位、银行的盖章加其法定代表人或其授权的代理人的签名或盖章，个人在票据和结算凭证上的签章，应为该个人本名的签名或盖章。

想一想

在票据上的签章一般都需要包含哪几个章？

（四）其他主要规定

票据和结算凭证上的签章和其他记载事项应当真实，不得伪造、变造。银行以善意且符合规定和正常操作程序审查，对伪造、变造的票据和结算凭证上的签章以及需要交验的个人有效身份证件，未发现异常而支付金额的，对出票人或付款人不再承担受委托付款的责任，对持票人或收款人不再承担付款的责任。

依法背书转让的票据，任何单位和个人不得冻结票据款项，但是法律另有规定的除外。银行依法为单位、个人在银行开立的基本存款账户、一般存款账户、专用存款账户和临时存款账户的存款保密，维护其资金的自主支配权。对单位、个人在银行开立上述存款账户的存款，除国家法律、行政法规另有规定外，银行不得为任何单位或者个人查询；除国家法律另有规定外，银行不代任何单位或者个人冻结、扣款，不得停止单位、个人存款的正常支付。

简言之，企业单位合理选择银行结算方式对加速资金周转、抑制货款拖欠、加强财务管理、促进经济发展具有重要意义。由于其他结算方式在国际结算书籍中详细介绍，故以下项目七中各任务将着重介绍传统的支付结算方式。

任务一　支票业务

能力目标　熟练掌握转账和现金支票业务操作流程

知识目标　了解支票业务基本规定和全国支票影像交换系统

重点难点　支票业务风险控制要求

一、支票业务基本规定

（一）含义

支票是指由出票人签发的，委托办理支票存款业务的银行或者其他金融机构，在见票时无条件支付确定的金额给收款人或者持票人的票据。单位、个人之间的商品交易、劳务供应、清偿债务等款项支付，均可以使用支票。

（二）种类

支票根据用途不同可分现金支票、转账支票和普通支票。现金支票只能用于支取现金，转账支票只能用于转账；普通支票可以用于支取现金，也可以用于转账，普通支票左上角划两条平行线的，为划线支票，划线支票只能用于转账。

（三）要素

单位和个人签发支票必须包括以下要素：表明支票字样、无条件支付的委托、确定的金额、付款人名称、出票日期、出票人签章。以上必要记载要素需要注意以下问题：

支票的金额、收款人名称，可以由出票人授权补记，未补记前不得背书转让和提示付款。

支票的提示付款期限为自出票日起 10 日，到期日遇节假日顺延。禁止签发空头支票，出票人签发空头支票、签章与预留银行签章不符的支票，银行应予以退票，并按票面金额处以 5% 但不低于 1 000 元的罚款。同时持票人有权要求出票人赔偿支票金额 2% 的赔偿金。对于屡次签发空头支票或印鉴不符支票的单位或个人，应按人民银行的规定上报。银行有权停止其签发支票，并对其进行黑名单管理。

二、转账和现金支票业务的操作流程

（一）转账支票业务操作流程

1. 审核要点

柜面收到客户递交的转账支票和三联进账单，应当对支票的合规性、完整性、真实性进行审核，重点审核如下：

（1）支票是否为本行受理的支票，是否为统一规定印制，是否真实，是否在提示付款期内。

（2）如业务受理网点非账户开户行，该账户是否允许通兑。

（3）支票必须记载的事项是否齐全，出票金额、出票日期、收款人名称是否更改，其他记载事项的更改是否由原记载人签章证明。

（4）支票的大小写金额是否一致，与进账单的金额是否相符。

（5）持票人的名称是否与进账单上的收款人名称一致。

（6）出票人签章是否符合规定。

（7）当地使用支付密码的，该出票人已签订使用支付密码协议的，支票上需有相应支付密码。

（8）当地采用清分机进行票据交换的，还须在支票上打印有磁码。

（9）背书转让的支票是否按规定的范围转让，其背书是否连续，签章是否符合规定，背书使用粘单的是否按规定在粘接处签章。

（10）持票人是否在支票的背面作委托收款背书。

（11）若受理的是跨交换区域的全国性支票时，还需认真审查支票是否记载银行机构代码并确认支票金额在规定限额（50 万元）之内。

2. 业务操作流程要求

柜面收到客户递交的转账支票和三联进账单，若为同一交换区域，分收款人为本行开户单位、出票人非本行开户单位；收款人非本行开户单位、出票人为本行开户单位；收款人、出票人均为本行开户单位 3 种情况处理。若非本交换区域，通过全国支票影像交换系统进行处理。

（1）同一交换区域情况。

① 收款人为本行开户单位、出票人非本行开户单位。此类业务俗称“收方上柜”，即出票人在他行开户，收款人的款项不可即时抵用，须待对方确认付款后“收妥抵用”。

② 收款人非本行开户单位、出票人为本行开户单位。此类业务俗称“付方上柜”，即收款人在他行开户，受理银行即时记账扣款后，将款项通过交换清算至收款人开户银行。

③ 收款人、出票人均为本行开户单位。网点柜面在受理此类支票时，根据出票人是否签订通存通兑协议进行不同的处理。

未签订通存通兑协议：该类支票业务的处理同收款人为本行开户单位、出票人非本行开户单位的处理。

已签订通存通兑协议：对于已签订通存通兑协议的出票人签发的支票，在审核完支票后，视同内部转账进行账务处理。

（2）非本交换区域情况。

网点柜面收到客户递交的支票和三联进账单，若非本交换区域的付款人，需通过全国支票影像交换系统进行处理。除对支票进行常规性的审核外，还需特别注意支票是否记载银行机构代码并确认支票金额在规定限额（50万元）之内。

（二）现金支票业务操作流程

1. 审核要点

出票人开户行经办员接到收款人持现金支票支取现金时，应认真审查以下内容：

（1）支票是否为统一规定印制的凭证，是否真实，是否超过提示付款期限。

（2）支票填明的收款人名称是否为该收款人，收款人是否在支票背面“收款人签章”处签章，其签章是否与收款人名称一致。

（3）出票人的签章是否符合规定。

（4）当地使用支付密码的，该出票人已签订使用支付密码协议的，支票上需有相应密码。

（5）支票的大小写金额是否一致。

（6）支票必须记载的事项是否齐全，出票金额、出票日期、收款人名称是否更改，其他记载事项的更改是否由原记载人签章证明。

（7）支取的现金是否符合国家现金管理的规定和本行有关规定。

（8）收款人为个人的，还应审查其身份证件，是否在支票背面“收款人签章”处注明身份证件名称、号码及发证机关。如果属于替他人代取的，除代理人必须出具有关证件外，还必须出具被代理人的身份证件。

2. 业务操作流程要求

柜面受理持票人提交的现金支票后应按以下流程操作：

（1）按以上审核要求对票面的要素进行认真审核。

（2）对账户性质进行审核。根据《人民币银行结算账户管理办法》，基本账户、临时账户和专用账户可支取现金，对于大额资金还需经过审批。

（3）对于非本网点开户的出票人提交的现金支票，根据出票人是否为通存通兑户进行处理，若为通存通兑户，且支取金额在规定限额以下的，予以办理；若非通存通兑户，或为通存通兑户，但支取现金金额超过限额，不予办理。

（4）印鉴核验要准确无误。

三、支票挂失业务的操作流程

支票丧失后，失票人必须到开户行请求挂失。办理支票挂失业务时，经办员应要求客户在3天内向人民法院申请公示催告，或者向人民法院提起诉讼。如果客户没有按时出示人民法院的公示催告，则“挂失止付通知书”在挂失12天后失效。

此外，在收到挂失止付通知书后，柜员应着重审核失票人提交的“挂失止付通知书”各项内容是否齐全，是否签章，并且要在确认该款项确未付款后，再做好相关账务处理。

资料卡

全国支票影像交换系统

为支持异地使用支票的清算，中国人民银行在借鉴国际经验的基础上，建设了全国统一的支票影像交换系统，基于影像技术进行票据交换。持票人开户行收到异地支票后，对实物支票进行截留，将实物支票的影像信息通过支票影像交换系统传递到出票人开户行，出票人开户行经审查复核后，再通过中国人民银行小额支付系统将资金划拨至持票人开户行。

通过影像交换系统处理支票业务的过程分为支票影像信息传输和支票业务回执处理两个阶段。

支票影像信息传输：是指综合运用影像技术和支付密码等技术，将纸质支票转化为影像和电子清算信息，实现纸质支票截留，并利用网络技术将支票影像和电子清算信息传递至出票人开户行进行提示付款的过程。

支票业务回执是指出票人开户银行通过小额支付系统返还给持票人开户银行，对支票影像信息提示付款表明同意付款或拒绝付款的确认结果。

由于相关信息传递过程所需的时间可能因银行采用的业务处理模式不同的原因，收款银行最早可在 2～3 小时之内收到款项，最长需要 T+2 日，即银行受理支票之日起 3 个工作日内可收到异地支票款项。

风险警示

支票业务风险控制要求

- 严格审核支票与所附进账单金额及各要素是否一致。
- 采用打码的支票，打印的磁码账号、票据号码、金额与支票上要素必须相符。
- 背书必须连续、完整，使用粘单的，应按规定由第一个使用粘单的背书人加盖骑缝章。
- 填写支付密码的支票未同时加盖预留印鉴，或支付密码错误，经办行应视同签章与预留印鉴不符退给客户。
- 必须严格履行先审票后记账的业务处理顺序。
- 对多次签发印鉴不符、余额不足支票的客户，应停止向其出售支票。
- 持票人委托开户银行收款的，必须在支票背面作委托收款背书，背书签章应与预留银行印鉴相符。通过票据交换办理的，应坚持“收妥入账，不予垫款”原则。
- 严格掌握票据抵用时间，及时处理退票；换人核对提出交换的票据。
- 严格审核取现账户的性质。

• 支票绝对记载事项记载不齐全的，银行不予受理挂失止付。已挂失止付的支票，应严格审查防止冒领。

任务二 汇票业务

能力目标 理解汇票各业务操作流程，掌握银行承兑汇票业务流程

知识目标 了解银行汇票业务基本规定

重点难点 汇票各项业务风险控制要求

一、银行汇票业务基本规定

（一）含义

银行汇票（Promissory Notes）是出票银行签发的，由其在见票时按照实际结算金额无条件支付给收款人或持票人的票据。

银行汇票的出票人指签发银行汇票的银行，收款人指从银行提取汇票所汇款项的单位和个人，付款人指负责向收款人支付款项的银行，代理付款人是代理本系统出票银行或跨系统签约银行审核支付汇票款项的银行。

（二）种类

银行汇票分为现金银行汇票和转账银行汇票。

现金银行汇票可以转账也可以用于支取现金，转账银行汇票只能办理转账。

现金银行汇票不能背书转让，转账银行汇票可以背书转让。

现金银行汇票的申请人和收款人必须均为个人。

（三）要素

汇票是一种要式证券，出票行为是一种要式行为，故汇票的作成必须符合法定的格式。汇票的格式就是作成汇票后表现于汇票之上的内容。该内容可分为绝对应记载事项、相对应记载事项和非法定记载事项。

汇票的绝对应记载事项是指票据法规定必须在票据上记载的事项，若欠缺记载，票据便为无效。根据《票据法》第二十二条规定，汇票的绝对应记载事项包括7个方面的内容，如果汇票上未记载该7个方面事项之一的，汇票无效。具体要素如下：（1）表明“汇票”的字样；（2）无条件支付的委托；（3）确定的金额；（4）付款人名称；（5）收款人名称；（6）出票日期；（7）出票人签章。汇票的相对应记载事项如下：（1）付款日期；（2）付款地；（3）出票地。汇票的非法定记载事项是指法律规定以外的记载事项。根据《票据法》第二十四条之规定，汇票上可以记载本法规定事项以外的其他出票事项，但是该记载事项不具有汇票上的效力。法律规定以外的事项主要是指与汇票的基础关系有关的事项，如签发票据的原因或用途、该票据项下交易的合同号码等。因此，这些事项尽管有利于当事人清算方便，但却与票据关系本身关系不大，故其不具有票据上的效力。

想 一 想

汇票业务必要记载要素注意事项

记载要素需要注意以下问题：

第一，银行汇票的提示付款期限自出票日起1个月。持票人超过提示付款期限提示付款的，代理付款行不予受理。

第二，持票人提示付款时，必须向代理付款行提交银行汇票（第二联）和解讫通知（第三联），并将实际结算金额和多余金额准确、清晰地填入银行汇票和解讫通知的有关栏内。未填明实际结算金额和多余金额或实际结算金额超过出票金额的，银行不予受理。银行汇票的实际结算金额不得更改，更改实际结算金额的银行汇票无效。

第三，银行汇票可以背书转让，但填明“现金”字样的银行汇票不得背书转让。背书转让以不超过出票金额的实际结算金额为准。

第四，如果遇汇票专用章不清、压数金额模糊、密押编押有误、印刷质量有问题、存在疑点等情况，应主动办理汇票查询。

第五，银行汇票丧失，出票银行凭失票人提供的人民法院出具的其享有票据权利的证明为其办理付款或退款。

二、银行汇票业务操作流程

（一）银行汇票签发业务流程

1. 审核要点

经办柜员收到申请人提交的申请书后，审核书写是否规范、准确，要素是否齐全，印鉴、支付密码是否无误。委托书填明“现金”字样的，申请人和收款人是否均为个人。经审查无误后，受理客户签发银行汇票的申请。

2. 业务操作流程要求

（1）如申请人为个人，且缴付现金办理银行汇票业务的，经办员应在审核后清点收妥款项。

（2）审核申请书、清点款项无误后，结算业务委托书第三联加盖转讫章后退客户，凭此领取汇票。

（3）经办柜员进行汇票签发账务处理，同时按要求扣收邮电、手续费，根据提示打印相应凭证，在凭证上加盖个人名章。

（4）经办员将申请书等凭证交复核员，复核员按上述要求审核申请书各要素无误后，进行汇票签发复核账务处理，按系统提示打印凭证，在凭证上加盖个人名章，并将已打印的汇票及申请书交汇票专用章管理员。

（5）汇票专用章管理员核对汇票与申请书要素无误后，在汇票（第二联）上加盖汇票专用章并由授权的经办人签名或盖章后，将汇票及凭证交回经办柜员。申请书的备注栏内注明“不得转让”的，需在银行汇票上注明“不得转让”字样。

（6）经办柜员在申请书第一、第二联加盖转讫章，在汇票第一联“卡片联”、付款通知书上加盖转讫章，在其他凭证上盖附件章。

（7）经办柜员将一联付款通知书，第二、第三联汇票递交客户，第一、第二联申请书，第一、第四联汇票，付款通知书及附件作为办理该笔业务的依据。

风险警示

汇票签发业务风险控制要求

- 认真审核银行汇票申请书，保证正确无误。
- 将签发的汇票递交客户前认真查看汇票印章、要素，避免签发有缺陷的银行汇票。
- 特殊情况，汇票均需打印签发，不得手工填写。
- 空白银行汇票应按顺序使用，严禁跳号使用。

（二）银行汇票代理付款业务流程

1. 审核要点

代理付款行接到在本行开立账户的持票人直接交来的汇票、解讫通知和进账单时，应认真审查以下要点：（1）汇票和解讫通知是否齐全，汇票号码和记载的内容是否一致；（2）汇票是否是统一规范印制的凭证，汇票是否真实，是否超过提示付款期限；（3）汇票填明的持票人是否在本行开户，持票人名称是否为该持票人，与进账单上的名称是否相符；（4）出票行的签章是否符合规定；（5）压数机压印的金额与出票金额是否一致；（6）汇票的实际结算金额大小写是否一致，是否在出票金额以内，与进账单所填金额是否一致，多余金额结计是否正确；（7）汇票必须记载的事项是否齐全，出票金额、实际结算金额、出票日期、收款人名称是否更改；（8）持票人是否在汇票背面“持票人向银行提示付款签章”处签章，背书转让的汇票背书是否连续，背书用粘单的，粘单是否符合规定，粘接处签章是否正确。

代理付款人接到未在本行开立账户的持票人为个人交来汇票和解讫通知及进账单时，除按上述要求审核外，还应认真审核以下内容：（1）持票人的身份证件，在汇票背面“持票人向银行提票付款签章”处是否有持票人的签章和注明身份证件名称、号码及发证机关，并留存身份证件复印件；（2）现金汇票委托他人提示付款的，还应当查验持票人和被委托人的身份证件，并留存持票人和被委托人身份证件复印件。

2. 业务操作流程要求

（1）在本行开立账户的持票人。

① 代理付款行审核无误后，进行账务处理，并按提示打印相关凭证。

② 在银行汇票第二、第三联上加盖转讫章，在进账单“回单联”上加盖业务受理章。

③ 隔场若无退票，在进账单“贷方联”、“收账通知联”加盖转讫章。将进账单“回单联”和“收账通知”交留客户，银行汇票第二、第三联及进账单“贷方联”作

为办理该笔业务的依据。隔场若有退票，将汇票及相关凭证退客户。

（2）未在本行开立账户的持票人。

代理付款行接到未在本行开立账户的持票人为个人交来汇票和解讫通知及进账单，审核无误后，进行账务处理。以持票人姓名开立应解汇款及临时存款账户，原持票人需要一次或分次办理转账支付的，应由其填制支付凭证，并向银行交验本人身份证件。如需支取现金的，由代理付款行按照现金管理规定审核支付。其他后续处理同上所述。

风险警示

汇票代理付款业务风险控制要求

- 银行汇票付款前应审核银行汇票的真伪，对有疑点的汇票，不能退给持票人，应向业务主管汇报并查询，进行相应的处理。
- 兑付系统内大额银行汇票、手工签发的汇票、有缺陷的汇票，需向签发行发出查询，待查询无误后才能解付入账，并准确记录查询结果。

（三）银行汇票结清业务流程

1. 审核要点

系统内签发的银行汇票可通过持票人柜面提交、交换提回等方式办理结清。同城提回的银行汇票通过交换业务具体功能实现。经办人收到持票人交来的银行汇票后，应重点审核以下要点：（1）客户递交的汇票和解讫通知是否齐全，汇票是否是统一规范印制的凭证，是否真实、有效，是否在提示付款期内，如为逾期汇票，应按规定提供相关说明、单位证明或本人身份证件；（2）汇票填明的持票人是否在本行开户，持票人名称是否为该持票人，与进账单上的名称是否相符；（3）汇票的实际结算金额大小写是否一致，是否在出票金额以内，与进账单所填金额是否一致，多余金额结计是否正确；（4）汇票必须记载的事项是否齐全，出票金额、实际结算金额、出票日期、收款人名称是否更改；（5）背书转让的银行汇票，背书是否连续、正确，如有粘单的，粘单格式是否符合规定，粘接处是否签章，签章是否正确；（6）持票人是否在背面“持票人向银行提示付款签章”处签章，如为个人的，是否注明了有效证件的名称、发证机构、证件号码、姓名等要素；（7）进账单书写是否规范，有无涂改，是否与银行汇票信息相符；（8）已逾期的银行汇票需到原签票网点柜面办理结清。

资料卡

银行汇票未用退回的业务规定

- 银行汇票因超过提示付款期限或其他原因，客户要求未用退回的，可办理未用退回，且只能在原出票网点办理。

● 单位申请办理未用退回时，应出具单位说明，注明退票原因，到原出票网点办理；个人申请办理未用退回时，应持身份证原件到出票网点办理未用退回手续，柜员应将客户身份证复印件留存在未用退回的汇票后。

● 对于银行汇票“状态”、“挂账标志”不为“正常”情况的不可以办理银行汇票未用退回处理。转账汇票只能转账退回原签发单位账号；现金汇票既可现金退回也可转账退回。

● 在确保汇票真实性的前提下，受理未用退回或超期付款业务，严防诈骗。相应的未用退回资料必须齐全、合规，避免应手续不全引起纠纷。

● 对于已经背书转让或者已在“持票人向银行提示付款签章”处签章的银行汇票，申请人请求未用退回的，应向银行出具银行汇票、退票理由书、持票人将汇票交给申请人的证明，银行据此办理未用退回。但对于代理付款银行查询过的银行汇票未用退回，应在汇票提示付款期满后方能为申请人办理退回。

● 申请人由于短缺解讫通知，只能提供汇票要求退款的，应当备函向出票行说明短缺原因，并交回持有的汇票，在汇票到期确认没有解付后办理退款。

2. 业务操作流程要求

（1）审核要素无误后，经办柜员进行银行汇票结清业务的账务处理，并按提示打印相关凭证。

（2）银行汇票的实际结算金额低于出票金额的，其多余金额由出票银行退交申请人。

（3）经办柜员在银行汇票第二、第三联上加盖转讫章，在进账单“回单联”上加盖业务受理章，在进账单“贷方联”、“收账通知联”上加盖转讫章，同时加盖经办人名章。

（4）将进账单“回单联”交客户，如收款人为本行机构，同时将“收账通知联”交客户或放回单箱，银行汇票第二、第三联及进账单“贷方联”作借方及贷方记账依据；如收款人为非本行机构，将进账单“贷方联”、“收账通知联”传递至收款人开户行。

风险警示

汇票结清业务风险控制要求

● 结清前应认真审核银行汇票各要素，对有疑点的汇票，应进行查询直接办理结清；对审核中发现的异常情况应及时向业务主管汇报并查询，直接做出相应的处理。

● 每月至少1次，通过系统查询，检查清理有无超过汇票付款期限（加上正常凭证传递期），或者汇票已经付款，但是未结清的汇票，如有，应主动与申请人联系，查明原因，及时处理。

（四）银行汇票挂失业务流程

1. 审核要点

代理付款行或者出票行接到失票人提交的挂失止付通知书，应审查挂失止付通知书填写是否符合要求，是否存在应当记载的欠缺事项，字迹是否清晰可辨，是否属本行代理付款或者签发的现金汇票，查证状态为正常并查证确未付款的，方可受理。

2. 业务操作流程要求

经办柜员受理客户挂失后，在系统中作汇票挂失处理并打印相关凭证。在第一联挂失止付通知书上加盖业务专用章作为受理回单交客户；第二联通知书作为挂失登记簿的登记依据，与相关文书一并指定专人专夹保管；第三联通知书若失票人要求代理付款行通知出票行该票据已办理挂失，应作为向出票行发出挂失信息的凭据，并发出通知，否则指定专人专夹保管。

需要提示挂失申请人，银行收到挂失止付通知之日起 12 日内没有收到人民法院的止付通知书的，自第 13 日起，持票人提示付款且银行依法向持票人付款的，银行不再承担责任。

资 料 卡

丧失银行汇票付款或退款处理

失票人对丧失票据采用公示催告、诉讼，时效期满以后，必须凭人民法院出具的其享有该票据权利证明和出具加盖签章的公函、挂失通知书第一联和“撤销挂失止付通知书”办理。经办柜员在受理时，必须认真审核以下内容：

（1）丧失的银行汇票，应在提示付款期满后的 1 个月后才能申请办理付款或退款，客户如能提供法院同意提前付款的真实证明材料除外。

（2）人民法院出具的该客户享有该汇票票据权利以及实际结算金额的裁定书的内容齐全完整。

（3）公函应包括汇票丧失的时间、地点、原因、号码等要素，挂失人姓名、退款的账号等事项，公函上的印章应与银行预留印章相符。

（4）准确把握丧失汇票的退款时间。

有缺陷银行汇票的操作规定

代理付款行发现持票人已经收受了有缺陷的汇票，在保证资金安全的情况下，可根据具体情况，适当处理。

如汇票上签章模糊不清或密押不符的，代理付款行应开具收条，并在收条上加盖业务专用章，将汇票暂时收存不予付款，并及时向出票行发出查询。

三、商业汇票业务操作流程

（一）商业汇票业务基本规定

1. 含义

商业汇票是由出票人签发的，委托付款人在指定日期无条件支付确定的金额给收款人或持票人的票据。

在银行开立存款账户的法人及其他组织之间存在真实的交易关系或债权债务关系时可以签发商业汇票。商业汇票在同城、异地都可以使用，没有结算起点的限制，一律记名并允许背书转让。

2. 种类

商业汇票按承兑人（即付款人）的不同，划分为商业承兑汇票和银行承兑汇票。商业承兑汇票由银行以外的付款人承兑，银行承兑汇票由银行承兑。

3. 要素

我国票据法规定签发商业汇票应记载的事项有以下内容：绝对应记载事项，包括确定的金额、付款人名称、收款人名称、出票日期、出票人签章；相对应记载事项，包括付款日期、付款地、出票地。相对应记载事项也是汇票上必须应记载的内容，但相对应记载事项未在汇票上记载并不影响汇票本身的效力。

以上必要记载要素需要注意以下问题：（1）商业汇票必须在到期日前提示承兑，商业汇票承兑后，承兑人负有到期无条件支付票款的责任；（2）商业汇票付款期限由交易双方商定，最长不超过 6 个月，如属分期付款，应签发若干张不同期限的汇票；（3）商业汇票一律记名，可背书转让，注明“不得背书转让”的商业汇票，不能办理贴现；（4）商业汇票的提示付款期限为自到期日起 10 日，持票人逾期提示付款的，持票人开户行不予受理；（5）商业汇票的持票人对票据的出票人和承兑人的权利，自票据到期日起两年，在票据时效内，持票人超过提示付款期可出具说明后向承兑人请求付款。

四、商业承兑汇票业务流程

（一）持票人开户行受理商业承兑汇票

经办柜员受理客户提交的商业承兑汇票（以下简称汇票）第二联及委托托收凭证时，应认真审查以下内容：

（1）汇票是否是统一规定印制的凭证，是否超过提示付款期限。

（2）汇票上填明的持票人是否在本行开户。

（3）出票人、承兑人的签章是否符合规定；汇票正面是否记载“承兑”字样和承兑日期。

（4）汇票必须记载的事项是否齐全，出票金额、出票日期、收款人名称是否更改，其他记载事项的更改是否由原记载人签章证明。

（5）是否做成委托收款背书，背书转让的汇票背书是否连续，签章是否符合规定，背书使用粘单的是否按规定在粘接处签章。

（6）托收凭证的记载事项是否与汇票记载的事项相符，并在“委托收款凭据名称”

栏注明“商业承兑汇票”及汇票号码，托收凭证各联次是否齐全。

(7) 汇票若未经背书转让，托收凭证上的收款人名称应与票面记载的收款人名称一致；开户行名称和账号可与票面记载的开户行名称和账号不同，但托收凭证上填制的开户行应与票面记载的收款人开户行为同系统的银行。

经办柜员审查无误后，按照系统操作流程进行处理。商业承兑汇票应双面复印留存，托收凭证第三联加盖结算专用章后，连同第四、第五联及汇票一并邮寄（或通过同城交换提至）付款人开户行。

（二）付款人开户行收到商业承兑汇票

(1) 经办员收到持票人开户行寄来（或同城票据清算提入）的托收凭证及汇票时，除审查汇票是否是统一规定印制的凭证，是否超过提示付款期限外，还应注意审查付款人是否确在本行开户，承兑人在汇票上的签章与预留银行的印鉴是否相符，托收凭证第三联是否加盖了结算专用章。

(2) 将托收凭证“付款通知联”交付款人并签收。付款人到期足额付款，按“收到委托收款付款”有关业务处理要求办理。付款人拒付或不足支付款项的，提供拒付理由书或未付款通知书，按“拒绝付款”业务处理要求办理。

（三）持票人开户行收到划回票款或退回凭证

持票人开户行收到划回票款或退回的凭证后，分别按“款项划回”或“拒绝付款”等业务处理要求办理。

风险警示

商业承兑汇票业务风险控制要求

- 必须严格辨别商业汇票的真伪。
- 出票金额、出票日期、收款人名称有更改的商业汇票属无效汇票，不能受理。
- 提示付款的商业承兑汇票背书必须连续。
- 承兑人在汇票上的签章必须与预留银行的印鉴相符。
- 商业承兑汇票发出委托收款前应妥善保管，同时须及时传递给付款人开户行。与邮电部门的交接手续应清楚。
- 主管应注意审核发出信件数量、收信银行地址的准确性。
- 及时通知付款人来行签收“付款通知”。付款时间必须是付款人收到“付款通知”后第4个工作日或汇票到期日。

五、银行承兑汇票业务流程

由于日常银行承兑汇票业务较多，故以下将重点介绍银行承兑业务流程的相关要求。

（一）空白银行承兑汇票领用业务流程

1. 审核要点

(1) 空白银行承兑汇票不向客户出售，由客户领用。

（2）空白银行承兑汇票仅作为银行重要空白凭证交递客户，不再向客户收取工本费。

（3）作废的银行承兑汇票如需继续签发，客户应凭作废的银行承兑汇票重新办理领用手续。

2. 业务操作流程要求

（1）客户申领空白银行承兑汇票。客户领用空白银行承兑汇票时，应在《同意领用空白银行承兑汇票联系单》上加盖预留印鉴，并向银行授信部门提出申请。

（2）授信部门审批。授信部门审批同意后，应在《同意领用空白银行承兑汇票联系单》上加盖授信部门印章。

（3）柜台办理票据领用手续。具体流程如下：

① 银行内部人员持《同意领用空白银行承兑汇票联系单》和《交易合同正本》，与客户一起到柜台办理领用空白银行承兑汇票业务。

② 柜台经办人员核对《同意领用空白银行承兑汇票联系单》及《授信额度合同》有关内容是否相符，填写是否规范、完整，并核验《同意领用空白银行承兑汇票联系单》上加盖的申请单位预留印鉴。

③ 审核无误后，柜员按《同意领用空白银行承兑汇票联系单》上所写领用份数在操作系统进行空白银行承兑汇票业务账务处理。

④ 柜员将已完成账务处理的每张空白银行承兑汇票号码分别填写在《同意领用空白银行承兑汇票联系单》及《授信额度合同》上，柜员在《同意领用空白银行承兑汇票联系单》及相应凭证上加盖转讫章。将空白银行承兑汇票递交客户，由客户当面填写。

⑤ 柜员根据领用空白银行承兑汇票的数量和编号手工登记“重要空白凭证、有价单证、代保管品保管交接登记簿”。

（4）作废的银行承兑汇票继续签发。

作废的银行承兑汇票如需继续签发，应凭作废的银行承兑汇票、授信部门重新出具的《同意领用空白银行承兑汇票联系单》，出售相同份数的凭证，作废的银行承兑汇票作为领用业务的附件。

想一想

银行承兑汇票承兑需要哪些要求和手续？

（二）银行承兑汇票承兑业务流程

1. 审核要求

银行柜台应认真审查以下内容：（1）合同上有关审批手续是否齐全，合同内容是否与汇票要素一致；（2）汇票必须记载的事项是否完整，出票人的签章是否符合规定并是否与预留银行印章相符，出票人是否在本行开立存款账户，汇票上记载的出票人名称、账号是否相符，汇票是否是统一规定印制的凭证。

2. 业务操作流程要求

（1）根据合同中保证金的收取要求，核实相应的保证金已收妥。定期保证金收妥后，不得给客户签发任何定期存款存单或证实书。定期保证金的到期日不得早于承兑汇票的到期日。

（2）核对无误后，银行柜员进行会计账务确认，并联动向客户收取承兑手续费，打印相关凭证。

（3）将银行承兑汇票及其他资料交汇票专用章管理人员。经汇票专用章管理员核对无误后，在银行承兑汇票第二联加盖汇票专用章和授权人名章后交经办柜员。

（4）银行经办柜员在银行承兑汇票第一联及相关凭证上加盖转讫章、个人名章，银行承兑汇票及相应付款通知书回单联交客户。将银行承兑汇票第一联和合同专夹保管，其他凭证作为柜员当日传票。

（三）持票人开户行受理承兑汇票业务流程

第一，持票人委托开户行向承兑银行收取票款时，应填制托收凭证，在“托收款凭据名称”栏注明“银行承兑汇票”及其汇票号码，连同汇票一并送交开户行。

第二，银行经办柜员按照要求审查处理后，在托收凭证各联上加盖“银行承兑汇票”戳记。

（四）银行承兑汇票到期处理业务流程

银行承兑的已到期银行承兑汇票到期由系统自动进行处理。到期日日始，自动启动批处理向出票人收取票款并转入应解汇款专户。若客户保证金与结算账户不足时，日始不予扣款，系统日终批处理时再次进行检查，若仍然不足则将扣付后不足部分转垫款。

（五）银行承兑汇票支付款项业务流程

银行经办柜员收到持票人开户行寄来（或同城票据清算提入）的托收凭证及汇票时，应认真审查以下内容：

（1）该汇票是否为本行承兑，与汇票卡片的号码和记载事项是否相符。

（2）是否做成委托收款背书，背书转让的汇票其背书是否连续，签章是否符合规定，背书使用粘单的是否按规定在粘接处签章。

（3）托收凭证的记载事项是否与汇票记载的事项相符，是否加盖结算专用章。

银行经办柜员审查无误，应于汇票到期日或到期日之后的见票当日，在账务系统进行委托收款付款账务处理，打印相关凭证。

（六）持票人开户行收到汇票款项或退回凭证业务流程

1. 持票人开户行收到付款人开户行划回的票款时

（1）经办员应审查划回票款是否正确，对通过交换提回的委托收款入账凭证，柜员审核收款单据无误，作提回入账处理。系统外托收业务通过支付系统来账的，按支付系统有关要求处理。系统内托收业务，付款行付款时系统自动完成收款行收款入账，不需柜员操作。

（2）凡来账信息确认为委托收款业务的，必须在清分中将资金清分至委托收款的渠道。如未通过清分中的委托收款渠道入账的，应进行手工核销委托收款底卡的操作。

2. 持票人开户行收到付款行拒绝付款证明

（1）银行柜员审查退票的拒付理由书是否符合票据法和支付结算办法有关规定，退回的汇票、托收凭证是否齐全。

（2）银行经办柜员审查后，将拒绝付款情况及时通知收款人，如属无理退票的或可补充、更正完善票据的，重新办理委托收款；如属不能补充、更正完善票据的，将托收凭证和汇票在拒付理由书上签收后退还收款人。

（3）收到付款行退回的托收单据，按委托收款相关规定处理。

（七）银行承兑汇票的质押业务流程

（1）银行承兑汇票质押时，应按《中华人民共和国票据法》的有关规定做成质押背书。

（2）主债务履行完毕，票据解除质押时，被背书人（银行）应以单纯交付的方式将质押票据退回背书人。票据到期时，由持票人按支付结算办法的有关规定行使票据权力。

（3）质押票据所担保的债务到期后，背书人未能如期履行债务时，被背书人（银行）依法实现质权，但不得将票据进行转让或贴现。被背书人（银行）在票据到期时按照支付结算有关制度的规定行使票据权力。

（4）若质押票据的到期日早于所担保债务的到期日，质押的票据款项收妥后，应将款项转入客户的保证金账户，并予以冻结；若质押票据所担保的债务到期后，背书人未能履行债务的，应将款项偿还客户在银行的债务。

（八）银行承兑汇票未用退回业务流程

银行经办柜员受理客户申请，对已承兑但未背书转让的银行承兑汇票作未用退回时，应经授信部门书面审批，并要求客户提交未用退回正式函件及第二、第三联汇票。从专夹中抽出汇票第一联，与银行承兑汇票各要素核对是否相符，银行承兑汇票是否挂失、公示催告，未用退回正式函件签章是否与银行预留印鉴章相符。认真辨认银行承兑汇票彩色印花、水印、荧光变形曲线、行徽等防伪标识。经核对相符后，在第三联汇票备注栏注明“未用退回”字样后，在账务系统进行未用退回账务处理，打印相关凭证。汇票及客户的申请函件作为业务处理的依据。

银行经办柜员根据客户提交的未用退回函件及授信部门提交的支取保证金通知，在系统中办理保证金支取操作。

（九）银行承兑汇票挂失业务流程

（1）客户提交第三联挂失止付通知书并加盖预留印鉴章，银行经办柜员受理后应审查以下内容：① 其申请挂失止付通知书的印章是否与预留银行印章相符；② 挂失的银行承兑汇票是否为本行承兑的汇票；③ 汇票丧失的时间、地点、原因；④ 汇票的种类、号码、金额、出票及付款日期、收款人及付款人名称；⑤ 申请人姓名、联系方式。

（2）银行经办柜员从专夹中抽出第一联汇票卡片，核对各要素相符并确认未付款的，方可受理并立即暂停支付，同时收取挂失手续费，要求申请人及时到人民法院办理公示催告。

(3) 复核员在挂失止付通知书上注明日期，第一联加盖业务专用章作为受理回单，第二、第三联作为挂失登记簿的登记依据，与第一联汇票卡片一并专人专夹保管。

(4) 收到挂失止付通知书起 12 日内没有收到人民法院的止付通知书，第 13 日起持票人提示付款时，付款人依法向持票人付款，不再承担责任。

(5) 银行经办柜员收到人民法院的止付通知书后，将止付通知书与第一联汇票卡片一并保存，至汇票到期日后凭人民法院的证明办理。

(十) 丧失银行承兑汇票付款业务流程

已承兑的银行承兑汇票丧失，失票人凭人民法院出具的其享有票据权利的证明向承兑行请求付款时，银行经办柜员审查确未支付的，根据人民法院出具的裁定书，抽出原专夹保管的第一联汇票卡片，核对无误后，将款项付给失票人。处理程序与银行承兑汇票到期划款相同。

银行经办柜员、复核员审核法院证明和划款凭证的真实性和正确性后，办理转账。

风险警示

银行承兑汇票业务风险控制要求

● 客户领用空白银行承兑汇票在 3 个工作日内未办理正式承兑手续，柜员应向客户经理出具《已领用未使用空白银行承兑汇票催收通知单》，要求客户经理加紧催收，直到收回为止，以免银行承兑汇票流失在外，造成风险隐患。

● 客户因填写错误要求重新领用银行承兑汇票时，凭证柜员应根据授信部门《同意领用空白银行承兑汇票联系单》和客户交回的作废银行承兑汇票张数，认真检查票据真伪及核对数量后，重新按上述步骤将相应数量的银行承兑汇票交付客户，同时在作废的凭证上当场加盖作废字样或剪角处理，以免银行承兑汇票流失在外或重复使用，影响银行资金安全。

● 在承兑前，经办柜员要审查客户是否提供承兑保证事项，客户以保证金作为保证事项的，存入的保证金是否在规定的下限之上；客户以质押作为保证事项的，经办柜员要对质押票据各要素进行认真审查，以免因审核不严而将有瑕疵、要素不全，或克隆、变造、伪造的票据作为质押，造成银行资金风险。

● 汇票专用章管理人员在加盖汇票专用章时，除了审核资料的正确性，同时还要在系统中查看保证事项，以免因保证事项不到位而带来风险隐患，或保证金状态不正确而造成核算风险。

● 经办行在办理银行承兑汇票业务时必须按承兑协议先收妥承兑保证金后才能办理承兑手续。银行承兑汇票到期后保证金才能释放或以保证金偿付汇票款。

● 一份承兑协议下开立多张银行承兑汇票的，承兑协议中填写的承兑汇票号码应与承兑汇票号码一致。

● 承兑协议上审批手续必须齐全。

● 必须凭业务部门的书面通知或承兑协议扣收承兑保证金。

● 保证金为定期时，到期日不应早于承兑汇票到期日。

● 已承兑的商业汇票是重要的债权证明，依据商业汇票办理委托收款的过程中每个环节的交接手续必须清楚。

● 严格空白银行承兑汇票的保管、交接、使用。作废空白银行汇票应装订在收回日传票后面。

● 办理“以票换票”业务时，应注意质押汇票的有效性。

● 签发有缺陷的银行承兑汇票容易引起结算纠纷，故经办柜员对已办完承兑手续的银行承兑汇票在交客户签收前，应再审核一遍。

● 持票人凭银行承兑汇票委托开户行向承兑银行收取票款时，经办行要在托收凭证各联上加盖“银行承兑汇票”戳记。“委托收款凭据名称”栏注明“银行承兑汇票”及其汇票号码。

任务三　本票业务

能力目标　理解本票各项业务操作流程

知识目标　了解本票业务基本规定

重点难点　本票业务风险控制要求

一、本票业务基本规定

（一）含义

银行本票是银行签发的，承诺自己在见票时无条件支付确定的金额给收款人或者持票人的票据。

银行本票的出票人为经中国人民银行当地分支行批准办理银行本票业务的银行机构，银行本票的出票人必须具有支付本票金额的可靠资金来源，并保证支付。

想 一 想

本票业务具有哪些主要特点?

(1) 自付票据。本票是由出票人本人对持票人付款。

(2) 基本当事人少。本票的基本当事人只有出票人和收款人两个。

(3) 无须承兑。本票在很多方面可以适用汇票法律制度，但是由于本票是由出票人本人承担付款责任，无须委托他人付款，所以，本票无须承兑就能保证付款。

（二）种类

本票按出票人身份，可以分为银行本票和商业本票。

银行或其他金融机构为出票人签发的本票，为银行本票。银行或其他金融机构以外的法人或自然人为出票人签发的本票，为商业本票。

(三) 要素

本票要求具备以下的必要项目：(1) 标明其为本票字样；(2) 无条件支付承诺；(3) 出票人签字；(4) 出票日期和地点；(5) 付款地点；(6) 付款期限，如果没有写清的，可以看作见票即付；(7) 金额；(8) 收款人或其指定人。

以上必要记载要素需要注意以下问题：

单位和个人在同一票据交换区域需要支付各种款项，均可以使用银行本票。银行本票可以用于转账，注明“现金”字样的银行本票可以用于支付现金。银行本票分定额本票和不定额本票两种。

银行本票的提示付款期限自出票日起最长不得超过两个月，超过付款期限提示付款的，代理付款人不予受理。

银行本票一律记名。申请人或收款人为单位的，不得申请签发现金银行本票。转账银行本票允许背书转让，填明“现金”字样的银行本票不得背书转让。

持票人超过提示付款期限不获付款的，在票据权利时效期内向出票银行做出说明，并提供本人身份证件或单位证明，可持银行本票向出票银行请求付款或退款。

填明“现金”字样的银行本票丧失可以挂失止付。银行本票丧失，失票人可凭人民法院出具的其享有该银行本票票据权利的证明，向出票行请求付款或退款，出票行经审查确未支付的，按有关手续处理。要求退款的，款项只能退回原账户，只有直接交存现金办理现金本票的，才可退回现金。

二、银行本票业务的操作流程

(一) 银行本票签发业务操作流程

1. 审核要点

客户申请办理银行本票时，必须提交“结算业务申请书”(简称申请书)。柜员应重点审核以下要素：(1) 申请签发现金银行本票，申请人和收款人是否均为个人；(2) 书写是否清晰，申请日期填写是否规范，有无涂改；(3) 申请人名称、账号或地址，开户银行及收款人全称、账号或地址，开户银行内容填写是否准确，要素是否齐全；(4) 大小写金额是否一致，有无涂改痕迹；(5) 如申请人为单位的，则需核验加盖的印鉴是否为银行预留印鉴；(6) 若为代理签发银行本票，需审核申请签发银行本票的商业银行或金融机构是否为本行代理签发银行本票的机构。

2. 业务操作流程要求

(1) 银行经办柜员审核无误后，按照申请书要素，在操作系统中作本票签发的经办并收费。复核、授权人员按权限管理要求在系统中分别复核、授权后，申请书第三联加盖转讫章后退客户，凭以领取本票。如申请人为个人，且缴存现金办理银行本票业务的，经办柜员应在审核后清点收妥款项。如为不得转让本票，还应在本票正面注明“不得转让”字样。

(2) 换人加盖本票专用章、压数后，将本票第一联交客户。

(3) 业务处理完毕后，申请书“记账联”加盖转讫章与“本票卡片联”作为办理该业务的依据。

（二）银行本票付款业务操作流程

1. 审核要点

接到在本行开立账户的持票人提交的他行本票和进账单，应认真审核以下内容：

（1）银行本票是否为统一规定印制的凭证，本票是否真实、有效，是否在提示付款期限内，必须记载事项是否齐全，要素有无涂改。如为逾期本票，是否按规定提供单位证明或本人身份证件。

（2）本票填明的持票人是否在本行开户，持票人名称是否为该持票人，与进账单上的名称是否相符。

（3）出票行的签章是否符合规定。

（4）背书转让的银行本票，背书是否连续、正确，如有粘单的，粘单格式是否符合规定，粘接处是否签章，签章是否正确。

（5）持票人是否在背面“持票人向银行提示付款签章”处签章，如为个人的，是否注明了有效证件的名称、发证机构、证件号码、姓名等要素。

2. 业务操作流程要求

（1）审核无误后，进行账务处理。

（2）若为他行签发的本票，经办柜员在第一联进账单加盖业务受理章退客户，第二、第三联进账单加盖转讫章，第二联作入账凭证，第三联作客户入账回单。“本票”加盖转讫章和当场交换章后随当场交换提出。

（三）银行本票结清业务操作流程

1. 审核要点

（1）持票人持本行签发的银行本票可到任何网点办理本票结清处理，但已逾期的本票必须到原出票行办理结清。

（2）转账本票只能办理转账结清，现金本票可以支取现金。

（3）逾期本票和提示付款期内的现金本票以转账方式结清，款项应转入“应解汇款——汇票超过有效期户”账户后，再进行相关账务处理。

（4）申请人持逾期但在票据权利时效内的银行本票请求付款时，持票人应向出票银行做出说明，并提供本人身份证件或单位证明。

2. 业务操作流程要求

（1）审核无误后，经办柜员进行银行本票结清业务的账务处理，并按提示打印相关凭证。

（2）经办柜员在“本票”上加盖转讫章，在进账单“回单联”上加盖业务受理章。在进账单“贷方联”、“收账通知”上加盖转讫章，同时在“本票”及进账单“回单联”及附件上加盖经办人名章。

（3）将进账单“回单联”交客户，如收款人为本行机构，同时将“收账通知”交客户，本票及进账单“贷方联”作借方及贷方记账依据；如收款人为非本行机构，将进账单“收账通知联”传递给收款人开户行。

(四) 银行本票未用退回业务操作流程

1. 审核要点

银行本票因超过提示付款期限或其他原因时，客户要求未用退回的，可办理未用退回。经办柜员应重点审核以下内容：

(1) 是否为本网点签发的本票。

(2) 审核客户递交的银行本票、一式三联的进账单，未用退回说明。如为个人的，应提交本人有效身份证件及复印件。

(3) 银行本票是否真实、有效，是否在提示付款期内，要素有无涂改。电子卡片与银行本票要素核对是否相符。

(4) 核对未用退回单位说明描述是否完整、准确，是否与银行本票相符。

2. 业务操作流程要求

(1) 审核无误后，经办柜员进行银行本票未用退回业务的账务处理，并打印相关凭证。

(2) 经办柜员在“本票”上加盖转讫章，在进账单“回单联”上加盖业务受理章，在进账单“贷方联”、“收账通知”上加盖转讫章，并将进账单“回单联”、“收账通知联”交客户。

(3) 出票行对于在本行开立存款账户的申请人，只能将款项转入原申请人账户；对于现金银行本票的申请人，可退付现金。

(五) 银行本票挂失业务操作流程

确系填明“现金”字样的本票丧失，失票人到出票行挂失时，应提交一式三联挂失止付通知书。出票行收到挂失止付通知书后应按规定审核，确属本行签发并确认未注销时，方可受理，并进行挂失业务操作。第一联挂失止付通知书加盖业务专用章作为受理回单交给失票人，第三联通知书作为挂失业务凭证，第二联通知书专夹保管。

(六) 丧失银行本票业务操作流程

丧失的本票，失票人凭人民法院出具的其享有该本票票据权利的证明，向出票行请求付款或退款时，出票行经审查确认未支付的，比照付款处理。

风险警示

本票业务风险控制要求

- 他行本票务必及时托收，严禁重复入客户账。
- 未取得合规资料，擅自办理银行本票未用退回，易引起客户纠纷。

任务四　汇兑业务

能力目标　熟练操作汇兑业务流程

知识目标　了解汇兑业务基本规定

重点难点　银行间结算与清算系统有关规定

一、汇兑业务基本规定

（一）含义

汇兑是汇款人委托银行将其款项支付给收款人的结算方式。

（二）特点

单位和个人的各种款项的结算，均可使用汇兑结算方式。汇兑业务具有以下特点：（1）无金额起点限制；（2）用于异地汇款使用；（3）无限定使用对象，企业和个人均可使用汇兑结算；（4）可以用于转帐，收、付款人均为个人的也可以支取现金。

（三）要素

签发汇兑凭证必须记载下列事项：（1）表明“电汇”字样；（2）无条件支付的委托；（3）确定的金额；（4）收款人名称、收款人账号、汇入地点、汇入行名称；（5）汇款人名称、汇出地点、汇出行名称；（6）委托日期；（7）汇款人签章（有账号，须填账号）。

二、汇兑业务基本操作流程

（1）办理汇兑业务账户须有足够的支付金额，客户根据不同汇兑种类填写信汇或电汇凭证，并加盖预留银行印鉴。

（2）审核汇兑凭证各项必须记载事项。

（3）汇出行审查汇款人签发的汇兑凭证无误后，向汇款人签发汇款回单，并及时向汇入行办理汇款。

（4）汇入行将款项直接转入收款账户，并向客户发出收款通知。

（5）汇兑收款人为个人的，收款人需要到汇入行领取汇款。

当收款人在行内开户时，需选择行内汇划渠道；当收款人在本地他行开户时，可选择同城交换、小额支付或大额支付渠道；当收款人在异地他行开户时，可选择小额支付或大额支付渠道。

下面简要介绍一下银行间结算与清算系统，如中国现代化支付系统大小额支付、票据交换系统、系统内汇兑业务的基本规定。

三、银行间结算与清算系统

我国银行间结算与清算系统包括人民银行现代化支付系统、人民银行票据交换系统、商业银行系统内资金汇划系统构成的多元化资金清算体系，其中中国人民银行的现代化支付系统是金融机构往来业务的核心系统。这些系统为客户搭建了更为便捷的支付结算渠道。

（一）中国现代化支付系统

中国现代化支付系统（CNAPS）是中国人民银行按照我国支付清算需要，利用现代计算机技术和通信网络开发建设的，能够高效、安全处理各银行办理的异地、同城各种支付业务及其资金清算和货币市场交易的资金清算的应用系统。它是各银行和货币市场的公共支付清算平台，是人民银行发挥金融服务职能的核心支持系统，包括大额支付系统和小额支付系统。

1. 大额实时支付系统

大额实时支付系统是中国现代化支付系统的骨干系统之一。处理同城和异地的金额在规定起点以上的大额贷记支付业务和紧急的小额贷记支付业务。大额支付指令逐笔实时发送，全额清算资金。

大额实时支付系统主要处理跨行同城、异地每笔金额在规定起点以上的贷记支付业务、紧急的金额在规定起点以下的贷记支付业务及城市商业银行汇票资金移存和兑付业务。大额实时支付系统实时逐笔发送支付指令，全额方式清算资金，旨在为各银行和广大企事业单位以及金融市场提供快速、安全、可靠的支付清算服务。

大额支付系统参与者分为直接参与者、间接参与者和特许参与者。

大额支付系统处理的支付业务，其信息从发起行发起，经发起清算行、发报中心、国家处理中心、收报中心、接收清算行，至接收行止。

大额支付系统处理下列支付业务：规定金额起点以上的跨行贷记支付业务；规定金额起点以下的紧急跨行贷记支付业务；商业银行行内需要通过大额支付系统处理的贷记支付业务；特许参与者发起的即时转账业务；城市商业银行银行汇票资金的移存和兑付资金的汇划业务；中国人民银行会计营业部门、国库部门发起的贷记支付业务及内容转账业务；中国人民银行规定的其他支付清算业务。

资料卡

可操作的大额支付业务种类

（1）人民币汇兑、个人现金汇款、委托收款付款、托收承付付款等结算资金汇划业务。

（2）同业拆借资金划转、代理国库业务资金划转、债券业务资金清算、自动质押融资清算、即时转账等资金汇划业务。

（3）由人行发起的支付业务收费、透支计息等业务。

（4）有关支付业务的查询、查复以及申请撤销、申请退回、申请应答等信息辅助业务。

2. 小额批量支付系统

小额批量支付系统（以下简称“小额支付系统”）是处理同城和异地纸质凭证截留的商业银行跨行之间的定期借记支付业务、人民银行会计和国库部门办理的借记支付业务，以及每笔金额在规定起点以下的小额贷记支付业务的系统。批量发送支付指令，轧差净额清算资金，支撑各种支付工具的应用。

小额批量支付系统实行批量发送支付指令，轧差净额清算资金，旨在为社会提供低成本、大业务量的支付清算服务，为社会公众办理网上支付、电话支付等电子支付业务提供了全天候的支付清算业务，满足社会各种经济活动的需求。

“批量”是指小额支付系统对业务进行组包并批量发送，实时贷记业务包、实时借记业务包每包限一笔业务；其他业务包每包业务不超过2 000笔。

小额支付系统参与者分为直接参与者、间接参与者和特许参与者。直接参与者，是指直接与支付系统城市处理中心连接并在中国人民银行开设清算账户的银行业金融机构以及中国人民银行地（市）以上中心支行（库）。间接参与者，是指未在中国人民银行开设清算账户而委托直接参与者办理资金清算的银行业金融机构以及中国人民银行县（市）支行（库）。特许参与者，是指经中国人民银行批准通过小额支付系统办理特定支付业务的机构。

小额支付系统处理同城、异地的借记支付业务以及金额在规定起点以下的贷记支付业务。小额支付系统处理的同城贷记支付业务，其信息从付款行发起，经付款清算行、城市处理中心、收款清算行，至收款行止。小额支付系统处理的异地贷记支付业务，其信息从付款行发起，经付款清算行、付款行城市处理中心、国家处理中心、收款行城市处理中心、收款清算行，至收款行止。小额支付系统处理的同城借记支付业务，其信息从收款行发起，经收款清算行、城市处理中心、付款清算行、付款行后，付款行按规定时限发出回执信息原路径返回至收款行止。小额支付系统处理的异地借记支付业务，其信息从收款行发起，经收款清算行、收款行城市处理中心、国家处理中心、付款行城市处理中心、付款清算行、付款行后，付款行按规定时限发出回执信息原路径返回至收款行止。

国家处理中心对清算账户中不足清算的支付业务，按以下队列排队等待清算：错账冲正；特急大额支付（救灾、战备款项）；日间透支利息和支付业务收费；同城票据交换轧差净额清算；紧急大额支付；普通大额支付和即时转账支付。

资 料 卡

小额支付系统业务种类

（1）普通贷记业务。主要指规定金额以下的汇兑、委托收款（划回）、托收承付（划回）、行间转账以及国库汇划款项等主动汇款业务。

（2）定期贷记业务。当事各方按照事先签订的协议，定期发生的批量付款业务，如代付工资、保险金等。其业务特点是单个付款人同时付款给多个收款人。

（3）普通借记业务。普通借记业务为收款人发起的借记付款人账户的业务，如代理银行完成财政授权支付后向国库申请清算资金。

（4）定期借记业务。当事各方按照事先签订的协议，定期发生的批量扣款业务，如收款单位委托其开户银行收取的水、电、煤气等公用事业费用，其业务特点是单个收款人向多个付款人同时收款。

（5）实时贷记业务。实时贷记业务是付款人发起的实时贷记收款人账户的业务，包括跨行通存业务、柜台实时缴税等。

（6）实时借记业务。实时借记业务是收款人发起的实时借记付款人账户的业务，包括跨行通兑业务、税务机关实时扣税业务等。

（7）清算组织发起的代收付业务。支付系统允许清算组织作为特许参与者，接入城市处理中心（CCPC）办理代收代付业务。清算组织负责将代收付清单通过小额支付系统转发至代理行，由代理行负责发起定期借贷记业务。清算组织不在支付系统开立清算账户，代收付业务的资金清算仍通过收付款单位的开户行进行处理。

（8）同城轧差净额清算业务。城市处理中心（CCPC）收到同城清算系统的同城轧差净额后，转发到同城清算系统所在城市的ABS（即中央银行会计集中核算系统）处理。ABS将涉及支付系统直接参与者的同城轧差净额提交支付系统清算；对非直接参与者的同城轧差净额在ABS内部完成资金清算；TBS（即国家金库会计核算系统）的同城轧差净额按照付方启动的原则通过大额支付系统与ABS进行清算。

（9）国库相关业务。主要包括税款缴纳、实时扣税、批量扣税、预算收入上划、预算收入退库等预算收入类业务，财政拨款、财政直接支付、财政授权支付等预算支出类业务以及国债兑付、国债发行的资金清算等其他业务。国库相关业务统一通过TBS与支付系统的接口，采用发送和接收普通（定期）借记业务、普通（定期）贷记业务、实时借记业务等多种方式完成处理。

（10）支票圈存业务。支票圈存业务是指借助于支付密码技术，由收款人在收受支票时，通过POS、网络、电话等，经由小额支付系统向出票行发出圈存指令，预先从出票人账户上圈存支票金额，以保证支票的及时足额支付的业务。

（11）支票截留业务。支票截留业务是指收票行收到客户提交的纸质支票后，不再将支票交换至出票行，而是通过小额支付系统向出票行发起一笔借记业务，出票行根据借记业务指令中提供的支票信息、支付密码、支票影像等确认支票的真实性，并通过小额支付系统完成跨行资金清算。

（12）信息服务业务。指支付系统参与者间相互发起和接收的，不需要支付系统提供清算服务的信息数据，主要包括“支票圈存”信息等非支付类信息。支付系统接收参与者发送的各类信息，经由所在CCPC或NPC实时转发接收参与者。

3. 大小额支付业务清算业务

人行支付系统进入日终对账处理阶段后，分别对大小额来账、往账业务进行轧差，向各商业银行进行资金清算。

银行在人行净借记限额金额不足时，已发送的往账将因无法轧差而排队滞留在国家处理中心。此时通汇控制部门的人行支付系统前置操作员应及时向会计主管报告，落实净借记限额、可用额度在CCPC和NPC之间的调整，在清算账户上调整大额和小额之间的圈存资金，也可以通过人行支付系统前置机调整业务的排队顺序，将金额小的支付业务排在最前面。

资金头寸安排不合理，会出现支付系统清算窗口，影响全国支付系统无法日终，造成不良影响。各行必须充分调动资金避免出现清算窗口。

（二）人民银行票据交换系统

1. 含义

同城票据交换是指人民银行划定的同一清算城市（或区域）内各商业银行所辖的

清算行，按照规定交换时间，通过人民银行将相互间发生代收代付款项的结算凭证集中交换，集中清算资金，通过存放中央银行备付金轧差反映各清算行之间应收或应付资金情况的交换系统。

想 一 想

同城票据交换有什么作用？

同城票据交换是为了满足收、付款人在同一城市或规定区域但不在同一行处开户的企事业单位和个人之间办理资金清算的需要，由开户银行将有关的结算票据按照规定时间和要求将有关商业银行和金融机构之间相互代收、代付款项的凭证按规定的时间和场次统一在某一场所进行交换，并轧记往来行之间应收应付差额，由主办清算行（人民银行）以转账方式进行的资金清算。

2. 种类和要求

同城票据交换分为提出业务和提回业务两种。基本要求如下：

（1）同城交换业务遵循“分散提出、集中提回、集中清算”的原则进行业务处理。

（2）同城交换业务遵循属地管理原则，由当地人民银行管理，各行应按当地人民银行要求进行票据交换及资金清算处理。

（3）提出网点经办柜员根据《支付结算办法》及有关规定审核提出票据的真实性、合法性、完整性和准确性。

（4）严格按交换规定时间进行账务处理，有退票应及时提出，不得压票、无理退票，延误场次。

（5）经办人员应做好提出封包，提回入账回单、挂账通知书、托收回来的退票凭证的交接手续。

（6）交换提回的退票及时进行账务处理，通知客户，退票交付客户时，与客户办理交接手续。

3. 收妥抵用票据退票规定

（1）每日只进行一场交换清算的，隔日必须退票。隔日未退票的，提出行于隔日清算完毕后（即提出票据后第二天清算完毕后）入账。

（2）日进行二场交换清算的，隔场必须退票。隔场未退票的，提出行于提出票据后第二场清算完毕后入账。

（3）超过规定的退票时间后不允许退票。

4. 同城票据交换提出业务操作流程

（1）审核要点。

① 提出业务主要分为提出收方（付款人主动付款）和提出付方（收款人委托收款）两种形式。提出付方业务有收妥抵用和当场入账两种形式，除当地人民银行及行业规定当场入账的票据外，其他应为收妥抵用入账。

② 营业机构汇总提出时，经办人员应将系统输入后产生的收付方汇总金额与实物票据收付方汇总金额进行核对，确保两者一致。如有必要，可将系统中输入的收付方数据，与实物票据进行逐笔勾对，确保信息与实物票据的一致。

③ 若当地使用票据打码系统的，营业机构汇总提出时，经办人员应将系统输入后产生的收付方汇总金额与实物票据收付方汇总金额、票据打码系统汇总提出信息进行核对，确保三者一致。如有必要，可将系统中输入的收付方数据，与实物票据、票据打码系统提出明细信息进行逐笔勾对，确保账务信息与实物票据、票据打码信息的一致。

④ 如提出收方票据金额为50万以上的，按规定与单位核实，并登记核实记录。

（2）操作流程要求。

① 经办人员收到客户提交的办理同城交换的凭证后，根据《支付结算办法》审核要求认真审核凭证种类及各要素（章、证、押、背书及票据提示付款期限等）是否相符、正确。如为提出收方记账的凭证，必须通过验印系统核对印鉴。

② 无误后，经办人员在系统中根据票据种类做提出收方记账或提出付方记账的账务处理。账务处理结束后，经办人员将凭证交复核员。

③ 复核员按《支付结算办法》有关要求审核凭证，并在系统进行复核处理，打印相关凭证。复核员在凭证上加盖个人名章后，将凭证返还经办员。

④ 经办人员在凭证上加盖业务印章和经办人员名章。

提出收方记账凭证：经办人员在支票、银行汇票、银行本票、税单等借方记账依据上加盖转讫章，在进账单第一联回单联（如为其他贷方凭证，则为回单联）上加盖业务受理章，在进账单第二、第三联（如为其他贷方凭证，则为相应提出凭证）上加盖会计业务专用章，同时在借方记账凭证及回单联加盖个人名章。

提出付方收妥抵用入账凭证：经办员在进账单第一联加盖业务受理章，在第二、第三联盖收妥抵用戳记。

提出付方当场入账凭证：经办人员在进账单第一联加盖业务受理章，在进账单第二、第三联加盖转讫章，如汇票有多余款，则在汇票第三联收账联上加盖转讫章。

⑤ 提出收方汇票结清多余款的客户回单均采用机制凭证，原始回单均作为交换提出汇票结清凭证的附件。若汇票申请人为本网点开户的，则收款通知书（回单）加盖转讫章交客户；若汇票申请人非本网点开户的，则自动产生电子回单，由开户行打印交客户。

⑥ 整理凭证要求。

提出收方业务：经办人员将进账单第一联交客户，将进账单第二、第三联（如为其他贷记凭证，则为相应提出凭证联次）通过同城交换提至收款行，将支票等借方凭证入当日传票归档。

提出付方收妥抵用入账凭证：经办人员将付方记账凭证通过同城交换提出至出票行，将进账单第二、第三联传递至提回处理部门，作为规定日期对应场次收妥入账的凭证。

提出付方当场入账凭证：经办人员将进账单第一联交客户，第三联根据情况投入回单柜或交客户，将三省一市汇票等付方凭证通过同城交换提至出票行。

⑦ 本场结束和提出处理。

每场所有提出收付方票据在系统处理完毕后，辖带部门和被辖带部门根据交换区域和交换币种的不同分别进行场次结束处理。

辖带部门和被辖带部门将系统中本部门本场收、付方合计与实物票据收付方汇总金额进行核对，保证无误。

辖带部门将系统中本交换号本场收、付方合计与实物票据收付方汇总金额进行核对，保证无误。

5. 同城票据交换提回业务操作流程

（1） 审核要点。

① 经办员审核票据及结算凭证真伪，查验防伪标志。

② 经办员审核票据及结算凭证事项的正确、合法。

进账单应审核以下内容：凭证金额与交换专用信封的金额是否一致；收款人是否在本行开户；必须记载事项是否齐全；收款人户名、账号是否一致；大小写金额是否相符；凭证金额、签发日期、收款人名称、付款人名称是否更改，更改的其他记载事项是否由原记载人签章。

支票应审核以下内容：支票是否为统一印制的凭证，是否真实有效，是否在提示付款期内；各要素填写是否准确、有无涂改；如有背书，背书是否符合要求；支票付款人是否在本行开户；收款人名称与背书人签章是否相符；被背书人栏内是否有收款人开户行“委托收款”字样；支票上大小写金额是否一致。

核对支票和结算凭证上的签章是否与预留银行签章相符。

（2） 操作流程要求。

① 柜员对票据交换场提回的票据进行清分，并与票据交换场提供的金额核对。

② 柜员应按照“先收后付，先退票后其他”的业务处理原则在生产系统中进行记账及复核处理。

③ 联行转汇时，对于账号、户名正确的，可直接入客户账，并在收款账户开户行生成电子回单作客户回单；若账号不正确的，则采用在收款行账务中心挂账方式处理，由收报行通过来账进行确认、批注处理；若账号正确户名不正确的，则采用在账号开户网点挂账方式处理，由收报行通过来账进行确认、批注处理。

风险警示

同城票据交换业务风险控制要求

- 认真审查付款凭证的合规性、合法性，避免由于审查不严违规付款造成的资金风险。
- 退票不及时或者对方电话退票时未做登记，导致垫付资金情况。
- 回单丢失或未及时传递，影响客户与我行的对账及客户资金的到账信息的传递。

● 认真确认对方银行交换号，避免由于误提情况造成的客户资金到账延迟风险。

● 认真核对提出数据与实物票据的金额，防止由于出现不平遭票据交换场退回造成的客户资金到账延迟风险。

（三）商业银行系统内资金汇划系统

系统内汇划系统，是指商业银行利用自身计算机网络系统处理本行内同城和异地间借记或贷记支付业务，完成行内不同机构间结算与清算的业务处理系统。适用于单位和个人各种款项的结算。

1. 审核要点

（1）汇兑结算没有金额起点的限制。

（2）办理汇兑业务，须填制结算业务申请书。结算业务申请书必须记载下列事项：无条件支付的委托、确定的金额、收款人名称、汇款人名称、汇入地点、汇入行名称、汇出地点、汇出行名称、委托日期、汇款人签章。凭证记载的汇款人、收款人在银行开立存款账户的，必须记载其账号。结算业务委托书上记载的收款人为个人，且需要到汇入行领取汇款的，汇款人应在结算业务申请书上注明“留行待取”字样。

（3）汇入银行对于收款人无法联系或拒绝接受的汇款，经两个月无法交付的汇款，应主动办理退汇。

（4）汇款人对汇出银行尚未汇出的款项可以申请撤销。申请撤销时，应出具正式函件或本人身份证件以及原结算业务申请书回单。汇出银行查明确未汇出款项的，收回原结算业务申请书回单，方可办理撤销。

（5）汇款人对汇出银行已经汇出的款项可以申请退汇。对在汇入银行开立存款账户的收款人，由汇款人与收款人自行联系退汇；对未在汇入银行开立存款账户的收款人，汇款人应出具正式函件或本人身份证件以及原结算业务申请书回单，由汇出银行通知汇入银行，经汇入银行核实汇款确未支付，并将款项汇回汇出银行，方可办理。

2. 汇兑业务操作流程要求

（1）往账业务操作流程。

① 客户办理汇兑业务时，应向银行提交一式三联的“结算业务申请书”，经办柜员按审核要求进行审查。如申请人为个人，且缴存现金办理汇兑业务的，经办员应在审核后清点收妥款项。

② 经审核申请书、清点款项无误后，经办柜员进行汇兑业务账务处理，经办行应根据本行公布的收费标准向客户收取相关的结算费用。费用的收取可从客户指定的账户中转账收取，也可以向客户直接收取现金。

③ 经办员将申请书等凭证递交复核员，复核员按审核要求审核申请书各要素无误后，进行汇兑业务复核，根据系统提示打印相关凭证，在申请书上加盖个人名章。

④ 经办人在申请书第一联及付款通知书加盖转讫章，在申请书第三联加盖业务受理章，在申请书及付款通知书上加盖个人业务名章。将申请书第三联及付款通知书回单联交客户，将申请书第二联及付款通知书附申请书第一联后。

（2）来账业务操作流程。

① 若客户填制的结算业务申请书上收款人账号正确，且收款人名称与系统自动显

示的收款人名称一致，汇款业务可直接入收款单位账。收款行不需进行后续处理。

② 若客户填制的结算业务申请书上收款人账号正确，但收款人名称与系统自动显示的收款人名称不一致，则挂账至收款单位开户网点，由网点进行后续处理。

③ 客户填制的结算业务申请书的收款人账号不正确，挂账至收款行账务中心相应暂收账户，由收款行账务中心进行后续处理。

④ 收款行经核实后，原来账业务确无法入账，且发出查询 3 个工作日后未作查复的，由收报行发起退汇。原汇款退回原汇出行相应网点，自动挂账至网点暂收账户，由原汇款行网点进行后续处理。

（3）退汇业务操作流程。

汇出行受理客户申请退汇：如果客户申请汇出的款项尚未汇出，银行可以受理客户撤销申请；对款项已汇入收款人账户的，由汇款人与收款人自行联系退汇；对收款人未在汇入行开立账户的，应由汇款人备函或本人身份证件连同原结算业务申请书回单交汇出行办理退汇。

汇入行受理原汇出行退汇通知：原汇出行接到原汇入行退回的款项，按照“来账业务操作流程”有关要求处理。

汇出行收到退回款的处理手续：原汇出行接到原汇入行退回的款项，按照“来账业务操作流程”有关要求处理；如接到汇入行已入账的查复信息，应在留存的查询书上批注入账情况，并通知原汇款人。

汇入行主动退汇：汇入行对收到的汇入款项无法作入账或转汇处理的，汇入行可以主动办理退汇，经办员抽出原挂账单，并在凭证上注明“退汇”字样，作款项退回；原汇出行接到原汇入行退回的款项，按照“来账业务操作流程”有关要求处理。

（4）查询查复业务操作流程。

基本要求：每日必须查询是否有查询业务，并在规定的期限内查复（当日或最迟不超过下 1 个法定工作日上午）；处理查询查复要求规范、严谨、及时、准确，必须遵循“有疑必查、有查必复、查必彻底、复必详尽”的原则；对查询查复业务需指定专人负责，对批处理产生的有查未复清单要认真勾对，督促相关人员及时处理。

操作流程：

① 查询行对本行接受或发出的汇兑业务有疑问，以及受理客户的查询事项，需要对业务要素进行查询的，应向查复行发送查询信息，并打印查询书。

② 收到查询信息，打印查询书，提交业务人员确认，业务人员依照查询书的内容，认真查阅有关凭证和影像资料，查明情况和原因，在当日至迟下 1 个法定工作日上午，向查询行发出查复信息，并打印查复书。对更正汇兑业务要素的查询，必须严格以客户提交的原始凭证的记载内容为依据查复。严禁银行和个人擅自更改凭证内容，发出查复信息。

③ 收到查复信息后，打印查复书。对所查询问题已得到明确答复的，立即按照有关规定处理或通知客户。在收到查询行的主动更正查询信息，必须发送确认的回复信息。

④ 查询书打印 1 份；查复书打印两份，一份做账务处理的依据，一份同原查询书配对专夹保管；查询、查复书序时排列，按年装订。

⑤ 对于收到查询行同一笔汇兑业务多次查询的，必须逐一回复查复信息。

风险警示

汇兑业务风险控制要求

● 签发汇兑凭证须记载所需事项，欠缺记载事项之一的，银行不予受理。

● 汇款回单只能作为汇出银行受理汇款的依据，不能作为该笔汇款已转入收款人账户的证明。

● 客户将收款人名称、账号错写或简写，致使汇入有效信息失真，客户资金不能确保安全准确、及时汇划到账，出现退汇业务。

● 办理汇兑来账业务时，当收款人账号、账户不符时，须经人工认真判断后进行后续业务的处理，判断不准确容易发生错账或人为错入账。

● 汇款人对汇出银行已汇出的款项可以申请退汇，但是汇出银行务必认真核实汇款的时间。

● 必须及时处理查询查复业务，明确责任，加强监督，防范风险。

● 部分操作人员未按照规定程序进行账务核对，不熟悉汇兑业务的查询查复规定。对汇入行未入账的汇款，汇出行受理客户撤销汇款申请时，应本着谨慎原则，要求客户遵循正常渠道办理，出具公函和提供原业务回单等有效证明。严禁接受电话或其他任何非正规渠道的申请。

● 汇款超过两个月尚未解付的，在受理解付手续时要严格审查，经主管领导审批后，方可办理。

任务五　委托收款业务

能力目标　理解委托收款业务操作流程

知识目标　了解委托收款业务基本规定

重点难点　委托收款业务基本要求

一、委托收款业务基本规定

（一）含义

委托收款是收款人委托银行向付款人收取款项的结算方式。

资 料 卡

委托收款结算方式适合业务及特点

委托收款结算方式适用于清偿债务、收取公用事业费。单位和个人凭已承兑的商业汇票、债券、存单等付款人债务证明办理款项的结算，均可以使用委托收款结算方式。

办理委托收款业务必须具有可靠、有力的收款依据，或者双方事先约定。属于商业信用，付款保证性相对较差，只用于收款人委托开户银行收款的结算。同城、异地结算都可以使用。付款人审查有关债务证明后，对收款人委托收取的款项需要拒绝付款的，可以办理拒绝付款，但不可办理部分拒绝付款。

（二）基本要求

（1）在办理委托收款业务时，收款人应向开户银行提交托收凭证和有关债务证明。

（2）收款人签发委托收款凭证时，必须记载表明“委托收款”的字样、确定的金额、付款人名称、收款人名称、委托收款凭据名称及附寄单证张数、委托日期、收款人签章等事项。欠缺记载上述事项之一的，银行不予受理。

（3）委托收款以银行以外的单位为付款人的，托收凭证必须记载付款人开户银行名称；以银行以外的单位或在银行开立存款账户的个人为收款人的，托收凭证必须记载收款人开户银行名称；未在银行开立存款账户的个人为收款人的，托收凭证必须记载被委托银行名称。欠缺记载的，银行不予受理。

（4）银行接到寄来的托收凭证及债务证明，审查无误办理付款。以银行为付款人的，银行应在当日将款项主动支付给收款人；以单位为付款人的，银行应及时通知付款人，于付款人接到通知日的次日起第 4 日上午将款项划给收款人。付款人存款账户不足支付的，应向收款人发出未付款项通知书。

（5）付款人审查有关债务证明后，对收款人委托收取的款项需要拒绝付款的，办理拒绝付款。自收到委托收款及债务证明的次日起 3 日内出具拒绝证明寄给被委托银行，转交收款人。

（6）在同城范围内，收款人收取公用事业费，必须具有收付双方事先签订的经济合同，由付款人向开户银行授权，并经开户银行同意，经中国人民银行当地分支行批准。

二、委托收款业务操作流程

（一）收款人开户行发出委托收款业务操作流程

1. 审核要点

经办柜员受理时应审查托收凭证及债务证明的内容是否符合规定。具体内容如下：

（1）托收凭证是否为统一印制的凭证。

（2）是否已有表明“委托收款”的字样。

（3）托收凭证大小写金额是否一致、正确，与债务证明金额是否一致。

（4）委托日期是否为受理当日。

（5）托收票据是否注明委托收款凭据名称和附寄单证张数。

（6）核对托收凭证（第二联）单位印鉴章与银行预留印鉴是否一致。

（7）审核“托收凭证”记载的事项与债务证明记载的事项是否相符。

（8）若托收人为本行，经办员尚需审核以下内容：商业汇票背书转让是否连续；背书使用粘单的，粘单第一记载人是否在汇票和粘单的粘接处签章；最终被背书人处是否填写“××分行××支行委托收款”字样；若为贴现的商业汇票还应审核最终背书人签章是否为“结算专用章”。

2. 收款人开户行发出委托收款业务操作流程

（1）审核无误后，在系统进行委托收款业务的发出登记处理。登记完毕后，在托收凭证第一、第二、第三联套打系统自动产生的发出托收编号，并将其手工填写在第四、第五联凭证左上角。收款账户若为按次收费的，同时打印一式两联“付款通知书”。

（2）托收凭证第一联加盖业务受理章，第二联加盖附件戳记，第三联上加盖结算专用章并注明“汇款时在备注栏内填写委托收款编号”等字样；付款通知书记账联和回单联加盖转讫章。

（3）托收凭证第一联连同付款通知书（回单联）退给客户，托收凭证第三联与第四、第五联及交易单证一并寄送付款人开户行，付款通知书（记账联）连同托收凭证第二联入当日传票归档。

（4）收款人开户行对逾期尚未划回，又未收到付款人开户行寄来拒绝付款理由书的托收款项，应及时发出复询。对于查询不复的，必要时应再次办理查询。

（二）付款人开户行收到委托收款业务操作流程

1. 审核要点

付款人开户行指定柜员接到收款人开户行寄来的第三、第四、第五联托收凭证及有关债务证明，应对票据的合法性和有效性进行审查。

（1）审核“托收凭证”是否属于本部门受理。

（2）审核“托收凭证”相关内容：凭证是否为统一印制的凭证；大小写金额是否一致正确；付款人账号、名称是否正确；是否注明委托日期；托收凭证是否注明委托收款票据名称及附寄单证张数；托收凭证第三联是否加盖结算专用章。

（3）审核债务证明记载的事项与托收凭证记载的事项是否相符。若债务证明为商业汇票的，尚需审核凭证要素是否合规；背书转让是否连续和规范；付款人签章是否为银行预留印鉴；背书使用的粘单是否合规，委托收款背书是否符合规定。若为贴现票据托收的，还应审核最终背书人签章是否为“结算专用章”。

（4）若债务证明为银行承兑汇票，应抽出银行承兑汇票留存联进行凭证号、印章、内容、笔迹等要素核对，并通过相关交易确认票据状态为“承兑”或“到期扣款”，挂失标志为“正常”。

（5）若债务证明为储蓄存单，应在系统中进行核实，并在收到资金后予以付款。

2. 付款人开户行收到委托收款业务操作流程

（1）审核无误后，在系统进行委托收款业务的收到登记处理，联动记录“收到委托收款结算凭证”表外账务。登记完毕后，在托收凭证第四、第五联上套打自动产生的收到托收编号，并在凭证上填注收到日期。

（2）托收凭证第三、第四联以及按照规定需由银行留存的债务证明专夹保管。

（3）托收凭证第五联加盖会计业务专用章和名章。

（4）付款银行收到托收凭证后应及时通知付款人，要求其到营业机构领取发出承付通知书（业务受理通知书）、托收凭证第五联以及按照规定需要交付款人的债务证明等。付款人领取上述单证时，需办理签收手续。

（三）付款人开户行付款业务操作流程

1. 审核要点

（1）要认真审核债务证明，严格判断凭证到期日，避免提前或延迟付款，造成资金风险。

（2）要认真审核拒付理由，避免造成错误拒绝付款。

（3）办理托收凭证及有关单证邮寄时，要使用专用信封，采用挂号或特快专递方式邮寄，并与邮局之间建立严密的交接手续。对邮局出具的收到邮件凭证必须按规定妥善保管。

2. 付款人开户行付款业务操作流程

（1）付款人为银行的，应根据规定在债务证明到期日上午开始营业时审核付款。

（2）付款人为单位的，在债务证明到期日上午开始营业时或签收委托收款付款通知次日起的第 4 天上午开始营业时根据账户余额情况，给付款行提示付款或拒付款项。

（3）债务证明为商业承兑汇票，经办员应确认票据是否已到期，在接到付款人的付款通知书，或自付款人签收次日起第 4 天未接到付款人拒绝付款通知的，可在债务证明到期日上午营业开始时，抽出专夹保管的托收凭证第三、第四联，通过账户查询确认付款人账户可支付数。

（4）债务证明为银行承兑汇票，指定经办员应确认票据是否已到期，若已到期扣款，则根据银行承兑汇票卡片中的扣款会计流水，打印挂账通知书后进行付款处理。

（5）付款人账户有足够金额支付全部款项时，根据托收凭证上的收到托收编号，在系统进行付款行委托收款业务的销账登记和付款处理。若收款行为系统内分行，则同时在系统进行收款行委托收款业务的销账登记和收款处理。若为发出贴现委托收款，则同时根据委托收款卡片上的贴现编号结清贴现卡片。托收凭证第三、第四联加盖转讫章和名章；按照规定需由银行留存的债务证明加盖附件戳记。托收凭证第三、第四联及债务证明入当日传票归档。

（6）付款人账户不足支付全部款项时，经办员在托收凭证上注明日期和“无款支付”字样，并填制三联付款人未付款项通知书，需经会计主管审核同意并签章。经办员在托收凭证第三、第四联和未付款项通知书各联上加盖业务章和名章。未付款项通知书（第二、第三联）连同托收凭证（第四联）及有关债务证明通过邮寄的方式送达收款单位开户行。未付款项通知书第一联与托收凭证第三联入当日传票归档。

（7）付款人拒绝付款时，付款人需填制一式四联拒绝付款理由书，自签收日的次日起 3 天内连同付款人持有的债务证明和第五联托收凭证一并送交开户行。经办员接到付款人的拒绝付款理由书，需要认真审核拒付理由无误后，抽出专夹保管的托收凭证第三、第四联，注明“拒绝付款”字样。柜员在拒绝付款理由书各联及托收凭证第三、第四联加盖业务章和名章。拒绝付款理由书（第一联）交客户；拒绝付款理由书（第三、第四联）连同托收凭证（第四、第五联）及有关债务证明通过邮寄的方式到达收款单位开户行。拒绝付款理由书（第二联）及托收凭证第三联入当日传票归档。

（四）收款人开户行款项划回业务操作流程

1. 审核要点

（1）托收凭证或转汇信息中的原发出托收号码信息是否完整，要认真查找直接入客户账户，避免造成未及时对发出委托收款业务进行销账登记处理。

（2）收款人开户行对逾期尚未划回，又未收到付款人开户行寄来拒绝付款理由书的托收款项，应及时发出复询。对于查询不复的，必要时应再次办理查询。

2. 收款人开户行款项划回业务操作流程

（1）收款人开户行发出委托收款款项的划回处理原则上由付款人开户机构或接收跨系统业务的网点进行销账处理。

（2）经办员根据托收凭证或来账信息中的原发出托收号码、金额等要素，由系统自动调阅电子底卡进行核对后进行销账登记处理。若为发出贴现委托收款，同时根据发出委托收款卡片上的贴现编号结清贴现卡片。

（3）若托收凭证或报文信息中未注明原发出托收号码，经办员应通过相关交易进行查询并核对确认。

任务六　托收承付业务

能力目标　理解托收承付业务操作流程

知识目标　了解托收承付业务基本规定

重点难点　托收承付业务风险控制要求

一、托收承付业务基本规定

（一）含义

托收承付是先发货，后委托银行向异地付款人收取款项，由付款人向银行承认付款的一种结算方式。

采用这种方式结算，购销双方必须签定购销合同，并在合同上约定采用托收承付结算。付款争议较多，目前仅限于收、付款单位为经开户银行审查同意的国有企业、供销合作社及城乡集体所有制工业企业间使用。

（二）种类

托收。收款人按照签订的购销合同发货后，委托银行办理托收。收款人应将托收凭证并附发运证件或其他符合托收承付结算的有关证明和交易单证送交银行。收款人如需取回发运证件，银行应在托收凭证上加盖“已验发运证件”戳记。

承付。付款人开户银行收到托收凭证及其附件后，应当及时通知付款人。通知的方法，可以根据具体情况与付款人签订协议，采取付款人来行自取、派人送达、对距离较远的付款人邮寄等。付款人应在承付期内审查核对，安排资金。

承付货款分为验单付款和验货付款两种，由收付双方商量选用，并在合同中明确规定。

验单付款。验单付款的承付期为3天，从付款人开户银行发出承付通知的次日算起（承付期内遇法定休假日顺延）。

验货付款。验货付款的承付期为10天，从运输部门向付款人发出提货通知的次日算起。对收付双方在合同中明确规定，并在托收凭证上注明验货付款期限的，银行从其规定。

付款人在承付期内，未向银行表示拒绝付款，银行即视作承付，并在承付期满的次日（法定休假日顺延）上午银行开始营业时，将款项主动从付款人的账户内付出，按照收款人指定的划款方式，划给收款人。

（三）基本要求

（1）使用托收承付结算方式的收款单位和付款单位，必须是国有企业、供销合作社以及经营管理较好，并经开户银行审查同意的城乡集体所有制工业企业。

（2）办理托收承付结算的款项必须是商品交易，以及因商品交易而产生的劳务供应的款项。代销、寄销、赊销商品的款项，不得办理托收承付结算。

（3）收付双方使用托收承付结算必须签有符合《经济合同法》的购销合同，并在合同上订明使用托收承付结算方式。

（4）收付双方办理托收承付结算，必须重合同、守信用。收款人对同一付款发货托收累计 3 次收不回货款的，收款人开户银行应暂停收款人向该付款人办理托收；付款人累计 3 次提出无理拒付的，付款人开户银行应暂停其向外办理托收。

（5）收款人办理托收，必须具有商品确已发运的证件（包括铁路、航运、公路等运输部门签发运单、运单副本和邮局包裹回执）；没有发运证件，可根据相关规定凭有关证件办理托收。

（6）托收承付结算每笔金额起点为人民币 1 万元。新华书店系统每笔的金额起点为人民币 1 000 元。

（四）延付赔偿金计算

$$赔偿金金额 = 逾期付款金额 \times 逾期天数 \times 5‰$$

逾期付款天数从承付期满日算起。承付期满日银行营业终了时，付款人如无足够资金支付，其不足部分，应当算作逾期 1 天，计算 1 天的赔偿金；在承付期满的次日（遇法定休假日，逾期付款赔偿金的天数计算相应顺延，但在以后遇法定休假日应当照算逾期天数）银行营业终了时，仍无足够资金支付，其不足部分，应当算作逾期两天，计算两天的赔偿金；其余类推。

二、托收承付业务的操作流程

（一）收款人开户行发出托收承付业务操作流程

（1）客户（收款人）填制一式五联“托收凭证”（第二联必须加盖银行预留印鉴），连同发运证件或其他符合托收承付结算的有关证明和交易单证送交开户银行。客户如需取回发运证件，银行应在托收凭证各联和发运证件上加盖“已验发运证件”戳记。

（2）审核无误后，在生产系统进行托收承付业务的发出登记处理。登记完毕后，在托收凭证第一、第二、第三联套打系统自动产生发出托收编号，并将其手工填写在第四、第五联凭证左上角。收款账户若为按次收费的，同时打印一式两联“付款通知书”。

（3）托收凭证第一联加盖业务受理章，第二联加盖附件戳记，第三联上加盖结算专用章并注明“汇款时在备注栏内填写托收承付编号”等字样；付款通知书记账联和回单联加盖转讫章。

（4）托收凭证第一联连同付款通知书（回单联）退给客户，托收凭证第三联与第四、第五联及交易单证一并寄送付款人开户行，付款通知书（记账联）连同托收凭证第二联入当日传票归档。

（5）收款人开户行对逾期尚未划回，又未收到付款人开户行寄来逾期付款通知书或拒绝付款理由书的托收款项，应及时发出复询。对于查询不复的，必要时应再次办理查询。

资料卡

办理托收的证件要求

收款人办理托收应当具有商品确已发运的证件。没有发运证件的，需要审查是否属于下列可凭其他有关证件办理托收的情况：

1. 内贸、外贸部门系统内商品调拨，自备运输工具发送或自提的；易燃、易爆、剧毒、腐蚀性强的商品，以及电、石油、天然气等必须使用专用工具或线路、管道运输的，可凭付款人确已收到商品的证明（粮食部门凭提货单及发货明细表）。

2. 铁道部门的材料厂向铁道系统供应专用器材，可凭其签发注明车辆号码和发运日期的证明。

3. 军队使用军列整车装运物资，可凭注明车辆号码、发运日期的单据；军用仓库对军内发货，可凭总后勤部签发的提货单副本，各大军区、省军区也可比照办理。

4. 收款人承造或大修理船舶、锅炉和大型机器等，生产周期长，合同规定按工程进度分次结算的，可凭工程进度完工证明书。

5. 付款人购进的商品，在收款人所在地转厂加工、配套的，可凭付款人和承担加工、配套单位的书面证明。

6. 合同规定商品由收款人暂时代为保管的可凭寄存证及付款人委托保管商品的证明。

7. 使用“铁路集装箱”或将零担凑整车发运商品的，由于铁路只签发一张运单，可凭发运证件单位出具的证明。

8. 外贸部门进口商品，可凭国外发来的账单、进口公司开出的结算账单。

如提供的发运证件需要取回的，收款人应在托收凭证上注明正确的“发运日期”和“证件号码”。

（二）付款人开户行收到托收承付业务操作流程

（1）收到寄来的托收凭证（第三、第四、第五联）和交易单证证明后，应当及时通知付款人。通知的方法可以根据具体情况与付款人签订协议。

（2）审核无误后，在生产系统进行托收承付业务的收到登记处理，联动记录“收到托收结算凭证”表外账务。登记完毕后，在托收凭证第四、第五联上套打自动产生的收到托收编号，并在凭证上填注收到日期。

（3）托收凭证第五联加盖会计业务专用章和名章。

（4）付款银行收到托收凭证后应及时通知付款人，要求其到营业机构领取发出承付通知书（业务受理通知书）、托收凭证第五联以及交易单证等。

（5）托收凭证第三、第四联专夹保管。

（三）托收承付付款业务操作规定

托收承付业务付款验收方式分为验单付款和验货付款两种，由收付款双方事先商定，并在合同中明确规定。

1. 验单付款

验单付款的承付期为3天，从付款人开户行发出承付通知的次日（付款人来行自取的，为银行收到托收凭证日的次日）算起（承付期内遇法定休假日顺延），必须邮寄的应加邮寄时间。付款人在承兑期内未向银行表示拒绝付款，银行即视作承付，并在承付期满的次日上午银行开始营业时，将款项主动从付款人的账户内付出，按照收款人指定的付款方式，划给收款人。

2. 验货付款

验货付款的承付期为10天，从运输部门向付款人发出提货通知的次日算起。对收付双方在合同中明确规定，并在托收凭证上注明验货付款期限的，银行从其规定。付款人在银行发出承付通知的次日起10日内，未收到提货通知的，应在第10天将货物尚未到达的情况通知银行。在第10天付款人没有通知银行的，银行即视作已经验货，于10天期满的次日上午银行开始营业时，将款项划给收款人；在第10天付款人通知银行货物未到，而以后收到提货通知没有及时送交银行，银行仍按10天期满的次日作为划款日期，并按超过的天数，计扣逾期付款赔偿金。采用验货付款的，收款人必须在托收凭证上加盖“验货付款”字样戳记。未注明验货付款的，经付款人提出合同证明是验货付款的，银行可按验货付款处理。

无论是验货付款或验单付款，付款人都可以在承付期内提前向银行表示承付，并通知银行提前付款；因商品的价格、数量或金额变动，付款人应多承付款项的，须在承付期内向银行提出书面通知，银行据以划付款项。付款人不得在承付货款中扣抵其他款项或以前托收的货款。

3. 逾期付款

付款人在承付期满日银行营业终了时，如无足够资金支付，其不足部分，即为逾期未付款项，按逾期付款处理。

（1）付款人开户银行对付款人逾期支付的款项，应当根据逾期付款金额和逾期天数，按每天万分之五计算逾期付款赔偿金。

（2）赔偿金实行定期扣付，每月计算1次，于次月3日内单独划给收款人。

（3）付款人开户银行对付款人逾期未能付款的情况，应当及时通知收款人开户银行，由其转告收款人。

（4）付款人开户银行要随时掌握付款人账户逾期未付的资金情况，俟账户有款时，必须将逾期未付款项和应付的赔偿金及时扣划给收款人，不得拖延扣划。

（5）付款人开户银行对不履行合同规定、3 次拖欠货款的付款人，应当通知收款人开户银行转告收款人，停止对该付款人办理托收。

（6）付款人开户银行对逾期未付的托收凭证，负责进行扣款的期限为 3 个月（从承付期满日算起）。期满时，银行应联系付款人将有关结算凭证连同交易单证或应付款项证明单退回收款人开户银行转交收款人，并将应付的赔偿金划给收款人。

4. 全部或部分拒绝付款

付款人在承付期内，对下列情况，可以向银行提出全部或部分拒绝付款：（1）没有签订购销合同或购销合同未订明使用托收承付结算方式的款项；（2）未经双方事先达成协议，收款人提前交货或因逾期交货付款人不再需要该项货物的款项；（3）未按合同规定到货地址发货的款项；（4）代销、寄销、赊销商品的款项；（5）验单付款，发现所到货物的品种、规格、数量价格与合同规定不符，或货物已到，经查验货物与合同规定或发货清单不符的款项；（6）验货付款，经查验货物与合同规定或与发货清单不符的款项；（7）货款已经支付或计算有错误的款项。

不属于上述情况的，付款人不得拒绝付款。

（四）收款人开户行发出托收承付的款项划回业务操作规定

（1）收款人开户行发出托收承付款项的划回处理原则上由付款人开户机构或接收跨系统来账业务的网点进行销账处理。

（2）经办员根据托收凭证或转汇信息中的原发出托收号码、金额等要素，由系统自动调阅电子底卡进行核对后进行销账登记处理。

（3）若托收凭证或报文信息中未注明原发出托收号码，经办员应通过相关交易进行查询并核对确认。

（4）接收跨系统来账业务的网点在办理发出托收承付款项的划回处理时，若收款人属于本网点开户单位，则打印收款通知书并加盖转讫章，收款通知书（回单联）作客户回单，收款通知书（记账联）入当日传票归档；其他情况均由系统自动产生记账回执，由收款人开户网点打印加盖转讫章后交客户作为回单。

风险警示

托收承付业务风险控制要求

- 托收凭证是否为统一印制的凭证，各项要素是否记载齐全；大小写金额是否一致正确；委托日期是否为受理当日。认真审查托收凭证的合规性，避免由于审查不严违规付款造成的资金风险。
- 必要时，还应查验收付款人签订的购销合同。凡不符合要求或违反购销合同发货的，不能办理。托收凭证应及时审查，审查时间不得超过次日。
- 办理托收凭证及有关单证邮寄时，要使用专用信封，采用挂号或特快专递方式邮寄，并与邮局之间建立严密的交接手续。对邮局出具的收到邮件凭证必须按规定妥善保管。

• 付款人开户行收到收款人开户行邮寄的托收凭证及有关单证，应及时通知付款人。对采用电话方式通知的，应在《重要事项联系记录簿》上做好电话记录。付款人领取发出承付通知书、托收凭证第五联以及交易单证时，必须在《客户签收记录簿》中登记。

任务七　信用卡业务

能力目标　掌握信用卡业务办理基本要求

知识目标　了解信用卡业务基本规定

重点难点　特约单位受理信用卡业务操作流程

一、信用卡业务基本规定

（一）含义

信用卡是指商业银行向个人和单位发行的，凭以向特约单位购物、消费和向银行存取现金，且具有消费信用的特制载体卡片。

（二）种类

信用卡按使用对象分为单位卡和个人卡；按信誉等级分为金卡和普通卡。

（1）单位卡。凡在中国境内金融机构开立基本存款账户的单位可申领单位卡。单位卡可申领若干张，持卡人资格由申领单位法定代表人或其委托的代理人书面指定和注销。单位卡一律不得支取现金。单位卡账户的资金一律从其基本存款账户转账存入，不得交存现金，不得将销货收入的款项存入其账户。

（2）个人卡。凡具有完全民事行为能力的公民可申领个人卡。个人卡的主卡持卡人可为其配偶及年满18周岁的亲属申领附属卡，申领的附属卡最多不得超过两张，也有权要求注销其附属卡。个人卡账户的资金以其持有的现金存入或以其工资性款项及属于个人的劳务报酬收入转账存入。严禁将单位的款项存入个人卡账户。

（三）发卡条件

申请发行信用卡的银行、非银行金融机构，必须具备下列条件：

（1）符合中国人民银行颁布的商业银行资产负债比例监控指标；

（2）相应的管理机构；

（3）合格的管理人员和技术人员；

（4）健全的管理制度和安全制度；

（5）必要的电信设备和营业场所；

（6）中国人民银行规定的其他条件。

二、信用卡业务办理基本要求

（1）单位或个人申领信用卡，应按规定填制申请表，连同有关资料一并送交发卡银行。符合条件并按银行要求交存一定金额的备用金后，银行为申领人开立信用卡存款账户，并发给信用卡。

（2）发卡银行可根据申请人的资信程度，要求其提供担保。担保的方式可采用保证、抵押或质押。

（3）信用卡备用金存款利息，按照中国人民银行规定的活期存款利率及计息办法计算。

(4) 信用卡仅限于合法持卡人本人使用，持卡人不得出租或转借信用卡。

(5) 发卡银行应建立授权审批制度；信用卡结算超过规定限额的必须取得发卡银行的授权。持卡人可持信用卡在特约单位购物、消费。单位卡不得用于10万元以上的商品交易、劳务供应款项的结算。

(6) 信用卡透支额，金卡最高不得超过1万元，普通卡最高不得超过5 000元。信用卡透支期限最长为60天。信用卡透支利息，自签单日或银行记账日起15日内按日息万分之五计算，超过15日按日息万分之十计算，超过30日或透支金额超过规定限额的，按日息万分之十五计算。透支计息不分段，按最后期限或者最高透支额的最高利率档次计息。持卡人使用信用卡不得发生恶意透支。恶意透支是指持卡人超过规定限额或规定期限，并且经发卡银行催收无效的透支行为。

(7) 信用卡丧失，持卡人应立即持本人身份证件或其他有效证明，并按规定提供有关情况，向发卡银行或代办银行申请挂失。发卡银行或代办银行审核后办理挂失手续。

资料卡

信用卡销户的业务处理规定

持卡人不需要继续使用信用卡的，应持信用卡主动到发卡银行办理销户。销户时，单位卡账户余额转入其基本存款账户，不得提取现金；个人卡账户可以转账结清，也可以提取现金。

持卡人还清透支本息后，属于下列情况之一的，可以办理销户：

(1) 信用卡有效期满45天后，持卡人不更换新卡的；

(2) 信用卡挂失满45天后，没有附属卡又不更换新卡的；

(3) 信用卡被列入止付名单，发卡银行已收回其信用卡45天的；

(4) 持卡人死亡，发卡银行已收回其信用卡45天的；

(5) 持卡人要求销户或担保人撤销担保，并已交回全部信用卡45天的；

(6) 信用卡账户两年（含）以上未发生交易的；

(7) 持卡人违反其他规定，发卡银行认为应该取消资格的。发卡银行办理销户，应当收回信用卡。有效信用卡无法收回的，应当将其止付。

三、特约单位受理信用卡业务操作流程

1. 审核要点

(1) 确为本单位可受理的信用卡；

(2) 信用卡在有效期内，未列入“止付名单”；

(3) 签名条上没有“样卡”或“专用卡”等非正常签名的字样；

(4) 信用卡无打孔、剪角、毁坏或涂改的痕迹；

（5）持卡人身份证件或卡片上的照片与持卡人相符，但使用IC卡、照片卡或持卡人凭密码在销售点终端上消费、购物，可免验身份证件；

（6）卡片正面的拼音姓名与卡片背面的签名和身份证件上的姓名一致。

2. 特约单位受理信用卡业务操作流程

（1）特约单位受理信用卡审查无误的，在签购单上压卡，填写实际结算金额、用途、持卡人身份证件号码、特约单位名称和编号。

（2）如超过支付限额的，应向发卡银行索权并填写授权号码，交持卡人签名确认，同时核对其签名与卡片背面签名是否一致。无误后，对同意按经办人填写的金额和用途付款的，由持卡人在签购单上签名确认，并将信用卡、身份证件和第一联签购单交还给持卡人。审查发现问题的，应及时与签约银行联系，征求处理意见。对止付的信用卡，应收回并交还发卡银行。

（3）特约单位不得通过压卡、签单和退货等方式支付持卡人现金，特约单位在每日营业终了，应将当日受理的信用卡签购单汇总，计算手续费和净计金额，并填写汇（总）计单和进账单，连同签购单一并送交收单银行办理进账。收单银行接到特约单位送交的各种单据，经审查无误后，为特约单位办理进账。

（4）持卡人要求退货的，特约单位应使用退货单办理压（刷）卡，并将退货单金额从当日签购单累计金额中抵减，退货单随签购单一并送交收单银行。

思考与训练

一、选择填空

1. ________是指单位、个人在社会经济活动中使用票据、信用卡和汇兑、托收承付、委托收款等结算方式进行货币给付及其资金清算的行为。

2. “三票一卡三方式”指的是________、________、________、________、________、________、________7种结算方式。

3. 支票的提示付款期限为自出票日起________，到期日遇节假日顺延。

4. 银行本票的提示付款期限自出票日起最长不得超过________。

5. ________是汇款人委托银行将其款项支付给收款人的结算方式。

二、正误判断

1. 票据出票日期使用小写填写的，银行不予受理。大写日期未按要求规范填写的，银行可予受理，但由此造成损失的，由出票人自行承担。（　　）

2. 现金支票和转账支票都可用于支取现金。（　　）

3. 采用托收承付方式结算，购销双方必须签定购销合同，并在合同上约定采用托收承付结算。（　　）

4. 信用卡是指中央银行向个人和单位发行的，凭以向特约单位购物、消费和向银行支取现金，且具有贷款作用的特制载体卡片。（　　）

5. 小额支付指令逐笔实时发送、全额清算资金。大额批量支付系统批量发送支付指令，轧差净额清算资金。（　　）

三、单项选择

1. 以下票据和结算凭证上的要素哪个是可以由原记载人在更改处签章证明就可以更改的？（　　）

A. 金额　　B. 出票或签发日期
C. 收款人名称　　D. 其他记载事项

2. （　　）是由在承兑银行开立存款账户的存款人出票，向开户银行申请并经银行审查同意承兑的，保证在指定日期无条件支付确定的金额给收款人或持票人的票据。

A. 支票　　B. 银行汇票　　C. 银行本票　　D. 银行承兑汇票

3. （　　）是中国人民银行按照我国支付清算需要，利用现代计算机技术和通信网络开发建设的，能够高效、安全处理各银行办理的异地、同城各种支付业务及其资金清算和货币市场交易的资金清算的应用系统。

A. 大额实时支付系统　　B. 小额批量支付系统
C. 中国现代化支付系统（CNAPS）　　D. 国家处理中心

4. （　　）是收款人委托银行向付款人收取款项的结算方式。该方式适用于清偿债务、收取公用事业费。

A. 支票　　B. 托收承付　　C. 委托收款　　D. 汇兑

5. （　　）是先发货，后委托银行向异地付款人收取款项，由付款人向银行承认付款的一种结算方式。

A. 支票　　B. 托收承付　　C. 委托收款　　D. 汇兑

四、多项选择

1. 支付结算业务原则包括（　　）。

A. 恪守信用，履约付款　　B. 谁的钱进谁的账，由谁支配
C. 有理由压票不付款　　D. 银行不垫款

2. 禁止签发空头支票，出票人签发空头支票、签章与预留银行签章不符的支票，银行应予以退票，并按票面金额处以________但不低于________的罚款。

A. 1%　　B. 5%　　C. 5 000 元　　D. 1 000 元

3. 签发汇兑凭证必须记载下列事项（　　）。

A. 表明“电汇”字样
B. 无条件支付的委托
C. 确定的金额
D. 收款人名称、收款人账号、汇入地点、汇入行名称
E. 汇款人名称、汇出地点、汇出行名称
F. 委托日期
G. 汇款人签章（有账号，须填账号）

4. 同城交换业务遵循“________、________、________”的原则进行业务处理。

A. 分散提出　　B. 集中提回　　C. 分散提出　　D. 集中清算

5. 处理查询查复要求规范、严谨、及时、准确，必须遵循“________、________、________、________”的原则。

A. 有疑必查　　B. 有查必复　　C. 查必彻底　　D. 复必详尽

五、问题简答

1. 支付结算业务纪律有哪些?

2. 简述支票、汇票、本票的含义和区别。

3. 简述银行承兑汇票业务风险控制要求。

4. 简述收妥抵用票据退票规定及同城票据交换业务风险控制要求。

六、实战训练

1. 练习下列日期或数字的大写。

(1) 2008 年 1 月 15 日

(2) 2010 年 10 月 30 日

(3) 2009 年 12 月 8 日

(4) ¥1 305.60

(5) $ 2 680.35

(6) ¥426.08

(7) ¥8 009.25

2. 详述信用卡业务办理基本要求及特约单位受理信用卡业务操作流程。

七、案例分析

长城贸易公司提交其开户行 A 银行一张金额为人民币 50 000 元的转账支票，付款单位为在同城 B 银行开户的粮油公司。A 银行员工小赵为其办理业务。

请分析小赵在此案例中的以下做法是否正确:

1. 小赵接到长城贸易公司会计交来的转账支票，因为与该企业和会计非常熟，故未加审核，就将进账单回单交还给该公司会计。

2. 由于贸易公司会计急切请求小赵尽快入账，故小赵没有等到票据交换规定的退票时间就提前给该贸易公司入账。

项目八　自助设备业务

项目的目标与任务

知识与技能目标:

- 熟悉了解自助设备业务的含义和种类；自助设备业务基本要求；自助设备现金查询要求、轧账要求及长短款处理要求
- 能够熟练操作自助设备业务、装/清钞方法、自助设备业务管理、自助设备钥匙及密码管理

主要任务:

- 能够独立完成各项业务的实践操作
- 严格履行各项业务的风险控制要求

导学案例

储蓄卡在ATM机取款时遭“克隆”，珠海储户状告银行赔偿损失胜诉

2008年12月23日19时15分、25分左右，犯罪嫌疑人两次在被告（某银行，以下略）所有的ATM机插口处安装读卡装置和摄像装置，用于盗取持卡人、银行卡磁条内信息和密码。次日13时45分左右，原告使用在被告处所办的储蓄卡在被告处的ATM机连续8次取款共计1.6万元，卡内余额为25 957.94元。同月31日，原告再次使用该卡取款时，发现卡内余额仅剩490.94元，其余25 467元存款已经取走。原告立即前往被告处查询，据网络系统交易记录显示，在原告于2008年12月24日从被告处ATM机取款后不足半小时内，其账户在某银行广州分行的ATM机上被两次分别支取2 500元和1 500元，并分别收取异地取款手续费12.5元和7.5元；一个多小时后又在广州壹号通电讯设备公司刷卡消费21 447元。后原、被告双方均向公安部门报案。原告认为，双方形成储蓄存款合同关系，被告有义务保障其存款的安全和自由支取存款。原告多次要求被告兑付存款本息未果，遂起诉至法院请求判令被告向其支付存款本金25 467元及利息。

被告辩称，犯罪嫌疑人所用卡系盗取持卡人银行卡磁条内信息和密码并制作与原告所持银行卡一致的克隆卡。而原告在取款过程中未能采取遮挡的方式输入密码，导致密码被拍下应对其损失承担一定的责任。

法院审理认为，原、被告双方成立了合法有效的储蓄存款合同关系。银行卡系原、被告双方储蓄存款合同的凭证，且该凭证由被告向原告出具，故被告须对其出具的银行卡具有识别能力。且ATM机所在地点系被告的营业场所，被告有义务保障原告在使用密码之时密码不被非法窃取，但被告的保安系统在犯罪嫌疑人2008年12月23日19时实施安装行为之时至原告次日13时取款之时长达十多个小时的时间内没有任何觉察，而原告只是在一个很短的时间里通过ATM机取款，原告没有义务在如此短时间内检查被告的营业场所是否存在窃取密码的微型摄像装置，故原告对密码的泄露并未存在过错，原告无须对本案所涉损失承担责任。

最终，广东省珠海市香洲区人民法院一审判决被告珠海市商业银行股份有限公司口岸支行向原告王某支付存款本金25 467元及利息。

（案例来源：2009年8月10日中国新闻网）

任务一　自助设备业务基础知识

能力目标　熟练掌握自助设备业务基本要求

知识目标　了解自助设备业务基本规定

重点难点　掌握自助设备装/清钞方法

一、自助设备基本规定

自助设备是指具有客户自助服务功能、可以存取现金的银行设备。包括在行式和离行式涉及使用现金的自动取款机、自动存款机、自动存取款一体机等自助设备。

二、装/清钞方法

自助设备装/清钞可以采用两种方法：

（一）更换钞箱法

将原钞箱撤下，打印清单，换上装好现金的新钞箱，回行后清点余额，当日进行账款核对。离行式自助设备必须采用“更换钞箱法”。

（二）原箱换钞法

必须在保证款项安全的条件下即时结账，打印清单，在营业室监控录像下清点钞箱内余额，账款核对无误后，在原钞箱中直接加装现金。在行式自助设备可以使用“原箱换钞法”。

三、基本要求

（1）在办理自助设备钞箱开关、装钞、清钞、整点、账款核对、钞箱检查等工作，必须贯彻双人管理原则，不允许两人分别同时在设备的前后面操作。必须做到手续清楚、责任分明、数字准确、账款相符。

（2）自助设备钞箱现金的领用、钞箱余款及客户存入现金的上缴，必须按柜员领解现金手续办理。离行式自助设备钞箱现金的领用应有指定部门发送的装钞计划。领用的现金必须是经过清分、复点，符合使用标准的现金，通过自助设备存入的现金必须清点无误后方可入库。

（3）自助设备中的现金，必须按券别分钞箱管理，严禁将不同券别的现金混装一箱。更换或重新安装钞箱时，必须按券别在规定的位置放置钞箱。

（4）自助设备装钞、清钞、存款清点、钞箱检查等工作，必须置于全方位录像监控之下。

任务二　自助设备业务管理操作规程

能力目标　理解自助设备长短款处理要求

知识目标　了解自助设备现金查询和轧账要求

重点难点　掌握自助设备钥匙、密码管理要求

一、自助设备钥匙、密码管理要求

（1）自助设备保险柜钥匙和保险柜密码必须双人分管，相互制约。一人保管保险箱密码及外盖箱钥匙，一人保管保险箱钥匙，保管钥匙的人员不得将钥匙交由密码保管人员代为开启，密码保管人员也不得将密码告知钥匙保管人员代为开启。密码保管人员在转动密码锁具时，钥匙保管人员必须主动回避，不得注视密码人员的操作过程。

（2）各行应为钥匙保管人员配备单独存放银行自助设备钥匙的保险箱，或配备保险箱内有单独可上锁抽屉的保险箱，供钥匙保管人员分别存放钥匙。存放银行自助设备钥匙的保险箱的各小门钥匙，应存放在具备上述保险箱相同条件的另外的保险箱内。该

保险箱的大门钥匙由指定部门内的指定人员保管，不得由银行自助设备的钥匙保管人员保管。该保险箱内的各小门钥匙由各自助设备钥匙保管人员随身携带。

（3）保险柜备用钥匙及保险柜密码副本密封后，由使用部门负责人分人妥善保管并登记。

（4）银行自助设备的钥匙保管人员，领取银行自助设备的钥匙时，应当场填写“印章重要物品保管交接记录簿”据实记录钥匙领取时间并签章确认。完成装清钞任务回行后，应立即将钥匙放回保险箱内保管，并在“印章重要物品保管交接记录簿”上据实记录存放时间后签章确认。

（5）如发现保险柜钥匙遗失，必须立即采取措施，确保款项安全，同时查明事故原因，并及时上报。

（6）掌管密码人员临时变更或工作调动，接管人员必须及时更换保险柜密码。掌管钥匙人员临时变更工作调动，必须办理定向交接（掌管密码人员不能接管钥匙）手续。

二、自助设备现金查询要求

自助设备轧账前必须通过自助设备查询交易查询自助设备的现金余额，以此来核对自助设备的实物现金。

该交易在输入自助设备电子柜员号后，可查询出自助设备中的现金箱余额、未入系统金额、现金余额。

三、自助设备的轧账要求

自助设备的轧账工作须由双人操作，并负责清点自助设备内钞箱中的实物现金，在与自助设备轧账日志流水汇总数核对相符后，将日志流水交给柜员在系统中作自助设备清钞交易。

四、自助设备长短款的处理要求

（1）自助设备发生长短款时，当日必须通过“现金长短款挂账”交易选择“自助设备”挂账。严禁长款寄库，短款空库，以长补短。

（2）柜员应及时查找长短款原因，经查实后，填写“自助设备调账联系单”以及特种转账传票（收款人全称及账号写持卡人姓名和卡号）分不同情况作调账处理。

风险警示

自助设备业务风险控制要求

- 自助设备现金应实行定期或不定期检查制度。
- 自助设备发生错款或存款误收假币，使用部门应及时处理，分清错款性质，查明错款原因，做好错款记录，及时采取措施。
- 自助设备要按规定执行双人操作，严格执行钥匙、密码交接，防范风险发生。

思考与训练

一、选择填空

1. ________是指具有客户自助服务功能、可以存取现金的银行设备。

2. 在办理自助设备钞箱开关、装钞、清钞、整点、账款核对、钞箱检查等工作，必须贯彻________原则。

3. 自助设备装钞、清钞、存款清点、钞箱检查等工作，必须置于________之下。

4. 自助设备保险柜钥匙和保险柜密码必须________，相互制约。

5. 在行式自助设备可以使用________；离行式自助设备必须采用________。

二、正误判断

1. 离行式自助设备可以采用更换钞箱法也可以采用原箱换钞法。(　　)

2. 自助设备中的现金，必须按券别分钞箱管理，严禁将不同券别的现金混装一箱。(　　)

3. 掌管钥匙人员临时变更工作调动，可以不用办理定向交接手续。(　　)

4. 领用的现金必须是经过清分、复点，符合使用标准的现金，通过自助设备存入的现金必须清点无误后方可入库。(　　)

5. 自助设备仅包括在行式和离行式的使用现金的自动取款机设备。(　　)

三、单项选择

1. 自助设备（　　）必须通过自助设备查询交易查询自助设备的现金余额，以此来核对自助设备的实物现金。

A. 开机时　　B. 轧账前　　C. 出现故障时　　D. 清钞时

2. 自助设备的（　　）须由双人操作，并负责清点自助设备内钞箱中的实物现金，在与自助设备轧账日志流水汇总数核对相符后，将日志流水交给柜员在系统中作自助设备清钞交易。

A. 清钞工作　　B. 轧账工作　　C. 开关机工作　　D. 核对日志工作

3. 保险柜备用钥匙及保险柜密码（　　），由使用部门负责人分人妥善保管并登记。

A. 备份后　　B. 保管时　　C. 原件密封后　　D. 副本密封后

4. 密码保管人员在转动密码锁具时，钥匙保管人员必须（　　）。

A. 双人开锁　　B. 主动回避　　C. 在旁观看　　D. 强制离开

5. 更换或重新安装钞箱时，必须按（　　）在规定的位置放置钞箱。

A. 券别　　B. 箱体长短　　C. 箱体大小　　D. 钱款数量

四、多项选择

1. 自助设备包括（　　），涉及使用现金的自动取款机、自动存款机、自动存取款一体机等自助设备。

A. 在行式　　B. 穿墙式　　C. 悬挂式　　D. 离行式

2. 自助设备业务装/清钞方法必须做到（　　）。

A. 手续清楚　　B. 责任分明　　C. 数字准确　　D. 账款相符

3. 自助设备现金应实行（　　）检查制度。

A. 定时　　B. 定期　　C. 抽查　　D. 不定期

4. 自助设备当日难以处理的长短款，严禁（　　）。

A. 长款寄库　　B. 短裤补齐　　C. 短款空库　　D. 以长补短

5. 如发现保险柜钥匙遗失，必须立即（　　），确保（　　），同时查明（　　），并及时上报。

A. 采取措施　　B. 款项安全　　C. 钥匙去处　　D. 事故原因

五、问题简答

1. 简述自助设备业务装/清钞业务基本要求。

2. 简述自助设备钥匙、密码管理方面的业务处理要求。

六、实战训练

熟练操作自助设备装/清钞业务流程。

七、案例分析

目前，常见的自助设备诈骗手法有两种：第一种，不法分子先将自制装置放入ATM读卡器内制造“吞卡”假象，或是在ATM出钞口设障，使ATM机吐钞不成功，同时在ATM机旁粘贴假冒的“客户服务投诉热线”，引诱持卡人向所谓的“银行员工”或“公安人员”透露卡号、密码等安全信息，或直接把资金转移到其指定的账户上；第二种，不法分子将真实银行客户服务电话号码嵌入小灵通号码，伪装银行客户服务热线，骗取客户的卡号和密码。（案例来源：2010年12月21日每日经济新闻）

根据以上案例，请分组探讨：

1. 常见的自助设备诈骗形式有哪些？

2. 使用自助银行及自助设备时，如何进行自我保护？

模块三　商业银行综合柜员职业能力训练

模块的目标与任务

知识与技能目标：

- 熟练掌握点钞、翻打传票、汉字或传票录入、会计数字书写技能、鉴别假币各项技能的操作技巧
- 熟悉以上各项技能的操作流程，并达到职业岗位要求
- 严格内控管理，自觉遵守印鉴管理、有价单证及重要空白凭证管理制度规范，防范操作风险的发生
- 严格履行职业操守规定，不断提高从业人员整体素质和职业道德水准
- 做到文明规范服务，体现服务创造价值、服务实现效益、服务提升竞争力的原则，实现银行与客户的双赢
- 熟练掌握基本的柜台实用英语，增强柜台涉外服务能力，拓展延伸银行业务

主要任务：

- 能够独立完成点钞、翻打传票、汉字或传票录入、会计数字书写技能、鉴别假币各项业务技能的实践操作
- 严格内控管理，不断提高风险防范意识；遵守职业操守，文明规范服务，不断增强职业道德水准和服务能力
- 流利掌握基本的柜台实用英语，增强柜台涉外服务能力

项目一　点钞技能

项目的目标与任务

知识与技能目标：

- 牢固掌握点钞的基本要领
- 熟练操作点钞的各个环节
- 掌握点钞技巧及票币的捆扎方法

主要任务：

- 采用手持式单指单张点钞和机器点钞法完成工作任务
- 要求快速点钞、准确验钞

一、点钞基本步骤

银行柜员在办理现金收付业务时，一般应按下列步骤办理：

首先，应审查现金收、付款凭证及其所附原始凭证的内容，看其是否填写齐全、清楚，两者内容是否一致。

其次，依据现金收、付款凭证的金额，先点数整数（即大数）再点数零数（即小数），具体说是先点数大额票面金额，再点数小额票面金额，结合先点数成捆的、成把的，再点数零数。在点数过程中，一般应边点数，边在算盘或计算器上加计金额，点数完毕，算盘或计算器上的数字和现金收、付款凭证上的金额和点数数额三者应相同。

再次，从整数至零数、逐捆、逐把、逐卷地拆捆点数，在拆捆、拆把、拆卷时应暂时保存原有的封签、封条和封纸，点数无误后才可扔掉。

最后，点数无误后，即可办理具体的现金收存业务。

二、点钞主要方法

（一）手持式点钞法

1. 手持式单指单张点钞法

这是最常用的点钞方法。其基本要领是左手持票用左手拇指按住钞票正面的左端中央，食指和中指在钞票背面，与拇指一起捏住钞票，无名指自然卷曲，担起钞票后小拇指伸向钞票正面压住钞票左下方，中指稍用力，与四指、五指卡紧钞票，食指伸直，拇指向上移动，按住钞票的侧面将钞票压成瓦形（左手手心向下），然后左手将钞票往桌上擦过，将钞票翻转，拇指借从桌面擦过的力量将钞票撑成微开的扇面并斜对自己面前，右手 3 个指头沾水，用右手拇指指尖向下捻动钞票右下角（幅度不宜过大），右手食指在钞票背后配合拇指捻动，用无名指将捻起的钞票往怀里弹，边数边记数，记数采用 1、2、3、4、5、6、7、8、9、1（即 10）；1、2、3、4、5、6、7、8、9、2；……1、2、3、4、5、6、7、8、9、10。

2. 手持式一指多张点钞法

手持式一指多张点钞法，是在手持式单张点钞法的基础上展为一指可点两张以上，目前有的一指可点 7 张。其操作方法，除点数、记数外，其他均与手持式单指单张点钞法相同，只是持票时钞票的倾斜度稍大点。

（1）点数。以右手拇指肚放在钞票的右上角，拇指尖超出票面，点双张时拇指肚捻 1 张，拇指尖往下捻第 2 张；点 3 张以上时拇指均衡用力，捻的幅度不要太大，二、三指在票后配合拇指捻动，四指向怀里弹，弹的速度要快。点数则从左侧看，这样看的幅度大，看得清楚。

（2）记数。采用分组记数，如点 3 张，即 3 张为一组，记一个数点 33 次余 2 张，即是 100 张。如点 4 张至 7 张以上者均以此方法计算。

3. 手持式四指拨动点钞法

这种点钞法适用于收、付和整点工作。5 角以上的票券均能点，特点是效率高（4 个手指都拨票），记数省力（4 张记一个数），操作时主要用手指关节活动，动作范围小，可以减轻劳动强度。最适用于点整把券，不适于点残破票太多的钞票。其操作方法如下：

（1）左手四指、五指夹住钞票左下端，三指与拇指沿钞票的两侧伸出，卡住钞票。拇指要高于三指，三指稍用力，使钞票右上角稍向后倾斜成弧形，便于点数，三指稍曲抵住钞票背面中上方。

（2）点数。右手二、三、四、五四个指头同时沾水，点数时先以五指触及票面弧形面上，然后再以四、三、二各指顺序逐一触及弧形面上，并向怀里（下方）拨票。点数时左手拇指三指随着右手点数，逐渐向上移动，二指稍加向前推动，以适应待点钞票的厚度。

（3）记数。采用分组计，每 4 张为一组，记一个数。记数则从二指拨下钞票后起记。

应注意以下几个问题：拨票时，要充分使手指关节活动，尽量减少腕力动作减轻劳动强度；左手拇指和三指夹住钞票两侧时，必须松紧适当，以免票脱落或不易拨下；拨票时眼睛应集中在钞票的右上角，这样可以看到票面的 1/2，便于看出残破券、发现双张和拨空等。

4. 手持式来回拨动点钞法

这种点钞法除点数外，其他操作方法均与手持式四指拨动点钞法一样。右手五个指头同时沾水，点数时先以二、三、四、五指顺序触于票面的右上角，向怀内下方拨票随后再用四、三、二指、拇指，逐一触于票面的左上角向外推，依次来回连续点数。每点 4 张为一组，记一数。

5. 手持式五指拨动点钞法

操作方法有 3 种：

（1）除点数外，其他均与手持式四指拨动点钞法相同。点数时先从拇指开始触及票面及票面弧形面上，然后以二、三、四、五指顺序逐一点数，向怀内下方拨票，手腕旋转连续拨动钞票，每 5 张为一组，记一个数。

（2）持把方法与手持式单张点钞法基本相同，不同的是左手二指略伸出票面夹住钞票不让其下垂，拇指夹住钞票侧面上端。点钞时右手五个指同时沾水后，从五指开始，依次四、三、二指、拇指，逐一触及钞票上端，轻轻向外推动，到拇指收尾，每指推点 1 张，每 5 张为一组，记一个数。

（3）持把与手持式单张点钞法相同。点钞时左手五个手指稍离开，微曲，向怀里（下方）轻轻拨动钞票的右上角（或中间）。点数时先从拇指开始，到五指收尾，每个手指拨点 1 张，拨动一次是 5 张。记数与上法相同。

（二）手按式点钞法

1. 手按式单张点钞法

操作时，把钞票横放桌上对正自己，用左手四指、五指按住钞票的左上角，用右手拇指托起右下角的部分钞票；用右手二指捻动钞票，每捻起 1 张，左手拇指即往上推动送到二、三指之间夹住。即完成了一次点钞动作，以后依次连续操作。

2. 手按式双张点钞法

点数时把钞票斜放在桌上，左手的五、四指压住钞票的左上方约占 3/4 处，右手二、三指沾水后，随即用拇指托起右下角的部分钞票。右臂倾向左前方，然后用三指向下捻起第一张，随即用二指再捻起第二张，捻起的这两张钞票由左手拇指往上送到二、三指间夹住。记数采用分组记数，两张为一组，记一个数。其他还有手按式 3 张、4 张点钞法等。

（三）扇面点钞法

扇面点钞法亦称四指交替扇面点钞法，它是将钞票捻成扇面型，用四指交替拨动，分组点数，一次数点多张的方法。每组分点 5 张、10 张、12 张、14 张、16 张不等。主要有以下几种：

1. 扇面式一按 5 及一按 10 张点钞法

操作方法为：

（1）打扇面：钞票竖拿，左手拇指和二、三指捏住钞票的右下角，四、五指弯曲靠手心，右手拇指按住钞票下半部正中间，二指横在钞票背面，其余三个指弯向手心（或二、四、五指均横在钞票背面）。拧扇面时，以左手为轴（即持票的指在原位置上动作），右手二指将钞票向左下方压，将压弯的钞票向左上方推起；二、三指向左捻动，此时左手拇指必须配合右手动作；这样反复操作，右手拇指逐次由中部向下移动，移至右下角时即可将钞票推成扇面形，然后用两手捧住钞票将不均匀的地方抖开（钞票左半部向左方抖，右半部向右方抖）。使用此法开扇时，应注意两手的动作是同时并连续进行的。用一按 10 张点钞法时，扇面要小些，才便于清点。

（2）点数：左手持扇面，右手中、短、小指托住钞票背面，用拇指一次向下按 5 张或 10 张，按下后用二指压住，按时不要用力过大，按的部位是在钞票的右上端，离右上角 1 厘米左右。

点数时，左手应随着点数的进度，以腕为轴微向内转，适应右手点数位置，右手右臂的肘部也随着点数的进度，自然向前移动，这样就不因为右手向左手伸得太远而影响速度。

（3）记数：用分组记数法，一按 5 张即每 5 张一组，记一个数；一按 10 张即 10 张为一组，记一个数。

2. 扇面式四指多张点钞法

扇面式四指多张点钞法，有点 6 张、7 张、8 张，最多的点 16 张。其操作方法为，打扇面与扇面式一按 5 张点钞法相同，左手持扇面，右手清点，一按 6（或 7 张等）张，点数时先用拇指查点第一个 6 张，然后食指沿钞票上端向前移动，接着数第二个 6 张，中指、无名指依次接点第三、第四个 6 张，右臂要随各指点数轻轻向前移动。当无名指点完时，拇指则由里边迅速越上去接第五个 6 张（即开始第二轮的操作），四个手指依次反复清点。

三、点钞基本要领和基本环节

（一）点钞基本要领

出纳人员在办理现金的收付与整点时，要做到准、快、好。“准”，就是钞券清点不错不乱，准确无误。“快”，是指在准的前提下，加快点钞速度，提高工作效率。“好”，就是清点的钞券要符合“五好钱捆”的要求。“准”是做好现金收付和整点工作的基础和前提，“快”和“好”是银行加速货币流通、提高服务质量的必要条件。

学习点钞，首先要掌握基本要领。基本要领对于哪一种方法都适用。点钞基本要领大致可概括为以下几点：

1. 肌肉要放松

点钞时，两手各部位的肌肉要放松。肌肉放松，能够使双手活动自如，动作协调，并减轻劳动强度。否则，会使手指僵硬，动作不准确，既影响点钞速度，又消耗体力。正确的姿势是，肌肉放松，双肘自然放在桌面上，持票的左手手腕接触桌面，右手腕稍抬起。

2. 钞券要墩齐

需清点的钞券必须清理整齐、平直。这是点准钞券的前提，钞券不齐不易点准。对折角、弯折、揉搓过的钞券要将其弄直、抹平，明显破裂、质软的票子要先挑出来。清理好后，将钞券在桌面上墩齐。

3. 开扇要均匀

钞券清点前，都要将票面打开成缴扇形和小扇开，使钞券有一个坡度，便于捻动。开扇均匀是指每张钞券的间隔距离必须一致，使之在捻钞过程中不易夹张。因此，扇面开得是否均匀决定着点钞是否准确。

4. 手指触面要小

手工点钞时，捻钞的手指与票子的接触面要小。如果手指接触面大，手指往返动作的幅度随之增大，从而使手指频率减慢，影响点钞速度。

5. 动作要连贯

点钞时各个动作之间相互连贯是加快点钞速度的必要条件之一。动作要连贯包括两方面的要求：一是指点钞过程的各个环节必须紧张协调，环环扣紧，如点完 100 张墩齐钞券后，左手持票，右手取腰条纸，同时左手的钞券跟上去，迅速扎好小把，在右手放票的同时，左手取另一把钞券准备清点，而右手顺手沾水清点，这样使扎把和持票及清点各环节紧密地衔接起来；二是指清点时的各个动作要连贯，即第一组动作和第二组动作之间，要尽量缩短和不留空隙时间，比如用手持式四指拨动点钞法清点时，当第一组的食指捻下第四张钞券时，第二组动作的小指要迅速跟上，不留空隙。这就要求在清点时双手动作要协调，清点动作要均匀，切忌忽快忽慢、忽多忽少。另外在清点中尽量减少不必要的小动作、假动作，以免影响动作的连贯性和点钞速度。

6. 点数要协调

点和数是点钞过程的两个重要方面，这两个方面要相互配合，协调一致。点的速度快，记数跟不上，或点的速度慢，记数过快，都会造成点钞不准确，甚至造成差错，给国家财产带来损失。所以点和数两者必须一致，这是点准的前提条件之一。为了使两者紧密结合，记数通常采用分组法。单指单张以 10 为一组记数，多指多张以清点的张数为一组记数，使点和数的速度能基本吻合。同时记数通常要用脑子记，尽量避免用口数。

（二）点钞基本环节

点钞是一个从拆把开始到扎把为止的连续、完整过程。它一般包括拆把持钞、清点、记数、墩齐、扎把、盖章等环节。要加速点钞速度，提高点钞水平，必须把各个环节的工作做好。

1. 拆把持钞

成把清点时，首先需将腰条纸拆下。拆把时可将腰条纸脱去，保持其原状，也可将腰条纸用手指勾断。通常初点时采用脱去腰条纸的方法，以便复点时发现差错进行查找，复点时一般将腰条纸勾断。持钞速度的快慢、姿势是否正确，也会影响点钞速度。要注意每一种点钞方法的持钞方法。

2. 清点

清点是点钞的关键环节。清点的速度、清点的准确性直接关系到点钞的准确与速度。因此，要勤学苦练清点基本功，做到清点既快又准。在点钞过程中如发现差错，应将差错情况记录在原腰条纸上，并把原腰条纸放在钞券上面一起扎把，不得将其扔掉，以便事后查明原因，另作处理。

3. 记数

记数也是点钞的基本环节，与清点相辅相成。在清点准确的基础上，必须做到记数准确。

4. 墩齐

钞券清点完毕扎把前，先要将钞券墩齐，以便扎把保持钞券外观整齐美观。票子墩齐要求四条边水平，不露头或不呈梯形错开，卷角应拉平。墩齐时，双手松拢，先将钞券竖起来，双手将钞券捏成瓦形在桌面上墩齐，然后将钞券横立并将其捏成瓦形在桌面上墩齐。

5. 扎紧

腰条纸要求扎在钞券的1/2处，左右偏差不得超过两公分。同时要求扎紧，以提起第一张钞券不被抽出为准。

6. 盖章

盖章是点钞过程的最后一环，在腰条纸上加盖点钞员名章，表示对此把钞券的质量、数量负责，所以每个综合柜员点钞后均要盖章，而且图章要盖得清晰，以看得清行号、姓名为准。

(三) 整点硬币基本方法

硬币整点基本方法有两种：一是纯粹手工整点；二是工具整点。主要包括拆卷、清点、计数、包装、盖章等程序，具体不再展开论述。

手工整点硬币一般用于收款时收点硬币尾零款；大批硬币整点需用工具即硬币整点器来整点。

四、点钞基本功训练

(一) 练手

手指活动要灵活，接触的感觉要灵敏，动作的幅度要小，捻钞不重张，以提高捻钞速度。

(二) 练眼力

眼睛与手相配合，在手指迅速捻动票币的过程中，能辨别张数、面额、花纹、色彩。

(三) 练记数

大脑与手、眼协作，时刻掌握清点的张数。在清点票币的同时要记数。由于单指单张每次只捻一张钞券，记数也必须一张一张地记，直至记到100张。从“1”到“100”的数中，绝大多数是两位数，记数速度往往跟不上捻钞速度，所以必须巧记，通常采用分组计数法。分组记数法有两种：一种是1、2、3、4、5、6、7、8、9、1；1、2、3、4、5、6、7、8、9、2；……1、2、3、4、5、6、7、8、9、10，这样正好100张。这种方法是将100个数编成10个组，每个组都由10个一位数组成，前面9个数都表示张数，最后一个数既表示这一组的第10张，又表示这个组的组序号码（即第几组）。这样在点数时记数的频率和捻钞的速度能基本吻合。另一种方法是0、2、3、4、5、6、7、8、9、10；1、2、3、4、5、6、7、8、9、10；……9、2、3、4、5、6、7、8、9、

10。这种记数方法的原理与前种相同，不同的是把组的号码放在每组数的前面。这两种记数方法既简捷迅速又省力好记，有利于准确记数。记数时要注意不要用嘴念出声来，要用心记。

五、机器点钞操作技巧

点钞是银行现金业务中清点、整理货币的必备技能。手工点钞方法多样，但随着金融事业的不断发展，柜面收付业务量也日益增加，机器点钞已经成为商业银行综合柜员点钞的主要方法，具有劳动强度小、工作效率高的特点。

掌握机器点钞的要领，可熟记下列口诀：

认真操作争分秒，左右连贯用技巧；右手投下欲点票，左手拿出捻毕钞；

两眼查看票面跑，余光扫过记数表；顺序操作莫慌乱，环节动作要减少；

原钞腰条必须换，快速扎把应做到；维修保养经常搞，正常运转功效高。

练一练

主要采用手持式单指单张点钞法，定量计时或定时计量方法进行自测和考核（能挑错/识假）。

1. 定量计时：数量1把，即100张，计时点钞速度。要求速度快、计数准。
2. 定时计量：时间10分钟，数量若干把。要求点钞环节齐全、速度快、计数准。

项目二　翻打传票技能

项目的目标与任务

知识与技能目标：

- 掌握将传票整理成为扇面形状的技巧
- 熟练掌握翻打传票操作流程和技巧
- 娴熟操作键盘的盲打指法

主要任务：

- 采用计算器或计算机完成翻打传票工作任务
- 要求速度快、准确率高

一、翻打传票基本规定

传票样式无统一要求，基本由各家银行自行印制。一般情况下每本100页，每页上有一笔数字金额，最多7位数，最少4位数，0～9字码均衡出现。每页上有表示传票页数的阿拉伯数字。

翻打传票比赛是通过计算比赛人员翻打完100张传票的所用时间来确定比赛结果。比赛名次依据翻打传票所用时间长短来确定。

二、翻打传票操作流程

翻打传票技能主要步骤包括以下3个方面：左手翻页、眼睛看数、右手操作计算工具。操作工具主要包括算盘、计算器、计算机数字键盘。下面分别介绍。

（一）珠算翻打传票操作流程

传票翻页由左手来完成。操作流程如下：

1. 整理传票

翻打传票前将传票整理成扇面形状。方法是：左手拇指放在传票的左上方，其余四指放在传票背面左下方；右手拇指放在传票的右上方，其余四指放在传票背面右下方；然后用右手捏住传票，并将传票右上角以右手大拇指为轴向怀内翻卷，翻卷后左手随即捏紧，右手放开。

重复上述动作，直到把传票捏成幅宽适当、票页均匀的扇形。然后用夹子将传票的左上角夹住，使扇形固定。整理好的传票，封底向上突出，封面向下突出，便于翻页。注意扇面不宜过大。此操作可以加快翻打传票的速度和避免翻重页的现象出现。

2. 翻打

左手拇指点翻传票的右下角，上翻之后由食指挡住传票；右手要同时在算盘上（或电脑小键盘）拨或敲入相应的金额。在打第一张传票上的数字时，第一张传票已经捏在手里了，一打完，立即翻掉，这样能加快翻打速度。

比赛中传票翻页一般使用一次一页翻的方法进行翻打。操作方法为：传票捏成扇形后，左手的小指、无名指自然弯曲压在传票的左下方，其余三指自然伸开做好翻页的准备。翻打起始页时，应先用大拇指的指腹部分掀起传票的边刃，当右手将起始页有关数据拨入算盘还剩下两个数码时，左手大拇指将传票掀起交给食指与中指夹住，大拇指继续翻起下一页传票。这样，左手拇指将传票一页一页地翻，右手将每页传票的有关数据拨入算盘。

翻打传票时，必须做到翻页、看数和拨珠运算协调进行，只有做到眼、脑、手紧密配合，整个运算过程做到翻页、看数、拨珠穿插进行，不停顿地连续下去，才能提高运算的速度。

（二）计算器、计算机翻打传票操作流程

计算器、计算机翻打传票操作流程与珠算翻打传票操作流程基本相同。

需要说明的是：珠算翻打传票是在本页数据拨入算盘还剩下两个数据时，翻起本页夹住，然后继续翻起下一页；而计算器、计算机翻打传票是在输入本页数据末两位时，默记末尾数，然后翻起本页夹住，再接着翻下一页。

三、翻打传票操作技巧

翻打传票操作技巧要牢记以下4个环节：一是微机翻打传票要保持良好的坐姿；二是左手翻传票的要领务必灵活掌握；三是右手键盘盲打指法非常关键；四是眼、心、手反应要一致。

计算机数字键盘输入翻打百张传票练习在商业银行实际工作中具有比较重要的意义，是商业银行综合柜员提高业务办理速度、提高工作效率和提升服务水平的基本方法

之一。

练 一 练

1. 练习将传票整理成扇面形状。

2. 熟练掌握键盘的盲打指法。

3. 定量计时，分组测试。传票数量 100 张，计算器或计算机计数。要求速度快、准确率高。

项目三　汉字或传票录入技能

项目的目标与任务

知识与技能目标：

- 掌握多种汉字录入方法
- 熟练掌握汉字或传票录入操作流程
- 娴熟操作键盘的盲打指法

主要任务：

- 完成工作任务达到技能考核要求
- 要求速度快、准确率高

由于计算机在银行业的普及，所有业务均需要通过计算机系统来操作完成。因此汉字录入技能是商业银行综合柜员的基本技能之一。

一、录入方法

汉字录入方法很多，不在此一一介绍。当前普遍使用的汉字录入方法主要是五笔字型输入法、智能 ABC 输入法、搜狗或 QQ 拼音输入法。

二、操作流程

汉字录入基本操作流程如下：激活汉字输入法；输入汉字；输入结束；检查修正阶段。

三、考核要求

对银行综合柜员汉字或传票录入技能的考核要求：

汉字录入速度一般要求至少 60 字 ~ 70 字/分钟，同时要保证较高的准确率。

传票（数字、英文字母组合）录入速度一般要求 300 个/分钟，同时也要保证较高的准确率。

一般的考核形式是通过专门设计的输入软件，按照随机选定的文章，由综合柜员自行选择适合自己的汉字输入法录入，限定统一时间（一般 5 ~ 10 分钟），由计算机自动记录比赛成绩。

练一练

1. 熟练掌握计算机键盘的盲打指法。
2. 选用适合的汉字输入软件。
3. 定时计量，分组测试。要求速度快，准确率高。

项目四　书写技能

项目的目标与任务

知识与技能目标：

- 了解和掌握会计凭证和填写票据基本要素和规定
- 熟练掌握中文大写和小写阿拉伯数字书写规范
- 掌握中文大写票据日期书写规范

主要任务：

- 规范填写票据和凭证
- 要求要素齐全，书写规范

银行、单位和个人填写的各种票据和结算凭证是办理支付结算和现金收付的重要依据，直接关系到支付结算的准确、及时和安全。因此，银行综合柜员票据书写是否规范，直接影响到收付款业务工作的质量。票据和结算凭证是银行、单位和个人凭以记载账务的会计凭证，是记载经济业务和明确经济责任的一种书面证明。填写票据和结算凭证，柜员必须做到标准化、规范化，要求要素齐全、数字正确、字迹清晰、不错漏、不潦草，防止涂改。书写技能主要包括以下几个方面：

一、会计凭证基本要素

各种凭证的内容必须填写齐全，做到不错不漏。各种凭证的内容若有具体规定，在填写时应按有关规定执行。会计凭证一般应具备以下基本要素：

（1）填制凭证的年、月、日；

（2）收、付款单位（人）的户名、账号和开户行名称、行号；

（3）货币名称、符号、大小写金额；

（4）款项来源、用途摘要及有关业务凭证编号；

（5）所附凭证张数；

（6）会计分录；

（7）凭证编号；

（8）客户签章；

（9）银行办理业务的印章及有关人员的签章。

二、填写票据基本要求

填写支票，应使用墨汁或碳素墨水书写；按规定填写的凭证，应使用蓝黑墨水或碳素墨水或签字笔书写；多联套写的凭证，可以使用圆珠笔和复写纸复写，必须写透、写清，保持上下一致，不得分张单写。

填写凭证时，书写各种标识及代用符号必须规范：第×号为“#”；每个为“@”；人民币符号为“¥”；年、月、日简写顺序应自左而右为“年/月/日”；年利率简写为“年%”；月利率简写为“月‰”；日利率简写为“日‱”。

各种凭证上的汉字要书写端正，不得潦草，不得使用未经国务院公布的简化字。

按规定需要填写大写金额的各种凭证，必须填明大写金额，不得只填小写金额，且两者必须一致，不一致的凭证无效。

阿拉伯小写金额数字前面，均应填写人民币符号“¥”（或草写：¥）。阿拉伯小写金额数字要认真填写，不得连写分辨不清。

票据的出票日期必须使用中文大写。

各种凭证不得随意涂改、挖补。内部凭证填写错误时，必须由原经办人员重开。客户提交银行的各种票据和结算凭证的大小写金额、出票或签发日期、收款人名称不得更改，更改的结算凭证无效。其他记载事项，原记载人可以更改，更改时应当由原记载人在更改处签章证明。

凭证上由银行填写和由客户填写的内容应有明显区分，由客户填写的，未经客户授权，银行工作人员不得代办。客户授权银行代制凭证，必须由客户事先提交委托书或协议书，或银行填制凭证其他要素后由客户签章确认。

三、中文大写数字书写规范练习

中文大写数字有壹、贰、叁、肆、伍、陆、柒、捌、玖、零，另外还有亿、万、仟、佰、拾、元、分、整等。中文大写数字要用正楷或行书书写，不得自造简化字。如果金额数字书写中使用繁体字，也应受理。少数民族地区和外国驻华使领馆根据实际需要，金额大写可以使用民族文字或者外国文字记载。

（1）如果货币金额是人民币，应在大写金额前加“人民币”3个字，同时要求紧接数字，不得留有空格。

（2）表示大写金额时，到“元”为止，在元之后必须加一“整”字；有“角”、“分”时，就不必加“整”字了。

（3）金额数字中间连续有零时，则只写一个“零”字，如人民币壹万零伍元整。不连续的零则应照写。

（4）为防止涂改，“拾”字前必须写有“壹”字，如“拾元”必须写成“壹拾元整”，“陆佰零拾元”必须写成“陆佰壹拾元整”。

四、小写阿拉伯数字书写规范练习

小写的数字有0、1、2、3、4、5、6、7、8、9。

（1）书写斜度以60度为宜，高度以胀表格1/2为准；4的中竖高度为下半个的1/2，左竖上起下半格的右边线，下起下半格的1/4处；6的竖上伸上半格的1/4；7、9

上面低下半格的1/4，下面伸出下半格的1/4；8 的右角略出格外；0 字不要写的太小，连续几个 0 字要写清楚。

（2）在未印有横格纸上书写时，整数部分要按“三位一节”的记数法，由个位起，从右向左，每隔 3 位点一个分节号“,”分开，有小数点的应在十分位前点清小数点“.”。

（3）书写的数字代表人民币时，应在所写数字前加上人民币符号“￥”。

（4）阿拉伯小写金额数字中有“0”时，中文大写应按照汉语语言规律、金额数字构成和防止涂改的要求进行书写。阿拉伯数字中间有“0”时，中文大写金额要写“零”字；阿拉伯数字中间连续有几个“0”时，中文大写金额中间可以只写一个“零”字；阿拉伯金额数字万位或元位是“0”，或者数字中间连续有几个“0”，万位、元位也是“0”，但千位、角位不是“0”时，中文大写金额中可以只写一个零字，也可以不写“零”字；阿拉伯金额数字角位是“0”，而分位不是“0”时，中文大写金额“元”后面应写“零”字。

（5）若在账表上写错了数字，必须把错误的数字全部划一道红线消去，然后把正确的数字写在上面，并在红线左端加盖印章，以示负责。

具体书写式样，请参见下图：

五、中文大写票据日期书写规范练习

票据的出票日期必须使用中文大写。票据出票日期使用小写填写的，银行不予受理。大写日期未按要求规范填写的，银行可予受理，但由此造成损失的，由出票人自行承担。

为防止变造票据的出票日期，在书写月和日时应注意以下 3 点：

（1）在填写月时，月为壹、贰和壹拾的，应在其前面加“零”。

（2）日为壹至玖和壹拾、贰拾、叁拾的，应在其前面加“零”。

（3）日为拾壹至拾玖的，应在其前面加“壹”。

练一练

1. 正确书写中文大写金额数字：壹、贰、叁、肆、伍、陆、柒、捌、玖、拾、佰、仟、万、亿、元、角、分、零、整（正）。

2. 请用中文大写正确书写以下阿拉伯小写数字：

¥1 508.30　¥8 009.25　¥1 590.53　¥205 000.32　¥23 206.08　¥328.06

3. 正确书写以下出票日期：

1月18日　2月20日　10月10日　3月30日　11月1日　5月9日

项目五　鉴别假币技能

项目的目标与任务

知识与技能目标：

- 了解假币种类和主要特征
- 掌握防伪、鉴别假币的方法
- 熟练掌握假币收缴的程序和管理要求
- 探讨了解主要外币鉴别方法

主要任务：

- 对照第五套100元人民币，分组讨论真假防伪特征

要正确识别假币，首先要了解假币的种类以及主要特征。下面分别加以介绍。

一、假币种类及其特征

（一）假币种类

假币主要包括伪造币和变造货币两种。

伪造币：伪造的货币是指仿照真币的图案、形状、色彩等，采用各种手段制造的假币。主要包括机制假币、拓印假币、彩色复印假币、手工描绘或手工刻板印制的假币、照相假币还有铸造假币。

变造假币：变造的货币是指在真币的基础上，利用挖补、揭层、涂改、拼凑、移位、重印等多种方法制作、改变真币原形态的假币。主要有拼凑变造币和揭页变造币。

（二）假币主要特征

1. 伪造币的伪造手段和主要特征

（1）手工描绘或手工刻版印刷的假币。这是一种手段落后、质量低劣的假币，是用手工雕刻塑料、木头制版进行印刷，伪造出来的假币质量非常低劣。这种假币全国各地都有，发案很普遍，具体每一种来说数量并不很多，它的特点是伪造手段落后，制版的材料很低劣，纸张也是市场上常见的书写纸和普通的胶版纸；颜料也是市场出售的绘画颜料，因而造出来的假币质量很差，比较容易识别。受危害的一般是些文化程度较低的农民、个体户、小商贩或老人和小孩。

（2）利用一般办公工具伪造的假币。这类假币最常见的就是利用黑白或彩色复印机复印的，其主要特征是线条一般不光洁整齐；特别是用放大镜观察会发现有毛边，而且空白的位置有少量的墨粉。一些高质量的复印机复印出来的伪品上了颜色后与真品比

较相似，具有一定的欺骗性，但是只要仔细进行鉴定还是容易发现的。因为这类假币总的说来还是粗糙的，与真币的主要特征区别是明显的。首先，复印机的印刷过程及所用的墨粉与印钞厂所运用的印刷机的油墨是完全不相同的，因此所复制出来的产品的差别也是明显的。首先，复印机是利用静电原理通过感光后将墨粉拷印在一定位置上，与印刷不同。其次，由于复印机采用的是固体粉墨通过烘烤融化形成的，线条不很光洁整齐，而印刷出来的线条很光洁整齐，颜色很均匀。即使复印的质量较高，肉眼看到线条比较清楚，但在空白处也能观察出有少量的墨粉。掌握这些特点后就能比较准确地识别复印的假币。

（3）使用小型的印刷设备制造的假币。这类假币主要通过照相制版，采用凸版印刷的方法，其质量比较精制，较之手工描绘具有更大的欺骗性。但由于其设备比较落后，印刷制版的条件和所采用的原材料都受到一定的限制，质量较之真币还是很低劣的。但是目前我国的印刷行业发展很快，特别一些乡镇企业小型印刷厂也参与印刷假币，这类印刷厂印刷的假币欺骗性就大一点。

（4）机制假币。所谓机制假币，就是利用现代化的制版印刷设备伪造的货币。当前市面上流通的主要以机制假币为主。近几年连续发现了几起较大的假币案，对社会的危害很大。这类假币主要从香港、台湾流入，比较逼真，版别也较多，只要我们掌握了这种差别就不难识别这类假币。如这类假币的“水印”大多是印上去的，不用透光就可看见。其纸张在紫光灯下会发出荧光，其线条多为网点结构。1983 年在广东发现了从香港流入的胶版 10 元券假币，1987 年 8 月在深圳发现了香港版的 100 元券假币，1991 年 3 月在北京地区发现的胶版 100 元券假币。2008 年出现的影响极其恶劣的 HD 号段假币就是此种假币。这种假币主要是仿制和变造荧光油墨、磁性安全线等机读特征，给识别和鉴定工作制造了较大的困难。

（5）利用化学药品复印的假币，通常称它为拓印币。其特征是油墨少而淡，图案显得清秀，像是水洗过似的，对常人具有一定的欺骗性。

2. 变造币主要特征

其主要特征是票面不完整，如拼凑券是多条拼成的，揭页券是无正面或无背面，挖补券是券别数字和文字被变造。

二、识别假币的方法

（一）真假人民币鉴别方法

1.“一看、二摸、三听、四测”法

一看，看钞票的水印是否清晰、有无层次感和立体效果，看安全线是否存在，看整张票面图案是否单一或者偏色，看票面缩微文字和隐形面额数字等。具体而言，看迎光透视、固定人像水印、白水印、光变油墨数字、交印对应图案、隐形面额数字。真钞固定人像水印有立体感，非常清楚，白水印高透光反光性比较强，交印对应图案组成了一个圆形方空钱的图案。光变油墨面额数字在光源角度改变时，有绿色和蓝色颜色的渐变。隐形面额数字与眼睛平行上下抖动，看到有“100”的阿拉伯数字字迹。假钞固定人像水印和白水印不迎光透视，平放在桌面上就可以看见，迎光透视的时候人像没有立体感，白水印不高透光。交印对应图案荧光透视对应得参差不齐。光变油墨面额数字在光源角度改变后没有任何颜色改变。隐形面额数字与眼睛平行上下抖动，看不到数字的痕迹。

二摸，摸的位置包括中国人民银行的汉字、主席头像、凹印手感线、盲文标记、人民大会堂的图案。真钞摸起来会有凹凸感，假钞摸起来这些地方比较光滑。

三听，真钞抖动或弹人民币声音很清脆，纸张耐折不易撕裂。假钞声音发闷，且容易撕断。

四测，借助简单工具和专用仪器进行钞票真伪的识别，简单工具主要是指防伪点钞机，主要是将紫外光照射等技术运用于点钞机。在机器点钞的运行过程中，如出现假币则机器会自动停机并报警。真钞在“中国人民银行”下面，会有一个金色的阿拉伯数字“100”，通过验钞机时没有声音。假钞在紫光灯的照射下没有上述数字或非常黯淡，有时偏绿色，通过验钞机检测的时候，验钞机发出警报声，可以检测出来。其他专用检测仪器如紫光灯或者验钞仪等，将在下面详细介绍。

鉴于目前市场上很多假钞足以乱真，有的假币连磁性激读信号都伪造出来，导致一般的验钞机都检验不出来，故机器只是起到辅助作用，识别假币最好是人机结合。

2. 笔拓和量尺鉴别法

笔拓：用薄纸和软铅笔拓水印轮廓。

尺量：用尺衡量钞票规格尺寸，如第四套人民币 100 元券规格为 165 × 77（mm），50 元券规格为 160 × 77（mm）；第五套人民币 100 元券规格为 155 × 77（mm）。

3. 专用仪器检测鉴别法

用以上方法很难鉴别真伪时，就需要借助于专用检测仪器来鉴别。

（1）放大镜。借助放大镜观察票面线条清晰度，胶、凹印缩微文字等来鉴别人民币真伪。一般通过 5 ~ 20 倍的放大镜就可以鉴别。真币底纹线清晰、连续；假币底纹线模糊、间断。

（2）紫外灯。利用紫外光照射可以观察钞票纸张和油墨的荧光反映。真币无荧光反应，假币有荧光反应。

（3）磁性检测仪。通过用磁性触头擦拭钞票特定部位（黑色横号码）有无磁感应来鉴别人民币真伪。真币有磁性油墨，有反应；假币无磁性油墨，无反应。

除了上述基本方法外，还可以通过比较法，即用真币与假币的对比方法识别假人民币。

4. 第五套人民币的鉴别方法

简要介绍一下针对当前使用的第五套人民币防伪特征的 10 项鉴别方法：

（1）纸张。真钞用纸系专用的造币纸，手感薄，整张币纸在紫外线下无荧光反应。币纸中不规则分布着黄蓝色荧光纤维，日光下肉眼可见，在紫外线下纤维有荧光反射。假钞用纸是普通胶版纸或普通书写纸，手感较厚，表面平滑，在紫外线下币纸呈现白色荧光，且无黄蓝色荧光纤维。但有时真币也会在紫外线下呈现白色荧光，这是因为纸币被含荧光剂的物质（最普遍的就是日用的洗衣粉）污染了。

（2）印刷。真钞的正背面图案均为雕刻凹版印刷，人物的头发根根丝缕清晰可辨，线条光洁凸立。仔细摸索，能够感觉到人像上每根头发的纹路。假钞系平印印刷、四色套印，所以图案着墨不匀、纹理不清晰。特别肖像的头发是由网点油墨堆积成片，因此发丝无法辨认。假钞纸纹同样是由网点组成，如借助8倍放大镜观察，根根直线或曲线变成一个个小点形成的线，杂乱错落无序。

（3）磁性安全线。真钞安全线具有磁性，可用机器辅助识别，肉眼可见安全线内有缩微文字（限于100、50、20元），文字清晰，间隔有序，线条宽窄一致。假钞安全线很难做到有磁性，虽也有文字但并不齐整，线有宽窄。由于是手工埋设，纸张皱褶不平，加上塑料质的安全线与纸张伸缩率不同，埋设地又不伏贴，因此安全线两端长出一段，呈银白色的点状线头，由此可以看出蛛丝马迹。

（4）水印。真钞水印是造纸过程中趁纸浆未完全吃水、干燥之前经模具挤压形成，压力轻重大小形成图像的明暗层次，且层次过渡自然，富有神韵，图像清晰，立体感强。假钞水印由手工制作，质量低劣。目前所知的制作方法有揭开纸张的夹层，在其中涂上一层糊状物，再将两层纸一并合压，趁湿把纸垫在刻有图象的凹版上，经压而成。手工操作，动作笨拙，致使具有水印一端的假钞纸张发皱不平。

（5）正背互补对印。真钞的正背互补对印图案是印钞专用设备正背面一次印刷完成。正背面的互补对印图案在透视条件下完全吻合，准确无误。假钞分正背面两次平印印刷，对印图案往往不能吻合，如果加上纸张的伸缩原因，对印偏离更大，如对印图案上下错位，图案间距宽窄不一或叠压等。

（6）无色荧光油墨。真钞左上角紫外线下显现出一矩形框“100/50/20/10/5”字样，发出强亮的桔黄色荧光。假钞在紫外线下，同样在上述真钞部位有荧光反应，但颜色浓度、荧光强度均相差甚远，黯淡无色。如发现荧光有异，可与真币进行对比。

（7）光变油墨。真钞正面左下角在号码下面有一“100/50/20/10”字样，是用光变油墨印制的（新版5元无此设计），正常视角观察为草绿色，直观或平视都呈现兰黑色。视角改变过程中色彩渐变。假钞制作时，由于无法得到这种特别的光变油墨，只得用草绿色油墨印刷“100/50/20/10”字样，不会变色。

（8）隐形数字。真钞右上角在“100/50/20/10/5”字样下端团花装饰内有“100/50/20/10/5”字样隐形数字，从右端横向平视钞票时清晰可见，字样系由规律性线条组成，用雕刻凹印印刷，直视或平视时产生不同视角效应。假钞因是平印印刷，线条由网点组成，全然破坏了设计者构想的视角效应，凭此一点也完全可以判断钞票的真伪。平视时没有“100/50/20/10/5”隐形字样的钞票一定是假钞无疑。

（9）号码。真钞的号码是计量数字，绝对没有重号，而且字型工整、标准，墨量、颜色、压力均匀一致，质量好。真钞号码是由凸印印刷，号码部位的背面有压痕。假钞号码的特点是：号码数字多相同；字型不标准；颜色深浅不一致；由于是平印印刷，背面无压力痕迹。

（10）磁性油墨。真钞正面左下角的双色横号码（两位冠字、8位号码）具有磁性，可用机器辅助鉴别。假钞双色横号码无磁性，但往往制作假钞时会在该部位涂上磁粉，以欺骗机器，所以有磁性并不代表一定为真币，但无磁性一定为假币。

（二）真假港币鉴别方法

目前已发行1 000元面额港元的真钞号码字头AA、AB、AC、AD、AE、ZZ，伪钞则是其他字头。

在灯下，真钞安全线较粗，伪钞安全线较细；真钞背面一对狮子线条及轮廓鲜明，伪钞暗淡；真钞上汇丰银行的六角形徽号十分清晰，伪钞模糊；真钞纸质较韧，凹凸感强，伪钞纸质松且平滑；荧光灯下真钞“一千元”字样反光较强，伪钞反光较弱；真钞水印狮子头不发光，伪钞则发光。

（三）真假美钞鉴别方法

手摸法：真钞4个角的面额数字，用手摸有凹凸感。

针挑法：真钞票面空白处有一些细小的红丝、黑丝，用针可将其挑出但却不易折断。

擦拭法：真钞正面右侧的绿色徽记和绿色号码，在白纸上用力一擦，纸上应留下绿痕。

直观法：真钞纸面较细腻，颜色呈深淡色，用肉眼看，正面人物肖像显得有“神儿”，背面花纹、建筑图案及“上帝与我们在一起”一词的印刷清晰度高，比例大小均匀。

三、假币收缴办法

银行综合柜员在办理现金收付业务过程中，鉴别假币主要采用手工鉴别为主、机器鉴别为辅的方式。

《中国人民银行假币收缴、鉴定管理办法》中对假币收缴有明确规定，具体内容如下：

金融机构在办理业务时发现假币，由该金融机构两名以上业务人员当面予以收缴。对假人民币纸币，应当面加盖“假币”字样的戳记；对假外币纸币及各种假硬币，应当面以统一格式的专用袋加封，封口处加盖“假币”字样戳记，并在专用袋上标明币种、券别、面额、张（枚）数、冠字号码、收缴人、复核人名章等细项。收缴假币的金融机构向持有人出具中国人民银行统一印制的《假币收缴凭证》，并告知持有人如对被收缴的货币真伪有异议，可向中国人民银行当地分支机构或中国人民银行授权的当地鉴定机构申请鉴定。收缴的假币不得再交予持有人。

再有，金融机构在收缴假币过程中有下列情形之一的，应当立即报告当地公安机关，提供有关线索：（1）一次性发现假人民币20张（枚）（含20张、枚）以上、假外币10张（含10张、枚）以上的；（2）属于利用新的造假手段制造假币的；（3）有制造贩卖假币线索的；（4）持有人不配合金融机构收缴行为的。

此外，办理假币收缴业务的人员，应当取得《反假货币上岗资格证书》。《反假货币上岗资格证书》由中国人民银行印制，中国人民银行各分行、营业管理部、省会（首府）城市中心支行负责对所在省（自治区、直辖市）金融机构有关业务人员进行培训、考试和颁发《反假货币上岗资格证书》。另外，金融机构对收缴的假币实物要进行单独管理，并建立假币收缴代保管登记簿。

由于篇幅有限，假币鉴定的详细规定不再赘述，具体可参见《中国人民银行假币收缴、鉴定管理办法》。

练 一 练

1. 熟练掌握鉴别真假人民币的主要方法:“一看、二摸、三听、四测”法。
2. 请对照第五套100元人民币,分组讨论真假防伪特征。
3. 熟练掌握假币收缴的程序和管理要求。

项目六 印鉴管理、有价单证及重要空白凭证管理制度规范

项目的目标与任务

知识与技能目标:

- 掌握预留印鉴管理规定,预留印鉴须清晰、易辨别审核
- 严格管理有价单证及重要空白凭证,须手续严密,账实相符
- 了解“证、账、印分管”原则
- 严格内控管理,加强风险防范

主要任务:

- 熟练操作预留印鉴的手工和电脑两种检验方法
- 讨论和演练有价单证和重要空白凭证管理操作流程

一、商业银行预留印鉴管理规定

预留印鉴,是指存款人在银行开立银行结算账户时留存的、凭以办理款项支付结算的权利证明,也是开户银行办理收付结算的审核依据。

存款人为单位的,其预留银行印鉴为该单位的公章或财务专用章加其法定代表人(单位负责人)或其授权的代理人的签名或者盖章。存款人为个人的,其预留签章为该个人的签名或盖章。

存款人在银行预留签章中公章或财务专用章的名称与其申请开立的银行结算账户的账户名称、出具的开户证明文件上记载的存款人名称应保持一致。个人开立个人银行结算账户预留印鉴的,与其个人结算账户名称和提供的有效身份证件中的名称应保持一致。

预留印鉴须清晰、易辨别审核。预留印鉴上的签章可以是签名、盖章或签名加盖章。

二、商业银行有价单证及重要空白凭证管理制度规范

根据中国人民银行关于《有价单证及重要空白凭证管理办法》的通知,中国人民银行、商业银行、政策性银行、城市及农村信用社以及非银行金融机构办理金融业务涉及有价单证及重要空白凭证时,必须遵守本办法的规定。

（一）有价单证及重要空白凭证基本规定

有价单证及重要空白凭证必须严格管理，做到手续严密，账实相符，保证安全。

有价单证及重要空白凭证上应印具号码，按号码顺序发售和使用，不得跳号。

有价单证和重要空白凭证登记簿的格式由各总行确定。登记簿、调拨清单、领用凭证、销毁清单等应作为会计档案妥善保管。

会计（出纳）主管人员每月应至少检查一次有价单证及重要空白凭证库存、保管情况和领用手续，核对账实，并在登记簿进行记录，签章备查。主管行长（主任）对各部门保管的有价单证及重要空白凭证应进行定期或不定期的检查。

非业务人员不得领用有价单证和重要空白凭证；严禁将有价单证及重要空白凭证移作他用。

（二）有价单证管理操作流程

有价单证是指待发行的印有固定面额的特定凭证，包括金融债券、代理发行的各类债券、定额存单、定额汇票、定额本票以及印有固定面值金额的其他有价单证等。

有价单证实行“证、账分管”原则，由会计部门管账，出纳（或发行）部门管证。需要加签印章的有价单证，要严格执行“证、印分管”。

有价单证应视同现金调出、调入。调入行应在调出行预留印鉴。

1. 有价单证的领用

业务部门领用有价单证时，应向出纳部门办理领用手续，并进行登记。经办人员领用有价单证时也应办理领用手续并进行登记。营业结束后，业务部门及经办人员持有的有价单证应装箱封存入出纳库房保管。

2. 有价单证的发出

有价单证的发售或签发应坚持先收款后办理的原则，并进行销号控制。发现多缺、漏页、错号等情况，应将差错部分留查，不得发售使用，并及时与领发行和印刷厂联系。

3. 有价单证的核算

有价单证一律纳入表外科目核算，以原面值金额列账。会计部门建立“有价单证登记簿”进行明细核算。已兑付、作废及停止使用的待销毁的有价单证应设表外科目单独核算。

4. 有价单证的核对

出纳库房保管的有价单证应每日进行清库；业务部门保管的有价单证，应每日进行账实核对，保持账实相符。出纳库房保管的有价单证库存数应定期与会计部门表外科目有关账户余额核对相符。

有价单证按规定上缴时，应先由会计、出纳部门账实核对相符。

5. 有价单证的销毁

已经兑付、停止使用或注销作废的有价单证，应作出明显作废标记后缴送出纳库房登记保管。有价单证需要销毁时，应由出纳部门造具清单，经会计部门核对报主管领导批准后统一销毁。

（三）重要空白凭证管理操作流程

重要空白凭证是指无面额的经银行或单位填写金额并签章后即具有支付效力的空白凭证，包括存单、存折、支票、信用卡（证）、限额结算凭证、汇票、联行报单、债券收款单证以及其他重要空白凭证等。

1. 重要空白凭证的保管

建立重要空白凭证保管库（柜）及保管登记簿，如实登记保管、领用、使用情况。重要空白凭证必须指定专人负责管理。银行签发的重要空白凭证应做到“证印分管，证押分管”。

2. 重要空白凭证的出入库

重要空白凭证凭供货单位发货票或上级调拨单清点验收入库，并及时登记。

重要空白凭证须凭上级调拨单或本单位使用部门加盖预留印鉴并经会计主管人员签章的领用单出库，并及时登记。

3. 重要空白凭证的领用

柜员领用重要空白凭证时，应办理领用手续，及时登记，并记载起讫号码。对柜员所领用的重要空白凭证，要在登记簿上签收。

开户单位领用支票等重要空白凭证时，应填写领用单，加盖全部预留印鉴。银行应根据领用单将起讫号码及时记入该单位存款账户的账页上，并登记重要空白凭证领用登记簿。

4. 重要空白凭证的签发

经办人员签发重要空白凭证时，应进行销号控制。填错的重要空白凭证，加盖“作废”戳记后作有关科目传票的附件。属于银行签发的重要空白凭证，严禁由客户签发，并不得预先盖好印章备用。使用计算机打印重要空白凭证时，只能在原有重要空白凭证上填空打印，不得自行打印凭证格式。

5. 重要空白凭证的核算

重要空白凭证一律纳入表外科目核算。成本装订的，以一本 1 元的假定价格记账；非成本装订的，以一份 1 元的假定价格记账。各业务柜组内部使用的重要空白凭证控制到份数，定期进行账实核对。

6. 重要空白凭证的注销与销毁

单位销户时，应将剩余支票和其他重要空白凭证全部交回开户银行登记注销。单位对领用的重要空白支票和其他重要空白凭证负全部责任，如遗失或未交，由此而产生的一切经济损失，由领用单位负责。

银行对单位交回的以及停止使用的重要空白凭证应作明显作废标记，造具清单，妥善保管，经主管领导批准后集中销毁。

练一练

1. 熟练操作预留印鉴的手工和电脑两种检验方法。
2. 分组讨论和演练有价单证和重要空白凭证管理操作流程，严格内控管理。

项目七 职业操守与服务规范

项目的目标与任务

知识与技能目标：

- 严格履行职业操守规定，不断提升职业道德水准
- 文明规范服务，用服务提升竞争力

主要任务：

- 探讨践行职业操守规定
- 模拟场景演练文明规范服务

一、职业操守

2007年9月中国银行业协会制定了《银行业从业人员职业操守》，2009年2月银监会制定了《银行业金融机构从业人员职业操守指引》。《职业操守》和《指引》是银行业从业人员的行为准则和标准要求，为银行业金融机构建立符合科学发展观要求的选人用人机制，加强从业人员队伍建设提供了一个标杆。

职业操守是指人们在从事职业活动中必须遵从的最低道德底线和行业规范。

职业操守是人们在职业活动中所遵守的行为规范的总和。它既是对从业人员在职业活动中的行为要求，又是对社会所承担的道德、责任和义务。一个人不管从事何种职业，都必须具备良好的职业操守，否则将一事无成。

《银行业从业人员职业操守》主要规范银行业从业人员职业行为，提高中国银行业从业人员整体素质和职业道德水准，建立健康的银行业企业文化和信用文化，维护银行业良好信誉，促进银行业的健康发展。其中，从业基本准则包括6点：

1. 诚实信用

即银行业从业人员应当以高标准职业道德规范行事，品行正直，恪守诚实信用。

2. 守法合规

即银行业从业人员应当遵守法律法规、行业自律规范以及所在机构的规章制度。

3. 专业胜任

即银行业从业人员应当具备岗位所需的专业知识、资格与能力。

4. 勤勉尽职

即银行业从业人员应当勤勉谨慎，对所在机构负有诚实信用义务，切实履行岗位职责，维护所在机构商业信誉。

5. 保护商业秘密与客户隐私

即银行业从业人员应当保守所在机构的商业秘密，保护客户信息和隐私。

6. 公平竞争

即银行业从业人员应当尊重同业人员，公平竞争，禁止商业贿赂。

除此以外，《银行业从业人员职业操守》中还就银行业从业人员与客户、与同事、与同业及与监管者的处理问题做了很精辟的阐述。

再有，《银行业金融机构从业人员职业操守指引》是从业人员职业操守的标准要求，所有银行从业人员都应自觉遵守。由于此书篇幅有限，在此不详赘述。

二、服务规范

2006年中国银行业协会制定了《中国银行业文明服务公约实施细则（试行）》和《中国银行业文明规范服务工作指引》，其中提出，中国银行业文明规范服务是指：会员单位在机构设置、人员配备、服务产品、业务操作与管理流程等方面，为满足客户需求而进行的服务实践活动，最终体现为服务创造价值，服务实现效益，服务提升竞争力，实现银行与客户的双赢。

《中国银行业柜面服务规范》是银行业第一个针对柜面服务制定的规范性文件。《规范》从商业银行柜面服务的组织管理、服务环境、服务标准、服务操作、服务培训、投诉处理等方面为银行业柜面服务建立了统一的行业标准，为各会员单位检查柜面服务质量、处理客户服务事件提供了工作依据，也为客户监督银行网点柜面服务质量提供了标尺。例如：

（一）服务标准

服务效率：要从客户需求出发，在控制操作风险、保证服务质量的前提下，提高业务处理速度。要根据业务量合理设置营业窗口；加强客户分流，维护营业秩序；科学设置弹性窗口，缓解柜面服务压力。

服务形象：柜面人员上岗须佩戴规范挂牌（胸牌）或摆放统一服务标识牌；柜面人员应按要求统一着装，保持服装整洁合体；柜面人员发式应端庄大方，佩戴饰物应简单得体，女员工应淡妆上岗。

服务语言：要以普通话为主；如遇使用方言客户，要以普通话首问，可根据客户回答情况调整用语；语言要规范、准确、简洁，语句清晰，音量适中；要善于倾听，言谈得体；要坚持使用“您好、请、谢谢、对不起、再见”等文明用语；避免使用专业术语，便于客户理解。

（二）服务操作

《规范》中提出了营业前、营业中、营业后操作要领，其中对“营业中”操作强调以下几点：

（1）点验现金确保无误。点验现金应在客户视线及监控设备范围内进行。

（2）妥善处理假币。发现假币时，应向客户说明判定为假币的依据，诚恳地向客户讲解识别假币的方法，按规定履行假币没收手续。

（3）中断服务及时明示。营业期间，柜员因故离柜中断服务，须及时明示，引导客户在其他柜台办理业务，避免客户在无人柜台前等待。

（4）利用间歇处理轧账。柜员轧账须在柜台无客户情况下进行，不应出现柜员为轧账或处理内部事务而随意停办业务现象，特殊情况须征得网点负责人的同意。

（5）主动提醒客户当面点验钱款。客户离柜前，必须主动提醒其在柜台前点验清楚，避免发生纠纷。如客户对现金数量提出异议，应为客户当面点验，确保无误。

（三）投诉处理

《规范》规定，受理投诉要规范操作。对营业网点直接受理的客户投诉，柜面人员接到客户投诉后，要耐心倾听、详细记录，积极做出正面解释。不与客户争论，避免矛盾升级，产生不良影响。网点负责人应视情况主动出面调解和安抚；若超出网点负责人处理权限，要及时向上级服务管理部门汇报。通过询问当事人，了解客户投诉的原因，初步判断是否为有效投诉，形成书面调查及处理结果，必要时向服务管理部门汇报。涉及重大责任事故或案件时，要及时上报有关部门。

对服务管理部门接到客户投诉或相关部门转接的投诉，要认真对投诉情况进行登记，及时向负责人汇报。要及时调查客户投诉情况，需要相关部门协助调查的，要及时通知相关部门，由相关部门了解投诉原因，形成书面调查结果，报服务管理部门。必要时服务管理部门可对投诉原因进行实地调查。根据投诉调查情况，对责任人员提出处理意见，报相关部门进行处理。

《规范》规定，各单位要规定客户投诉受理及反馈时限。投诉调查结束后，要将调查及处理结果及时通过电话或登门告知客户，并与客户进行有效沟通，求得客户对柜面服务工作的支持。受理客户投诉后，如无法当天给予客户处理解决方案，应及时告知客户投诉处理的进度，并向客户承诺再次回复的时间。

另外，在《银行业从业人员职业操守》中就“礼貌服务”问题也进行了详细规定。即银行业从业人员在接洽业务过程中，应当衣着得体、态度稳重、礼貌周到。对客户提出的合理要求尽量满足，对暂时无法满足或明显不合理的要求，应当耐心说明情况，取得理解和谅解。

总之，随着金融产品的不断创新，现代商业银行竞争日益激烈。要在竞争中处于优势，银行业必须清楚地认识到银行改革的成果既要体现于金融机制的调整和经营效益的提高，也要体现于对服务质量的改善和对社会公众服务水平的提高。因此，银行业就必须应该坚持“以客户为中心”的服务理念，树立“服务就是效益”的观念，坚持优质文明规范高效服务，围绕客户的需求开展银行的各项工作，全方位向客户提供方便、快捷、准确、安全的金融服务。在向客户提供优质、文明、规范、高效的服务过程中，客户满意是最终的目标。因为只有这样，银行才能赢得客户，赢得效益，创造出最佳的经济业绩，也才能在为社会公众提供服务的同时，促使银行综合实力不断强大。

练一练

1. 探讨银行业从业人员如何养成高标准的职业道德规范。

（银行业从业人员要从小事做起，严格履行职业操守规定，注重职业道德的培育。）

2. 分组交换角色演练如何做好柜台服务。

（作为服务业行业之一的银行业，必须始终坚持“以客户为中心”的服务理念，树立“服务就是效益”的观念，坚持优质、文明、规范、高效服务。）

项目八　柜台实用英语

项目的目标与任务

知识与技能目标：

- 熟练掌握基本的柜台实用英语，拓展延伸银行业务
- 用英语与客户流利交流柜台主要业务，增强柜台涉外服务能力

主要任务：

- 模拟场景分组演练柜台实用英语

一、Consultation 业务咨询
二、Opening an Account 开户
三、Making a Deposit 存款
四、Making a Withdrawal 取款
五、Bank Card 银行卡业务
六、Reporting a Missing Bank Book or Bank Card 存折/银行卡挂失
七、Closing an Account 销户
八、Wage Distribution Service 代发工资业务
九、Commission Insurance 代理保险
十、Deposit Certificate 存款证明
十一、Money Exchange 外币兑换业务
十二、Using ATM 使用 ATM 自助机器

一、Consultation 业务咨询

Words and Terms

Number sheet 叫号单　　rest area 休息区　　VIP counter VIP 窗口
savings account 储蓄账户　　current account 活期账户　　fixed account 定期账户
interest rate 利率

Dialogue

A：Hello, sir, what can I do for you?

B：Yes, where can I open an account?

A：This is your number sheet, and you may sit in the rest area and wait a moment. When you hear your number, you can go to the counter. /Well, please go to counter No. ××. /Please follow me, and we will arrange a VIP counter especially for you.

B：Thanks.

A：Just here, I'll attend to it for you.

B：I'd like to open a savings account, but I don't know which account it should be.

Would you please give me some advice?

A: Certainly, I'll be very happy to help you. Usually we offer current or fixed accounts for individuals.

B: What's the difference between the two?

A: If you open a fixed account, the interest rate is higher. But you can not withdraw the money at any time.

B: Then, how about the current account?

A: You may withdraw the money at any time. But the interest rate is zero point seven two percent.

B: I'm sorry, but may I ask one more question?

A: Of course, please do. What is it?

B: What's the interest rate for a current account?

A: The interest on a current account is 0.72% per annum, the interest rate for a three-month deposit is 3.33% per annum, for six-month 3.78%, for one year 3.78%. You may get the detailed information from that bulletin board or our online banking.

B: Many thanks.

翻译

-您好，先生，我能为您做点什么呢？

-请问开立账户在哪里办理？

-这是您的叫号单，请到休息区稍候。当您听到哪个窗口播报了您的号码，你就可以去哪个窗口办理业务了。/请您到××号窗口办理。/请随我来，我们为您安排一个VIP窗口。

-谢谢。

-就在这里，我来为您办理吧。

-我想开个储蓄账户，但我不知道开什么账户，请给我一些建议好吗？

-当然。我很乐意。我们通常可以为客户开立活期或定期账户。

-它们有什么不同呢？

-如果您开的是定期账户，享有利率较高，但您不能随时取款。

-那活期存款呢？

-您可以随时取款，但它的利率是0.72%。

-对不起，我能再问个问题吗？

-当然可以。请问吧，是什么？

-储蓄存款利率是多少？

-活期年息为0.72%，三个月定期利率为3.33%，半年定期利率为3.78%，一年定期利率为4.14%。其他的您也可以看看那里的公告屏，或者登录我行的网站查询详细的情况。

-谢谢。

练 一 练

一、根据句子意思，在方框中选出正确的单词或词组填入句子的空格中。

Number sheet	rest area	VIP counter	savings accounts	current account
fixed account	interest rate			

1. Please follow me and we will arrange a ________ especially for you.

2. A/An ________ is the rate at which interest is paid by a borrower for the use of money that they borrow from a lender.

3. This is ________, please have a seat and wait a moment.

4. ________ are accounts maintained by retail financial institutions that pay interest but cannot be used directly as money (for example, by writing a check).

5. The interest on a ________ is 0.72% per annum, but you can withdraw money whenever you like.

6. You may sit in the ________, and wait for calling you.

7. If you open a/an ________, the interests you get will be higher.

二、把下面的句子翻译成英语/汉语。

1. If you have any questions, please do not hesitate to ask. I hope I can always give you a satisfactory answer.

2. Good morning, ladies and gentlemen. Welcome to China Ever Bright Bank. It's our pleasure to serve you today.

3. 我们北京分行的员工将会对我们的客人提供优质快捷的金融服务。

4. 我住在花园酒店，离你们银行太远了，有没有离我酒店近一点的银行呢？另外能告诉我你们的营业时间吗？

5. Our business hours are from 9:00AM to 5:00 PM everyday. Here is an introduction to our bank business and you'll find the addresses and telephone numbers of our sub-branches on it. I'm sure it'll be helpful to you.

三、英语情景实练

Suppose you are a clerk working at the inquiry desk in the front hall of the bank, make a welcome speech and introduce the business hours, the branch venues and basic transaction operations to the guests and visitors. Then guide them to the ticket station (叫号机)。Use the words and expressions in the dialogue and exercises.

二、Opening an Account 开户

Words and Terms

open an account 开户　　current account 活期账户　　minimum amount 起存金额　　passbook 存折　　deposit slip 存款单

Dialogue

A：Hello，how can I help you today？

B：I would like to open a current account，please. /I'm here to open a current account with your bank.

A：Ok/That's no problem at all，please fill in this deposit slip. All you need to do is to write the amount here and your name over here on this line. I'll take care of the rest. First，could I see some of your ID？

B：That's great，here you are. This is my passport. Is there a minimum amount I need to pay in？

A：Yes，there needs to be at least 1RMB paid in to open a new account. /We usually ask for 1RMB. Also，you will need to choose and enter a secret identity code to ensure no one else can enter your account.

B：How long does it need to be？ I'm not very good with remembering long numbers.

A：Just 6 digits.

B：There you go.

A：That's everything done for you. Here is your new passbook.

B：Thank you very much.

A：You are welcome.

翻译

-您好，今天我能帮您什么忙吗？

-我想开立一个活期账户。

-好的，没问题。请您填写一张存款单。需要您所做的就是在这条线上写上您的金额和名字，剩下的由我来处理。首先，我能看一下您的身份证明吗？

-好的，给您。这是我的护照。有没有规定存入的最小金额？

-有的，新开户至少要存入 1 元钱。您还需要选择和输入一个密码，以确保别人不能进入您的账户。

-密码需要多长啊？我不太善于记住一长串数字。

-6 位数字。

-输好了。

-所有的事情都为您办好了。这是您的新存折。

-非常感谢。

-不客气。

练 一 练

一、根据句子意思，在方框中选出正确的单词或词组填入句子的空格中。

open an account	current account	minimum amount	passbook
deposit slip	secret identity code	digit	

1. Please set a 6-________ pin number/password for your debit card.
2. I would like to put 2050 dollars in this account. Here is my ________ and money.
3. A: Good afternoon, I'd like to put some money in my ________.
   B: How much would you like to put in?
4. Please double check the amount on the ________. If it is correct, please sign your name on it.
5. The ________ of the initial deposit for opening a current account is 10 RMB.
6. May I help you, sir? I would like to ________.
7. Also, you will need to choose and enter a/an ________ to ensure no one else can enter your account.

二、把下面的句子翻译成英语/汉语。

1. 麻烦告诉我一下开户的手续?
2. Certainly. Please fill out the application form and show your ID card or Passport. The minimum initial deposit for opening a current account is 10 RMB.
3. Any charge for opening this account? /It's for free.
4. 您想开哪种银行账户?
5. Well, everything is OK now. And before you go, some tips about this card。If you use the card in other provinces, you can only make RMB, USD and HKD transactions.

三、英语情景实练

Make a dialogue with your partner. Suppose you are a bank clerk and your partner is a guest trying to open a current/deposit account, help him to open an account and use the words and expressions in the dialogue and exercises.

三、Making a Deposit 存款

Words and Terms

fixed deposit 定期存款　　current deposit 活期存款

time-demand optional deposit 定活两便储蓄存款　　notice deposit 通知存款

PIN number 密码

Dialogue

A: Good day. Is this the Business Department?

B：Yes，it is. What can I do for you? /How can I be of service?

A：I want to make a deposit.

B：We have various types of the deposit，including the fixed deposit，the time-demand optional deposit，the notice deposit and the usual current deposit. Which one would you like?

A：Just the usual，current deposit please.

B：Ok，just a moment. I'll find the relevant data and help you with that. Could I have your savings passbook and the money，please? You are making a deposit of 900 RMB，is that correct?

A：Correct.

B：Please enter your PIN number on the keypad.

A：There we go.

翻译

-您好。请问这里是营业部吗？

-是的。请问有什么可以帮助您的吗？

-我想存钱。

-我们有多种不同的存款形式，包括定期存款、定活两便储蓄存款、通知存款和普通的活期存款。您想存哪种？

-普通活期存款就行。

-好的，请稍等。我找到相关数据就给您办理。您能把您的存折和钱给我吗？您想存900元是吗？

-是的。

-请您在键盘上输入您的密码。

-输好了。

练一练

一、根据句子意思，在方框中选出正确的单词或词组填入句子的空格中。

fixed deposit	current deposit	time-demand optional deposit	
notice deposit	PIN number	business department	keypad

1. ________ is a saving deposit without definite maturity，whose interest rate varies in line with the length of maturity. It enjoys both the interest of time deposit and convenience of demand deposit.

2. A/An notice deposit is an investment account that earns interest as you save. If you want to draw money from your account，you must give us 32 days' notice.

3. A/An ________ account allows you to deposit your money for a set period of time, thereby earning you a higher rate of interest in return.

4. A/An ________ is an account in which money or cheques can be taken out or payments can be made at any time.

5 A/An ________ is a set of buttons arranged in a block or "pad" which usually bear digits, symbols and usually a complete set of alphabetical letters

6. Here is our manager of the ________, and he will answer your questions.

7. Please enter your ________ and if you forget it, please ask for help.

二、把下面的句子翻译成英语/汉语。

1. 你希望在你的户头上存多少?

2. Would you please fill in the depositing form, giving the sum of money you're to deposit as well as your name, address and professional unit?

3. 我想在我的定期存款户头上存200元。

4. How much money do you plan to keep in your account on a regular basis?

5. 请您确认一下存款的数额。如果没有问题，请在回单上面签字。

三、英语情景实练

Make a dialogue with your partner. Suppose you are a bank clerk and your partner is a guest trying to put an amount of money into the current deposit, help him/her to complete the transaction and use the words and expressions in the dialogue and exercises.

四、Making a Withdrawal 取款

Words and Terms

withdrawal 取款　　maturity date 到期日　　interest 利息

Dialogue

A: Hello, how can I help you today? /How may I help you?

B: I'd like to withdraw some money from my account.

A: Please fill out this slip, stating how much you wish to withdraw.

B: Well, actually, it's quite a substantial amount. Here's my bank book. Will it cause a problem?

A: On your account there is no limit to the number of over-the-counter withdrawals, it won't cause a problem. Please key in your password…Your password isn't acceptable. Will you please try again?

B: It's been quite a long time since I made my last withdrawal, and I've assigned different passwords to different accounts. Let me try another one.

A: It's correct now, you want to withdraw 10 000RMB. Here is your money, 10 000RMB. Please count it before you leave.

B: Yes, All seems to be in order. Thanks very much. And I have a time deposit here ,

I'd like to get the money now.

A：The maturity date isn't for another 10 days. Are you aware of that?

B：Yes, I know, but I need the money urgently for a family emergency, you see.

A：The regulations state that the interest is paid at the rate of a current deposit, so unfortunately you will lose some interest.

B：Well, it can't be helped. I really must have that money. Thank you.

翻译

-您好，请问有什么可以为您效劳的吗？

-我想从我的账户上取些钱。

-请您填写一张单子，注明您想取多少钱。

-是很大一笔钱。这是我的存折。会有什么问题吗？

-您的账户在柜台上取钱没有限额，不会有什么问题的。请您输入密码。您输入的密码不对。请再试一次，好吗？

-我已经很久没取过钱了，我的不同的账户有不同的密码，我再试一次吧。

-这下行了，您想取 10 000 元。这是 10 000 元，请您在离开之前清点一下。

-好像都是连号的，非常感谢。我还有一张定期存单，我想把里面的钱取走。

-还有 10 天才到期，您意识到了吗？

-是的，我知道。但是家里有急事，我急需这笔钱。

-有关条文规定按活期存款的利息支付，那您可就要损失一些利息了。

-那也是没有办法的事情啊。我需要那笔钱。谢谢。

练 一 练

一、根据句子意思，在方框中选出正确的单词或词组填入句子的空格中。

withdraw	maturity date	substantial	bank book	over-the-counter
time deposit	family emergency			

1. It's quite a ________ amount of money, and you should take good care of it.

2. The ________ kept by a depositor, in which an officer of a bank enters the debits and credits of the depositor's account with the bank.

3. The ________ is one on which the principal amount of a note, draft, acceptance bond or other debt instrument becomes due and is repaid to the investor and interest payments stop.

4. ________ means to take (money) out of an account.

5. Create a ________ plan. Disasters can happen anytime and anywhere.

6. On your account there is no limit to the number of ________ withdrawals

7. ________ is a savings account held in a financial institution, usually a bank, for a

fixed term or with the understanding that the customer can withdraw only by giving advanced notice.

二、把下面的句子翻译成英语/汉语。

1. 我想取点现金，可是我的账户现在是定期，我能在到期前取些钱出来吗？

2. 您想取多少钱？3 000 美元。

3. Excuse me, sir. The daily limit for cash withdrawal is 10 000 U. S. Dollars.

4. You can withdraw your money by cashing the certificate before the maturity. But you would not receive the stated interest.

5. 如果您需要提前支取，那么利息只能按照活期计算了。

三、英语情景实练

Make a dialogue with your partner. Suppose you are a bank clerk and your partner is a guest trying to withdraw a substantial amount of money from a fixed deposit, help him/her to complete the transaction and use the words and expressions in the dialogue and exercises.

五、Bank Card 银行卡业务

Words and Terms

debit card 借记卡　　credit card 信用卡　　versatile card 多用途卡

international card 国际卡

Dialogue

A: Excuse me. Is this the ××× Credit Card Department of ×××?

B: Yes. What banking services do you need?

B: I want to have a ××× card from your bank, but I don't know what kind of card is best for me.

A: Well. We have a big ××× card family, including ××× debit card, ××× credit card, ××× versatile card, ××× international card, etc.

B: What is a versatile card?

A: It is a card that links a lot of businesses together. You may either make deposits and withdrawals at any savings office or make transfers and inquiries at any ATM with this card.

B: Anything else?

A: With this card, you may also enjoy services like consumption at POS terminals of all the specially-engaged commercial units, payroll agent service and agent payment for power and gas, etc.

A: Ok, thank you for your information, but I'd like to apply for a ××× credit card. Is that all right?

B: Certainly. Do you want a personal card or a company card?

A: A personal card.

B: First, you need to fill out the application form and provide a photocopy of your ID card and then a photocopy of a guarantor who also has to sign the application form.

A: Is any deposit necessary?

B: Yes. 1 000 RMB yuan is required for any personal card. One more thing, you should pay handling charges for this service.

A: I know. How long does it take?

B: You'll get your card in a week after we have received the required documents from you.

翻译

-请问这儿是×××行×××卡业务部吗?

-是。您需要办理什么业务吗?

-是啊。我想在贵行办一张×××卡，但我不知道哪一种卡最适合我。

-嗯。我行的×××卡是一个大家族，包括×××借记卡、×××信用卡、×××多用途卡、×××国际卡等。

-什么是多用途卡?

-使用多用途卡，您可以在任何储蓄所存取款，在任何一台柜员机上转账、查询。

-还有其他用途吗?

-有了这张卡，您还可以享受在所有 POS 机特约商户消费，代发工资，代交电费、水费等等。

-感谢你提供的信息，我还是想申请一张×××信用卡，可以吗?

-当然。您想办个人卡还是公司卡?

-个人卡。

-首先，您需要填写这张申请表，提供一张您的身份证影印件，还有一张您担保人的身份证影印件。担保人需在申请表上签名。

-需要保证金吗?

-要的。个人卡需存 1 000 元保证金。还有您需要交一些手续费。

-我明白了。需要多长时间呢?

-在收到规定证件后，一周之内您可以拿到您申请的卡。

练 一 练

一、根据句子意思，在方框中选出正确的单词或词组填入句子的空格中。

debit card	credit card	versatile card	photocopy	consumption
POS terminal	guarantor			

1. Global oil ________ reached an all-time high in 2010, hitting 87.4 million barrels per

day (bpd), according to a new report from CCTV news.

2. A ________ manages the selling process by a salesperson accessible interface, it can also be called "point-of-sale" terminal.

3. ________ is a card that links a lot of businesses together. You may either make deposits and withdrawals at any savings office or make transfers and inquiries at any ATM with this card.

4. A ________ is a person who guarantees to pay for someone else's debt if he or she should default on a loan obligation.

5. A ________ is plastic card issued to users as a system of payment. It allows its holder to buy goods and services based on the holder's promise to pay for these goods and services. And they allow the consumers a continuing balance of debt.

6. You need to fill out the application form and provide a ________ of your ID card.

7. ________ is a small plastic card, resembling a credit card in appearance, used to make cash withdrawals from a bank account, or to pay for goods and services, but it can not be overdrawn.

二、把下面的句子翻译成英语/汉语。

1. 您的卡一张是借记卡，一张是信用卡。

2. 你们的阳光卡有什么功能呢？

3. You can use the card to withdraw money from all the ATMs with this logo of "China Union Pay" in China and around the world. You can deposit money into this card through the CRS and you can go shopping with this card.

4. Moreover, by using this card, you can make such personal finance transaction as cash deposit and withdrawal, money transfer, personal foreign exchange trade and open-ended funds management over the bank counters.

5. 这些卡都只能去自助设备上面取钱。

三、英语情景实练

Suppose you are working at the front hall of the bank, please make an introduction of the different cards. Use the words and expressions in the dialogue and exercises.

六、Reporting a Missing Bank Book or Bank Card
存折/银行卡挂失

Words and Terms

recommend 建议　　account holder 账户持有人　　report a loss 挂失

Dialogue

A: Hello, how can I help you? /How can we be of service?

B: I need to report a missing Bank Card and Book. /I've just lost my bank stuff.

A: Ok, Sir. I will have to take some details from you. Could you tell me the account holder's name, the account number, the amount in the account and your PIN number, please?

B: Well, the account's in my name, Patrick Dean. The account number is… There was about 40 000 RMB inside. Is that all you need to know?

A: Ok, Sir. Almost there/Not quite, I just need your PIN number. You will also have to fill out some forms with as much detail as possible. When we issue you with a new card and book, we would recommend that you change your PIN number. It's a very simple procedure.

B: So, I can get my new card today?

A: I'm sorry, Sir, the full procedure will take up to 7 (working) days to process everything.

B: 7 days! What am I supposed to do for money until then?

A: If you bring some ID with you, it's possible for you to make a withdrawal over the counter if you need to. But unfortunately, without your new card you cannot use the ATM, so all withdrawals must be made within the working hours.

翻译

-您好，有什么可以为您服务的?

-我想挂失我的银行卡和存折。/我银行的东西丢失了。

-好的，先生。我需要一些您的详细资料。您能告诉我账户持有人的姓名、账号、账户金额和密码吗?

-账户是以我的名字开的—Patrick Dean。账号是……账户里大概有 40 000 元人民币。这就是您想知道的所有的信息吗?

-差不多就这些了。/还不够。我需要您的密码。您还要填写一些单子，信息越详细越好。我们给您发新的卡和存折时，我们会建议您修改您的密码。这是一个很简单的程序。

-那么我今天就能拿到新卡吗?

-很抱歉，先生。整个程序需要 7 个工作日。

-7 天！到时候我需要用钱该怎么办啊?

-如果您带着您的身份证是可以在柜台上取钱的，但是，不幸的是，没有新卡您不能使用自动取款机，您只能在我们上班时取钱。

练一练

一、根据句子意思，在方框中选出正确的单词或词组填入句子的空格中。

recommend	account holder	report a loss	issue	procedure
take up	withdrawal			

1. It will ________ you ________ 10 working days to wait.

2. Excuse me, I lost my deposit certificate/card, and now I would like to ________.

3. It will include a general ________ of 5 steps.

4. I would ________ you see a mental health doctor if you are still so crazy.

5. If you bring some ID with you it's possible for you to make a ________ over the counter if you need to.

6. We could ________ you the renewed bank book in seven days.

7. A/An ________ is a term used for someone designated for performing transactions on an account. This term is generally used.

二、把下面的句子翻译成英语/汉语。

1. 我的存单/卡丢失了，我要挂失。

2. Don't worry. Please show me your passport. You will need to pay 10 Yuan RMB as the service charge. You should come here to renew the account in seven days. Don't forget to bring your passport and the application form at that time.

3. 下午好，我不记得卡的密码了，应该怎么办理呢？

4. If you have forgotten the password, you have to report the loss. We will have your account frozen for seven days, and seven days from now, you can come back to reset the password.

5. 请您出事一下您的证件。请填写一下挂失申请书。

三、英语情景实练

Make a dialogue with your partner. Suppose you are a bank clerk and your partner is a guest trying to report a loss of his credit card, help him/her to complete the transaction and use the words and expressions in the dialogue and exercises.

七、Closing an Account 销户

Words and Terms

close an account 销户

Dialogue

A：Hello. What can I do for you this afternoon?

B：Actually, I'm here to close my account with you. I'm going home; the company is transferring me back to London.

A：Oh, I see. When are you leaving?

B：Next week. So I thought it was better to get this all sorted out as soon out as possible.

A：Yes, of course. Well, let's get started. Would you show me your passport, please?

B：Here you are. Don't laugh at the horrible photo today, OK?

A：So, what would you like to do with the balance?

B：I guess I should just withdraw everything.

A：21 000 RMB is the exact balance. If you could just sign your name here, and then everything seems to be in order.

B：Here you go. That's everything, then. Thanks very much for your service over the years.

翻译

-您好，今天下午有什么可以帮助您的吗？
-事实上，我是来销户的。我要回国了，公司把我调回伦敦了。
-哦，我明白了。您什么时候走啊？
-下周。所以我想尽快把事情处理好。
-那当然。那我们开始吧，我能看一下您的护照吗？
-给你。今天就不要嘲笑我的照片了。
-剩下的账户余额您打算怎么办啊？
-我想我会把钱都取出来。
-您账户的确切余额是21 000元。请您在这里签字，这样就可以了。
-签好字了。这就可以了吧。谢谢你们这么多年的服务。

练一练

一、根据句子意思，在方框中选出正确的单词或词组填入句子的空格中。

close an account	transfer	sort out	balance	passport

1. ________ is amount of money that remains in a deposit account (or a loan account) at a given date.

2. When you find a solution to (a problem, etc.), especially to make clear or tidy it took a long time to ________ the mess.

3. I'm coming to say goodbye, my boss ________ me back to my hometown.

4. A/An ________ is a document, issued by a national government, which certifies, for the purpose of international travel, the identity and nationality of its holder.

5. I'll leave this country in a week and I would like to ________ right now.

二、把下面的句子翻译成英语/汉语。

1. 您好，请问应该怎样进行销户？

2. Sir/Madam, First of all, I should tell you that the closing service must be done by the branch bank where you opened that.

3. Sorry, I forgot where I opened the account.

4. Let me check it out for you. OK, you opened this account in the Nanjing Road branch.

5. 请带着您的证件去那里进行办理。

三、英语情景实练

Make a dialogue with your partner. Suppose you are a bank clerk and your partner is a guest trying to close one of his/her savings account, help him/her to complete the transaction and use the words and expressions in the dialogue and exercises.

八、Wage Distribution Service 代发工资业务

Words and Terms

payroll service 代发工资　　entrustment agreement 委托协议

payment methods 支付方式

Dialogue

A: Good day, how can I help you today?

B: I'd like some info about your payroll service, please.

A: It's possible to sign an agreement with us, and then we can pay your staff directly. That is called an entrustment agreement.

B: I see. How is it paid? I mean, what payment methods are possible?

A: We can transfer the funds each month, at your request, into each employee's account. It's possible to pay in cash or to pay directly the employee's savings account, no matter which bank they do business with.

B: That sounds pretty good. Tell me, must we use the same payment method for all of our employees?

A: Not at all. We can adjust the payment methods depending on the requirement of each employee.

B: That sounds just perfect. I'll talk things over with some colleagues and get back to you. Thank you very much for the information.

翻译

- 您好，我能帮助您什么？
- 我想了解一些关于代发工资业务的信息。
- 只要与我们签署一份协议，我们就可以直接给你们的员工发工资了。这就是所谓的委托协议。
- 我明白了。工资如何发放的？我的意思是说，有几种代发工资的方式呢？
- 我们可以按照您的要求，每月将工资转入每位员工的账户。这项服务有可能是现金支付，或者直接存入员工的储蓄账户，无论他们在哪个银行开的账户。
- 听起来不错。还有，我们必须对我们的员工使用相同的付款方式吗？
- 当然不是。我们可以根据每一位员工的要求来调整付款方式。
- 非常好。我要和我的一些同事商量一下，然后回来找你。非常感谢您提供的这些信息。

练 一 练

一、根据句子意思，在方框中选出正确的单词或词组填入句子的空格中。

payroll service	entrustment agreement	payment method	fund (v.)
do business with	adjust	colleague	

1. How you pay for an item depends partly on what ________ your seller accepts.

2. We understand you want to pay your staff accurately, and you also want to: you're your time and resources for your core business, Welcome to Hong Kong ________!

3. I don't want to ________ those who don't make a profit, because they can't give the best service.

4. We can ________ the payment methods depending on the requirement of each employee.

5. ________ is the person whom you work with and you fight together with.

6. To ________ means providing capital or other resources for a transaction, a project, a person, a business or other private or public institutions.

7. An investor shall conclude an ________ with a securities company on securities trading, open an account of securities trading in a securities company and entrust the securities company to purchase or sell securities on the behalf in writing, by telephone or any other means.（投资者应当与证券公司签订证券交易委托协议，并在证券公司开立证券交易账户，以书面、电话以及其他方式，委托该证券公司代其买卖证券。节选自《中华人民共和国证券法》第一百一十一条）

二、把下面的句子翻译成英语/汉语。

1. Please pass me your "Current One-for-All" passbook.

2. 贵行提供的代发工资业务是怎么回事？代发工资的方式有哪些？

3. 我行根据委托协议，为企业发放职工工资。我行根据贵单位指令直接将工资转入职工的实名账户。

4. We may make payment in cash, that is to say, the employees get their salaries directly at the counter of our bank, or the employees' salaries are transferred to any appointed current savings accounts.

5. We shall make various payments for your needs based on different conditions of your corporation.

三、英语情景实练

Make a dialogue with your partner. Suppose you are a bank clerk and your partner is a guest trying to know something about the payroll service system in your bank, please introduce the payroll service in your bank to him/her for persuading the guest to select your bank. Use the words and expressions in the dialogue and exercises.

九、Commission Insurance 代理保险

Words and Terms

Bank-Insurance Link 银保通　　commission insurance 代理保险

dividend-participated insurance 分红保险　　compound interest rate 复利

insurance premium 保险费

Dialogue

A: Good morning, Miss! Have you opened a new business of commission insurance in your bank?

B: Yes. We have a new business called Bank-Insurance Link. It is an integration of insurance, savings deposit and investment.

A: What can I benefit from it?

B: Besides insurance for you, you can also get more or less dividend from insurance company based on its beneficial result of management.

A: Is there any difference between dividend-participated insurance and deposit?

B: The deposit interest is fixed, while the dividend of each policy will be transferred automatically into your account through our bank by the end of each policy year. The longer the term is, the higher the dividend you earn because it is calculated at the compound interest rate.

A: That's great. Could you tell me where I can buy such an insurance policy?

B: Just at the counter of our bank. If you have a current account, the insurance premium will be paid through it. It's very convenient to you.

A: By the way, can I get the money out if I need it in an emergency?

B: Of course. This is the product description and you can get more details from it.

翻译

-早上好，小姐！贵行开办代理保险业务了吗？

-是的。这是一种集保险、储蓄和投资于一体的新业务，名叫“银保通”。

-我能得到什么好处呢？

-除保险之外，您还可以从保险公司得到多少不等的红利，这要看它的经营效益。

-分红保险与存款有区别吗？

-存款利息是固定的，而保险红利在每个保单年度末自动转到您的账户上，而且期限越长红利越多，因为它是按复利计算的。

-那太好了。您能告诉我这种保险在哪儿买吗？

-就在我行的柜台。如果您有活期账户的话，保险费可以通过该账户缴纳，非常方便。

-顺便问一下，如果我有急事需要用钱的话，能不能取出来呢？

-当然可以。这是产品说明，上面有详细内容。

练 一 练

一、根据句子意思，在方框中选出正确的单词或词组填入句子的空格中。

Bank-Insurance Link	commission	insurance premium
dividend-participated insurance	compound interest rate	insurance policy
calculate		

1. The longer the term is, the higher the dividend you earn because it is estimated as the ________.

2. The ________ is a contract (generally a standard form contract) between the insurer and the insured.

3. You will be able to ________ how much you can get based on the age you start taking Social Security.

4. ________ is the banking service system that enables insurance policy writing and other transaction processing for individual customers. It is provided by ICBC.

5. You can grant us an extra ________ of 2% to cover the additional risk.

6. A/An ________ is the amount of money charged by an insurance company for coverage.

7. ________ is the term used to describe any insurance policy that pays out a dividend to its holders.

二、把下面的句子翻译成英语/汉语。

1. We have a new business called Bank-Insurance Link. It is an integration of insurance, savings deposit and investment.

2. Besides insurance for you, you can also get more or less dividend from insurance company based on its beneficial result of management.

3. The deposit interest is fixed, while the dividend of each policy will be transferred automatically into your account through our bank by the end of each policy year.

4. 期限越长红利越多，因为它是按复利计算的。

5. 如果您有活期账户的话，保险费可以通过该账户缴纳。

三、英语情景实练

Make a dialogue with your partner. Suppose you are a bank clerk and your partner is a guest trying to know something about the service of commission insurancc in your bank, please introduce the service to him/her for persuading the guest to select your bank. Use the words and expressions in the dialogue and exercises.

十、Deposit Certificate 存款证明

Words and Terms

deposit certificate 存款证明　　handling fee 手续费　　block 冻结

Dialogue

A: Hi, can I assist you in any way?

B: Oh, thank you. Yes please. What do I need to handle some domestic affairs?

A: Oh, I see. In what area?

B: Well, I need a deposit certification to handle this.

A: OK, we have this service. Have you got a deposit certificate and your passport? I'm sorry to ask you, but your passport is very important.

B: Yes, yes. Here it is. By the way, is there a handling fee?

A: Yes, I'm afraid there is. You need to pay 20 RMB in the handling fee.

B: If I don't draw on it, will it be blocked after I get the deposit certification?

A: That's right. I'm glad to see that you have learned our complex system of the deposit certification, wait a moment please, I'll do it right now.

翻译

-您好，我如何为您服务？

-哦，谢谢你，麻烦你了。我需要处理一些国内的事情。

-哦，我知道了。您需要哪方面的服务啊？

-我需要一个存款证明来处理这事。

-我们有这项业务。您的定期存单和护照带了吗？我很抱歉向您要护照，但是您的护照很重要。

-我知道。这是我的护照。顺便问一下，有手续费吗？

-是的，有手续费。您需要付20元手续费。

-在开了存款证明之后，如果我不取的话，这些存款就会被冻结了吧。

-没错，我非常高兴您了解我们这个存款证明的复杂系统，请稍等，马上给您办理。

练一练

一、根据句子意思，在方框中选出正确的单词或词组填入句子的空格中。

deposit certificate	handling fee	block	domestic affairs	complex

1. The government allows the United States to ________ the assets of North Korean.

2. The Chinese government rejected criticisms of the verdict and warned against

interference ________ .

3. ________ are a type of financial product that is often chosen in place of savings accounts or stock market investments because of the relatively good rate in different timetable.

4. ________ is an amount of money charged for physical labor associated with processing a product or in processing paperwork; a processing charge or fee.

5. Still it is possible that this apparent connection could be the result of a ________ set of health related behaviors.

二、把下面的存款证明翻译成汉语。

CERTIFICATE OF DEPOSIT

No.: ××××

We hereby certify that up to 23rd, DEM, 2008, Mr/Mrs/Ms xxx

(ID No. ×××××) has deposit accounts with this urban credit cooperation as follows:

CD/Passbook	No. Currency&amount	Value	Maturity

Urban credit cooperation of xxx City, xxx branch

Authorized signature: ____________________

十一、Money Exchange 外币兑换业务

Words and Terms

Money exchange 外币兑换　　permanent 永久的　　capital letter 大写字母

nationality 国籍　　exchange rate 汇率　　identification card 身份证

Dialogue

A: Good afternoon. Can I help you?

B: Yes, please. I want to change some US dollars into RMB.

A: Have you got your identification card with you?

B: Yes, I've got my passport.

A: That's fine. Would you please write down on this form the amount you need to change, your full name in capital letters, your permanent address, your nationality and your passport number here?

B: I have so much to write.

A: Then how much do you want to change?

B: 400 dollars. By the way, what's the exchange rate for US dollars into RMB?

A: According to today's exchange rate, for cash it is 6.49 RMB to the US dollars, so

400 US dollars will be 2 596 RMB altogether. Please check it.

B: That's right. Thanks very much.

翻译

-下午好，我能帮助您什么吗？

-是的，麻烦您了。我想把美元兑换成人民币。

-您带身份证了吗？

-我带了护照。

-很好。请再这张表格上写下您的要兑换的金额、您名字的大写全称、您的永久住址、您的国籍和护照号码。

-我要写这么多东西啊。

-那么您想要兑换多少呢？

-400 美元。美元兑换成人民币的汇率是多少？

-根据今天的汇率，1 美元等于 6.49 元人民币。所以 400 美元兑换成人民币就是 2 597 元人民币。请您核对一下。

-没错。非常感谢。

练 一 练

一、根据句子意思，在方框中选出正确的单词或词组填入句子的空格中。

Money exchange	permanent	capital letters	nationality	exchange rate
identification card				

1. He has no ________ employment.

2. ________ market of Shanghai emerged as the development of foreign trade of Shanghai, moreover, its development gradually as the gradual growth of trade.

3. Science has no ________; knowledge belongs to everyone.

4. Please sign your name in ________.

5. It seems the ________ fluctuates almost daily.

6. Please provide your valid ________ when you check in the Hotel.

二、把下面的句子翻译成英语/汉语。

1. 请您出示护照，填写您的水单，一式三份。

2. 顺便问一下，今天的美元汇率是多少啊？我来帮您查询一下。今天的汇率是 6.96。

3. 请问我可以用日元换美元吗？我想换 100 美元。

4. We can change U. S. Dollars, Euros, Japanese yen, Hong Kong dollars, etc. Altogether there are 8 kinds of foreign currencies.

5. Now please fill out the application form of foreign currency trading business.

6. 请您拿好您的水单。如果您想把未用完的人民币兑回来，要向银行出示您的水单。

7. Excuse me, Sir. We found these two hundred U. S. dollar notes are counterfeit.

8. We can't give them back to you. Forged notes must be confiscated. We'll give you a certificate of confiscation.

三、英语情景实练

Make a dialogue with your partner. Suppose you are a bank clerk and your partner is a guest who needs to exchange some dollars into RMB in your bank, please help him/her to complete the transaction. Use the words and expressions in the dialogue and exercises.

十二、Using ATM 使用 ATM 自助机器

Words and Terms

ATM（Automatic Teller Machine）自动取款机

CDM（Cash Deposit Machine）自动存款机

Dialogue

A: I need to use the ATM.

B: What's stopping you?

A: I'm not sure how. /I don't know how to use it.

B: I don't understand. /What are you talking about?

A: I've never used one before.

B: I can help you figure it out. /I can show you how to use it.

A: What do I have to do?

B: Slide your card into the machine. /You need to push your card into the machine.

A: Then what? /What's next?

B: You need to type your PIN in. /Enter your PIN.

A: What do I have to do next? /What else do I have to do?

B: Click on whichever option you want, and you're done. /Every option you can choose will appear on the screen. That's about it.

翻译

-我要使用自助取款机器。

-您有什么问题吗？

-我不确定怎么使用。/我不知如何使用自助取款机器。

-我不明白。/您在说什么？

-我从来没有用过自助取款机器。

-我能帮助您。/我会示范给您看如何使用。

-那么我需要做什么呢？

-将您的卡片刷过机器。/把您的卡片插入机器。

-然后呢?

-您需要输入您的密码。

-再然后呢?

-选择您想选择的任意选项，就好了。/所有选项都会出现在屏幕上。这就好了。

练一练

一、根据句子意思，在方框中选出正确的单词或词组填入句子的空格中。

Automatic Teller Machine	Cash Deposit Machine	button	amending cipher	
withdrawing money	transferring account	making inquiry	retain	slot
display board				

1. You can push the money in to the bank by yourself, if you use ________.
2. After you enter your PIN number, the ________ will ask you which service you need.
3. You can get the money out of the ________.
4. You see, the screen shows the services available. One of them is "________", if you want to get cash from your account, you can press it.
5. You should insert the card into the ________ of the machine.
6. Be sure to remember your PIN correctly and press the right ________.
7. The button of "________" means to check the balance in your account.
8. As a security measure, your card will be ________ by the machine if you enter the wrong code three times.
9. If you would like to change the number of your PIN, you can press the button "________" on the screen.
10. If you want to transfer your money on your account to another, you can press the button "________".

二、把下面的句子翻译成英语/汉语。

1. When I was trying to withdraw some money from that ATM just now, no money came out, and the machine only returned me the card and this receipt. What should I do now?
2. Don't worry. Please dial the service phone 95595 to check this trade, you should offer the time and place you deposited the cash. If everything is OK, the account will be adjusted in 7 working days.
3. 我的卡被机器吞了，你能帮我拿出来吗?
4. 您能出示一下您的护照和自助提款机回单吗?
5. Press the button corresponding to the service required and you may follow the arrows at the edge of the screen.

三、英语情景实练

Make a dialogue with your partner. Suppose you are a bank clerk and your partner is a guest who wants to transfer an amount of money into another one and withdraw some money, please help him/her to complete the transaction. Use the words and expressions in the dialogue and exercises.

探索空间

1. 《中华人民共和国商业银行法》
2. 《中华人民共和国票据法》
3. 《中国人民银行储蓄管理办法》
4. 《商业银行柜台记账式国债交易管理办法》和《财政部中国人民银行关于印发储蓄国债（电子式）代销试点管理办法（试行）的通知》
5. 《金融机构协助查询、冻结、扣划工作管理规定》
6. 《银行卡业务管理办法》
7. 《贷款风险分类指导原则》和《中国人民银行关于全面推行贷款质量五级分类管理的通知》
8. 《支付结算办法》
9. 《人民币银行结算账户管理办法》和《人民币银行结算账户管理办法实施细则》
10. 《商业银行内部控制指引》
11. 《银行业从业人员职业操守》和《银行业金融机构从业人员职业操守指引》
12. 《中国人民银行假币收缴、鉴定管理办法》
13. 《预留印鉴管理暂行办法》
14. 《中国银行业柜面服务规范》
15. 《中国银行业文明服务公约实施细则》
16. 《中国银行业营业网点服务突发事件应急处理工作指引》
17. 《中国银行业从业人员资格认证考试参考教材》

习题答案

模块一

项目一　商业银行基础 习题答案

一、填充完整

1. 盈利；金融	2. 信用中介；支付中介
3. 信用媒介；支付媒介	4. 保险机构；存款人
5. 追求最大利润	

二、正误判断

1. ×	2. ×	3. √	4. √	5. √

三、单项选择

1. D	2. C	3. A	4. C	5. A

四、多项选择

1. ABCDE	2. ABCD	3. ABCDE	4. ABCD	5. ABC

五、问题简答

1. 商业银行的经营对象不是普通商品，而是货币、资金。商业银行业务活动的范围不是生产流通领域，而是货币信用领域，商业银行不是直接从事商品生产和流通的企业，而是为从事商品生产和流通的企业提供金融服务的企业。一般工商企业采取买卖的方式经营，而银行采取借贷方式，即信用方式经营。

2.（1）使闲散的货币资金转化为资本。（2）使闲置资金得到充分利用。（3）续短为长，将集中起来的货币资金部分转化为长期的货币资金，满足社会对长期借贷资本的需求。

六、实战训练

1. 商业银行业务经营的特殊性决定了商业银行在任何时候都要把流动性和安全性放在首要位置，即商业银行资金的运用首先要与流动性保持一致，在此基础上，才能采取各种措施获取尽可能多的利润。

2.（1）从注重传统银行业务监管向传统业务和创新业务监管并重转变。

（2）从注重合规性监管向合规性监管和风险监管并重转变。

（3）从分业监管向统一监管转变。

（4）从一国监管向跨境监管转变。

七、案例分析（简述）

分析：存款保险制度是在商业银行倒闭清算、不能支付存款时，由存款保险机构按规定（通常为存款人在银行存款的一定比例）向存款人付现的一种制度安排。存款保险制度是一种事后补救措施，但它却为商业银行的存款人提供了一道安全网。既可使存款人减少损失，增强公众对银行的信心，又能降低个别银行倒闭引发整个银行体系的连锁反应的可能性。存款保险制度可以较低的社会成本使经营失败的商业银行退出市场，使银行体系更加稳定。

项目二　商业银行负债业务 习题答案

一、填充完整

1. 负债　　2. 主动负债；被动负债；其他负债

3. 短期借款；中长期借款　　4. 降低筹资成本；盈利

5. 大额可转让定期存单

二、正误判断

1. √　　2. ×　　3. √　　4. ×　　5. √

三、单项选择

1. A　　2. B　　3. A　　4. A　　5. A

四、多项选择

1. ABCD　　2. ABCD　　3. ABC　　4. AB　　5. ABCD

五、问题简答

1. 进入20世纪90年代，国内银行业存款产品创新方兴未艾，极大地改善和丰富了商业银行理财服务的种类和手段，出现了一系列新的存款种类，包括本外币活期一本通、本外币定期一本通、通知存款、定期自动转存业务。

2. 存款利率、业务收费标准、新产品的开发、金融服务的品种和质量、银行信誉与贷款便利、银行网点设置和营业设施、银行形象和雇员形象。

六、实战训练

1. 与存款相比较，短期借款具有时间上和金额上相对比较集中的特点，而且一般只能调剂头寸，解决银行周转资金和临时性资金不足的问题，商业银行短期借款的经营策略有以下几点：选择恰当的借款时机；确定适度的借款规模；合理安排借款结构。

2. 目前我国的商业银行的存款保险制度还处在建设之中。我国经济发展势头良好，降低了建立这一制度的成本和风险。银监会成立以来我国银行业监管水平有了很大的提高，也为存款保险制度的出台创造了前提条件。国有商业银行改制上市取得显著成效，银行不良资产的大规模政策性集中处置工作已经告一段落，此外，经营不善的金融机构的市场退出机制也在建立之中。所有这些都表明：我国建立存款保险制度所需要的主要条件都已具备。

七、案例分析（简述）

分析：负债业务是商业银行吸收资金的主要来源；负债业务是商业银行资产业务的基础，负债业务是商业银行开展中间业务的基础；负债业务是商业银行同社会各界建立广泛联系的渠道，是商业银行竞争的焦点。

项目三　商业银行资产业务 习题答案

一、填充完整

1. 贷款　　2. 次级；可疑；损失类

3. 信用贷款　　4. 资产规模

5. 长期债券

二、正误判断

1. √　　2. ×　　3. ×　　4. ×　　5. √

三、单项选择

1. C　　2. A　　3. A　　4. D　　5. A

四、多项选择

1. ABCD　　2. CD　　3. BC　　4. ABCD　　5. ABCD

五、问题简答（简述）

1. 商业银行的资金运用主要包括现金资产、贷款和证券投资。

在各类资产业务中，贷款是最重要的资产业务，包括公司客户贷款、个人客户贷款、信用卡透支以及贸易融资贷款等业务品种。

资产类票据业务主要包括承兑业务、贴现业务、转贴现业务、买入返售资产、福费廷等。债券投资业务主要有中央银行融资债、国债、政策性金融债、次级债、境外债券。金融同业资产类业务主要包括同业拆出、存放央行、存放同业、信贷资产转让、证券公司股票质押贷款等。其他资产类业务部分包括抵债资产和待处理其他资产。

2. 贷款质量五级分类是指按贷款本金利息（简称“贷款本息”）收回的可能性，将贷款划分为正常、关注、次级、可疑和损失5个类别，其中，次级、可疑和损失类合并称为不良贷款。

六、实战训练

1. 资产负债率＝负债总额/资产总额×100%

流动比率＝流动资产合计/流动负债合计×100%

速动比率＝速动资产/流动负债＝(流动资产－存货－预付账款－待摊费用)/流动负债

销售利润率＝利润总额/营业收入×100%

2. 贷款质量五级分类是指按贷款本金利息（简称“贷款本息”）收回的可能性，将贷款划分为正常、关注、次级、可疑和损失五个类别，其中，次级、可疑和损失类合并称为不良贷款。

正常：借款人能够履行合同，没有足够理由怀疑贷款本息不能按时足额偿还。

关注：尽管借款人目前有能力偿还贷款本息，但存在一些可能对还款产生不利影响的因素。

次级：借款人的还款能力出现明显问题，完全依靠其正常营业收入无法足额偿还贷款本息，即使执行担保，也可能会造成一定损失。

可疑：借款人无法足额偿还贷款本息，即使执行担保，也肯定造成较大损失。

损失：在采取所有可能的措施或一切必要的法律程序之后，贷款本息仍然无法收回，或只能收回极少部分。

项目四 商业银行中间业务 习题答案

一、填充完整

1. 票汇　　2. 借记卡

3. 单位卡；个人卡　　4. 开证申请人；开证行；收款人

5. 效益性；安全性；流动性

二、正误判断

1. ×　　2. ×　　3. √　　4. ×　　5. √

三、单项选择

1. A　　2. A　　3. B　　4. D　　5. A

四、多项选择

1. ABC　　2. BD　　3. ABCD　　4. AD　　5. BC

五、问题简答（简述）

1. 商业银行的中间业务是指商业银行在资产业务和负债业务的基础上，利用技术、信息、机构网络、资金和信誉等方面的优势，不运用或较少运用银行的资金，以中间人和代理人的身份替客户办理收付、咨询、代理、担保、租赁及其他委托事项，提供各类金融服务并收取一定费用的经营活动。

主要包括支付结算类中间业务、银行卡业务、代理类中间业务、担保类中间业务、承诺类中间业务、交易类中间业务、基金托管业务、咨询顾问类业务、其他类中间业务。

2. 表外业务是指那些未列入资产负债表，但同表内资产业务和负债业务关系密切，并在一定条件下会转为表内资产业务和负债业务的经营活动。主要包括担保或类似的或有负债、承诺类业务和金融衍生业务 3 大类。表外业务在资产负债表上没有反映，在为银行带来收益的同时也使银行风险增加，主要包括贸易融通类业务、信用担保类业务和金融衍生工具交易业务。

六、案例分析（简述）

1. 审核一份信用证申请书大体可以分 3 个环节：信用证真实性审核；申请书表面是否完整；申请书表面是否有前后矛盾的地方。

（1）信用证真实性审核

信用证开立应具有真实贸易基础，银行只负责审核信用证表面真实性，具体操作应比照合同进行审查。

开证申请书上的申请人和受益人应分别为合同的买方和卖方，如不一致，应要求申请人提供申请人与买方或受益人与卖方关系的书面说明，例如代理协议。

（2）审核申请书表面完整性

开证申请书的有效期及地点、分批装运、转运、起运港、到运港、最迟装船期、价格条款、信用证兑付方式、费用承担方式（附加条款第一项）都是客户必须填列的项目，且仅可选择一项。例如信用证兑付方式可以选择议付，也可选择即期付款，但不可两项都选。

（3）审核申请书表面是否前后矛盾

信用证有效期应大于最迟装船期，之间的时间差为单据提交时间；到运港必须为中国港口，保证货物进口到我国；价格条款与信用证要求的商业单据中的运费和保险单密切相关。

模块二

项目一 个人存款业务 习题答案

一、选择填空

1. 个人结算；个人储蓄

2. 50 元；3 个月；半年；1 年；2 年；3 年；5 年

3. 5 元；1 年；3 年；5 年

4. 身份证件

5. 存单开户日

二、正误判断

1. √	2. ×	3. ×	4. √	5. √

三、单项选择

1. B	2. C	3. A	4. D	5. C

四、多项选择

1. ACD	2. ABD	3. ABCD	4. BD	5. ABD

五、问题简答（简述）

1. 与部提有关的主要要求：

（1）对于超过规定金额以上的大额存取款客户应提供身份证件。

（2）柜员按交易金额配款外币定期部提交易成功后，根据需要启动外币找零交易，折算人民币付出。

（3）整存整取未到期部分提前支取（包括存单式整存整取、一本通整存整取、卡储整存整取），允许办理多次部提。

（4）部分提前支取时，支取的本金部分以活期利率计算利息，剩余本金的起息日和利率不变。

（5）部提后新开账户金额应以未支取部分的金额为存款金额，剩余金额不足起存金额的，必须销户。

2. 略

六、实战训练（简述）

1. 略

2. 教育储蓄存款业务相关规定如下：教育储蓄定期存款是指针对在校小学四年级（含四年级）以上学生而开办的零存整取式的定期存款，存款到期储户可凭存折和学校提供的正在接受非义务教育的学生身份证明一次支取本息。储户凭“证明”可以享受利率优惠，并免征储蓄存款利息所得税。存期分 1 年、3 年、6 年，最低起存金额为 50 元，本金合计最高限额为两万元。

七、案例分析（简述）

禁止违规揽储相关规定如下：

违规揽储主要包括公款私存、擅自或变相提高利率等违规行为。公款私存是违反国家基本法律的行为，严重扰乱金融秩序，要受到法律制裁，并不是一般的违规、违纪问题。

企业事业单位可以自主选择一家商业银行的营业场所开立一个办理日常转账结算和现金收付的基本账户，不得开立两个以上基本账户。

任何单位和个人不得将单位的资金以个人名义开立账户存储（《商业银行法》第四十八条）。任何单位和个人不得将公款以个人名义转为储蓄存款（《储蓄管理条例》第三条第二款）。办理个人存取款业务的金融机构为个人开立的储蓄账户（含银行卡、下同），除代发工资和小额个人劳务报酬外，不得接受单位开出的各类转账支票（1997 年 9 月 1 日中国人民银行发布的《关于加强金融机构个人存取款业务管理的通知》第三条）。金融机构（包括邮政储蓄机构）必须严格执行中国人民银行规定的存款利率，严禁擅自提高利率，或以手续费、协储代办费、吸储费、有奖储蓄、介绍费、赠送实物等名目变相提高存款利率（中国人民银行 2000 年 8 月 9 日发布的《关于严格禁止高息揽存、利用不正当手段吸收存款的通知》第一条）。储蓄机构以发展我国的储蓄事业、为储户提供优质服务为宗旨。下列做法属于使用不正当手段吸收存款：以散发有价馈赠品为条件吸收储蓄存款；发放各种名目的揽储费；利用不确切的广告宣传；利用汇款、贷款或其他业务手段强迫储户存款；用各种名目多付利息、奖品或其他费用（《中国人民银行关于执行储蓄管理条例的若干规定》第十四条）。

项目二 代理业务 习题答案

一、选择填空

1. 代发工资业务；代委托单位　　2. 客户证券资金台账

3. 客户交易结算资金管理账户　　4. 实名托管账户中

5. 专人；保卫部门

二、正误判断

1. ×　　2. √　　3. ×　　4. ×　　5. ×

三、单项选择

1. A　　2. B　　3. B　　4. C　　5. D

四、多项选择

1. ABC　　2. BD　　3. ABCD　　4. AD　　5. CD

五、问题简答（简述）

1. 代发工资操作流程：（1）签订协议；（2）开户；（3）资金划拨；（4）履约入账；（5）客户取款。

2. 首先，客户提供本人有效身份证件、印鉴（或预留指纹），到银行开办保管箱出租业务的网点，签署租箱书并预留印鉴（或指纹），缴纳租金、保证金及开户费，当场可启用保管箱。

其次，银行保管箱按箱体大小收取租金，各类箱体租金以开办业务的营业网点公布为准。

最后，账务系统操作柜员根据负责保管箱业务的理财师签字确认的单据，进行保管箱业务的相关处理。

六、实战训练（简述）

1. 储蓄国债（电子式）与凭证式国债对比：申请购买手续不同；债权记录方式不同；付息方式不同；到期兑付方式不同；发行对象不同；承办机构不同。

储蓄国债（电子式）与记账式国债对比：发行对象不同；发行利率确定机制不同；流通或变现方式不同；到期前变现收益预知程度不同。

2. 第三方存管业务规定：略

代理证券业务风险控制要求：

柜员操作风险控制要求：（1）认真审核申请人有效证件，确保真实、有效。要由客户本人输入相关密码，申请表和协议等资料必须由客户本人签字确认。（2）有效证件复印后随协议书附入当日传票内送风险监督管理部门。

签约用户风险控制要求：（1）尽量避免在网吧等公共场所的计算机上使用网上渠道转账。如必须在公共场所的计算机上使用，要注意对输入的卡号、密码等信息的保护，转账完毕后及时清空浏览器及电脑上的记录。（2）在转账页面上，要注意核对地址栏中的银行域名或证券公司域名，以防假冒网站。（3）对于密码、印鉴，客户应妥善保管，防止泄露。

七、案例分析（简述）

1. 证券公司客户交易结算资金第三方存管（以下简称第三方存管），是指证券公司将客户交易结算资金存放在指定的商业银行，并以每个客户名义单独立户管理，商业银行负责资金存取，发挥第三方监督作用，以保障客户资金安全为目的的资金存管模式。

客户开办第三方存管后，券商就不再为其在证券方进行资金存取业务，所有资金存取均通过银行办理。因此，建立客户证券交易结算资金第三方存管制度，可以从源头切断证券公司挪用客户证券交易结算资金的通道，从根本上建立起确保客户证券交易结算资金安全运作的制度，达到控制行业风险、防范道德风险、保护投资者利益的目的。

2. 操作规定：

客户只能在其借记卡发卡行或账户开户行所属分行所管辖网点办理指定存管银行、变更借记卡或银行结算账户等手续。

客户在银行成功办理指定存管银行手续以后，方能办理第三方存管业务的银证转账。银行为机构客户提供网点柜面、网上银行等服务渠道，对客户提供网点柜面、网上银行、电话银行、自助通等服务渠道。客户若需使用营业网点柜面以外的服务渠道，应在银行柜台办理指定存管银行业务时，选择提供第三方存管业务的银证转账服务渠道的开通或关闭服务。

银证转账是指客户银行结算账户与客户证券资金台账之间的资金划转，按照转账方向不同，可以分为“银行转证券”和“证券转银行”。

项目三　开具证明类业务 习题答案

一、选择填空

1. 个人存款证明	2. 存款余额证明
3. 编号留存保管	4. 正本
5. 个人存款证明	

二、正误判断

1. √	2. ×	3. √	4. ×	5. √

三、单项选择

1. B	2. D	3. B	4. C	5. A

四、多项选择

1. ABCD	2. ABCD	3. ABC	4. ABD	5. ABCD

五、问题简答（简述）

凡在银行存有本外币储蓄存款和国债的个人因自费留学、赴国外探亲、移民、境外旅游等用途，均可到各网点申请开具个人存款证明。

1. 可开具存款证明的储蓄品种

（1）整存整取、零存整取、存本取息、教育储蓄、通知存款等定期存款；在银行购买的凭证式国债、储蓄国债（电子式）视同定期存款。（2）卡备付金存款、活期存款、定活两便、活期一本通、定期一本通、卡无单折存款不需要转开存单可直接办理存款证明业务。

2. 不可开具存款证明的储蓄品种

在银行购买的各类基金、信托凭证，已办理挂失、已用于质押的储蓄存款，被司法部门实施冻结止付，以及存款人死亡后未能办理继承过户手续的本外币储蓄等存款。

六、实战训练（简述）

（1）开具存款证明可委托他人代办，受托人在代办时应向银行出示本人和存款人的有效身份证件，以及相关原始存款凭证，经银行审核后方可开具存款人名下的存款证明。

（2）在存款证明载明的期间内不得办理所述存款或者国债的过户更名手续，也不得对外办理存款或者国债的质押手续。

（3）银行按存款人实际存款的币种开具存款证明，不得将一种币种折合另一种币种开列存款证明。

（4）已开具存款证明的账户在止付期间按开户时约定的计息方式计算利息。

（5）同一笔存款，原则上只能出具1份个人时段存款证明书。如遇特殊情况，确需出具多份存款证明书时，应从严掌握，必须由管辖行主管行长签发。

（6）开具储蓄国债存款证明的交易时间为每个营业日的9:00－16:30。储蓄国债开立存款证明须遵循财政部关于储蓄国债允许冻结的交易日期规定。如遇该笔储蓄国债冻结业务停止日，则无法办理存款证明的止付和开立。

七、案例分析（简述）

以下简述个别银行存款证明开具方法（本篇文章来源于神舟国旅出国旅游攻略旅

游频道；地址：http：//www. guolvol. com/abroad/200912/05 －6149. html）

1. 中国银行

开具方法：您可持本人有效身份证件，存单（折）到到任意联网网点办理。委托他人代办存款证明，受委托人须出示本人和存款人有效身份证件。

收费标准：每开1张存款证明收取手续费人民币20元。

有效期限：一般来说，存款证明书的有效期限比较灵活（并不一定是一般说的3个月），客户自定期限，开具存款证明后，银行将对该项存款做冻结处理，冻结的时间与存款证明书的有效期相同。

存款种类：只能定期。

其他说明：客户要求撤消3个月内不得支取的限制时，应交回存款证明原件后，中国银行方可为您撤消开证后3个月内不得支取的限制。

2. 工商银行

开具方法：凭本人身份证件和工行未被冻结挂失的存款凭证（包括定期储蓄存单（折）、活期储蓄存折、凭证式国债）。委托他人代办的，应同时出示代办人的身份证件。

收费标准：开具个人存款证明书，每份收费20元；提前解除止付个人存款，每份收费20元。

有效期限：工行的证明期限比较灵活，最短1天，最长1年，客户自定。开具存款证明后，银行将对该项存款做冻结处理，冻结的时间与存款证明书的有效期相同。

存款种类：活期、定期整存整取、存本取息、零存整取和国库券账户均可办理。

其他说明：存款证明到期，个人存款自动解除支付，如要求提前解除支付，必须交回存款证明、存款证明委托书原件，同时出示原存款凭证、个人身份证件并填写个人存款提前解除支付委托书。

3. 中国农业银行

开具方法：申请人应携带本人有效身份证明、存单、存折、银行卡、国债凭证，到任何一家农行办理该业务的网点，填写“中国农业银行存款证明申请书”。如本人因故无法前来，也可授权他人代为办理此项业务。代理人除携带以上规定的文件外，还应持授权人的授权书和代理人本人的有效身份证明。

收费标准：申请人在同一储蓄网点，不同币种的若干账户存款可根据要求出具相应份数的存款证明书，每份存款证明书收取手续费人民币20元。

有效期限：银行开具存款证明书的日期为客户办理此项业务的日期，申请开立存款证明书所涉及的存款的止付截止日期由申请人决定，并由申请人在申请书上注明，如填写的日期为当日，则截止日为开证当日。

存款种类：用于办理存款证明书业务的存单为客户本人在中国农业银行分行各网点机构的本外币定、活期存单，存折，各类银行卡内的存款（金穗国际借记卡除外），凭证式国债等。

其他说明：客户在存款证明书止付期未到前要提取存款，必须先将存款证明书所有正本交回银行，办理撤消存款证明书手续。

4. 中国建设银行

开具方法：申请人要求出具个人存款证明只能在原开户储蓄网点提出申请，经办人员应认真审查申请人有效身份证明原件及其在建设银行的储蓄存款凭证（包括存单、折、卡）原件等有关资料。个人存款证明可由申请人以外的其他人（以下称代理人）代为办理和领取。代理人代为办理个人存款证明或领取存款证明书时，须出具申请人及代理人的有效身份证件原件。

收费标准：中国建设银行对外出具存款证明书，不论金额大小，每笔业务收取手续费人民币 20 元整，在手续费科目核算。

存款种类：建行可办理个人存款证明的储蓄存款凭证必须是符合法律规定的建设银行本外币储蓄存单、存折及储蓄卡。

有效期限：在存款证明证明的存款起止日期内，与存款证明相对应的定期存款不得提前支取（在存款证明证明的存款起止日期内退回存款证明原件除外）。

5. 招商银行

开具方法：申请人须持一卡通或存折、存单以及本人身份证明（代办人还须同时出具代理人身份证明）到开户地同城任一招行网点，填写“招商银行开具存款证明申请书”办理。

收费标准：20 元/份。

存款种类：存款证明书包含多种存款类别，除经冻结的存款外，储户对在我行存入的各储种、各币种的记名式存款均可要求申请开具存款证明书。

项目四　挂失及查询、冻结、扣划业务 习题答案

一、选择填空

1. 挂失业务　　2. 亲自或委托他人

3. 不得委托他人代办

4.“协助查询、冻结、扣划”业务；有权机关

5. 收贷收息；向被查询、冻结、扣划单位或个人通风报信

二、正误判断

1. ×　2. √　3. √　4. ×　5. ×

三、单项选择

1. A　2. C　3. B　4. D　5. B

四、多项选择

1. BD　2. AD　3. AB　4. CD　5. ACD

五、问题简答（简述）

（一）特种存款的处理

军队、武警部队一类保密单位开设的特种预算存款、特种其他存款和连队账户的存款，原则上不采取冻结或扣划等项诉讼保全措施。但军队、武警部队的其余存款可以冻结和扣划。

（二）证券公司账户资金的处理

证券公司开立的下属存款账户资金，经办行不得协助人民法院冻结扣划：

1. 证券公司开立的客户交易结算资金专用账户的存款不得冻结扣划。

2. 新股发行验资专用账户中的资金不得冻结扣划。

3. 证券公司缴存在登记结算公司的客户结算备付金不得冻结扣划。

（三）保证金的处理

1. 信用证开证保证金

信用证开证保证金，人民法院在审理或执行案件时，可依法采取冻结措施，但不得扣划。但若信用证开证保证金账户存款已丧失保证金功能的情况下，人民法院可以依法采取扣划措施，分支机构应予协助。

2. 银行承兑汇票保证金

银行承兑汇票保证金，人民法院在审理或执行案件时，可依法采取冻结措施，但不得扣划。但银行承兑汇票保证金已丧失保证金功能的情况下，人民法院可以依法采取扣划措施，银行机构应予协助。

六、实战训练（简述）

操作规定：

1. 协助查询、冻结和扣划工作应当遵循依法合规、不损害客户合法权益的原则。

2. 应指定专职部门或专职人员，负责接待要求协助查询、冻结和扣划的有权机关，及时处理协助事宜，并注意保守国家秘密。协助查询、冻结和扣划存款，应当在存款人开户的营业分支机构具体办理。

3. 办理协助查询业务时，经办人员应当核实执法人员的工作证件，以及有权机关县团级以上（含，下同）机构签发的协助查询存款通知书。

4. 办理协助冻结业务时，金融机构经办人员应当核实以下证件和法律文件：

（1）有权机关执法人员的工作证件；

（2）有权机关县团以上机构签发的协助冻结存款通知书，法律、行政法规规定应当由有权机关主要负责人签字的，应当由主要负责人签字；

（3）人民法院出具的冻结存款裁定书、其他有权机关出具的冻结存款决定书。

5. 办理协助扣划业务时，金融机构经办人员应当核实以下证件和法律文书：

（1）有权机关执法人员的工作证件；

（2）有权机关县团以上机构签发的协助冻结存款通知书，法律、行政法规规定应当由有权机关主要负责人签字的，应当由主要负责人签字；

（3）有关生效法律文件或行政机关的有关决定书。

6. 金融机构在协助冻结、扣划单位或个人存款时，应当审查以下内容：

（1）“协助冻结、扣划存款通知书”填写的需被冻结或扣划存款单位或个人开户金融机构名称、户名和账号、大小写金额；

（2）协助冻结或扣划存款通知书上的义务人应与所依据的法律文书上的义务人相同；

（3）协助冻结或扣划存款通知书上的冻结或扣划金额应当是确定的。如发现缺少应附的法律文书，以及法律有关内容与“协助冻结、扣划存款通知书”的内容不符，应说明原因，退回“协助冻结、扣划存款通知书”或所附的法律文书。

7. 有权机关对个人存款户不能提供账号的，金融机构应当要求有权机关提供该个人的居民身份证件号码或其他足以确认该个人存款账户的情况。

8. 在协助有权机关办理协助查询、冻结和扣划手续时，应对下列情况进行登记：有权机关名称，执法人员姓名和证件号码，金融机构经办人员姓名，被查询、冻结、扣划单位或个人的名称或姓名，协助查询、冻结、扣划的时间和金额，相关法律文书名称及文号，协助结果等。登记表应当在协助办理查询、冻结、扣划手续时填写，并由有权机关执法人员和金融机构经办人签字。

9. 协助查询、冻结、扣划存款，涉及内控制度中的核实、授权和审批工作时，应当严格按内控制度及时办理相关手续，不得拖延推诿。

10. 对有权机关办理查询、冻结和扣划手续完备的，应当认真协助办理。在接到协助冻结、扣划存款通知书后，不得再扣划应当协助执行的款项用于收贷收息，不得向被查询、冻结、扣划单位或个人通风报信，帮助隐匿或转移存款。

11. 在协助有权机关办理完毕查询存款手续后，有权机关要求予以保密的，金融机构应当保守秘密。金融机构在协助有权机关办理完毕冻结、扣划存款手续后，根据业务需要可以通知存款单位或个人。

12. 有权机关查询的资料应限于存款资料，包括被查询单位或个人开户、存款情况以及与存款有关的会计凭证、账簿、对账单等资料。对上述资料，有权机关根据需要可以抄录、复制、照相，但不得带走原件。

13. 冻结单位或个人存款期限为6个月，期满后可以续冻。有权机关应在冻结期满前办理续冻手续，逾期未办理续冻手续的，视为自动解除冻结措施。

14. 有权机关要求对已被冻结的存款再行冻结，金融机构不予办理并应当说明情况。

15. 在冻结期限内，只有在原作出冻结决定的有权机关作出解冻决定并出具解除冻结存款通知书的情况下，金融机构才能对已经冻结的存款予以解冻。被冻结存款的单位或个人对冻结提出异议的，应告知其与作出冻结决定的有权机关联系，在存款证明期限内金融机构不得自行解冻。

16. 有权机关在冻结、解冻工作中发生错误，其上级机关直接作出变更决定或裁定的，金融机构接到变更决定书或裁定书后，应当予以办理。

17. 金融机构协助扣划时，应当将扣划的存款直接划入有权机关指定的账户。有权机关要求提取现金的，金融机构不予协助。

18. 查询、冻结、扣划存款通知书与解除冻结、扣划通知书均应由有权机关执法人员依法送达，金融机构不接受有权机关执法人员以外的人员代为送达的上述通知书。

19. 两个以上有权机关对同一单位或个人的同一笔存款采取冻结或扣划措施时，金融机构应当协助最先送达协助冻结、扣划存款通知书的有权机关办理冻结、扣划手续。

20. 两个以上有权机关对金融机构协助冻结、扣划的具体措施有争议的，金融机构应当按照有关争议机关协商后的意见办理。

七、案例分析（简述）

（一）有权进行查询、冻结、扣划的机关

有权机关是指依照法律、行政法规的明确规定，有权查询、冻结、扣划单位或个人在金融机构存款的司法机关、行政机关、军事机关及行使行政职能的事业单位。银行工作人员需注意两点：一是明确有权进行查询、冻结、扣划的机关范围；二是明确各有权单位的职权范围，防止执行单位越权行为，避免自己不该承担的法律责任。

（二）金融机构经办人员应当核实的手续

1. 查询：工作证件＋协助查询存款通知书；

2. 冻结：工作证件＋协助冻结存款通知书（主要负责人签字）＋冻结存款裁（决）定书；

3. 扣划：工作证件＋协助扣划存款通知书（主要负责人签字）＋生效法律文书或者决定书。

（三）金融机构协助冻结、扣划应审查的内容：

1. 开户金融机构名称、户名和账号、大小写金额；

2. 协助通知书上的义务人与所依据法律文书上的义务人相同；

3. 缺少法律文书或者通知书与法律文书不符，说明原因后退回。不能提供账号时，有权机关提供个人姓名和身份证明文件或单位名称，金融机构应当协助。

（四）金融机构应当登记的内容（永久档案保管，以备当事人质询）：

1. 有权机关名称（留下协助查询、冻结、扣划存款通知书原件）；

2. 执法人员姓名和证件复印件；

3. 协助查询、冻结、扣划的时间和金额；

4. 相关法律文书名称及文号的复印件；

5. 查询结果。

（五）金融机构应如实提供资料

1. 金融机构协助查询、冻结、扣划存款，涉及内控制度中的核实、授权和审批工作时，应当严格按内控制度及时办理相关手续，不得拖延推诿。

2. 对有权机关办理查询、冻结和扣划手续完备的，应当认真协助办理。在接到协助冻结、扣划存款通知书后，不得再扣划应当协助执行的款项用于收贷收息，不得向被查询、冻结、扣划单位或个人通风报信，帮助隐匿或转移存款。

3. 金融机构协助有权机关查询的资料应限于存款资料，包括被查询单位或个人开户、存款情况以及与存款有关的会计凭证、账簿、对账单等资料。上述资料，金融机构应当如实提供，有权机关根据需要可以抄录、复制、照相，但不得带走原件。

4. 冻结：最长6个月，可续冻，续冻日期同冻结，重复冻结的不予协助并说明情况，被冻结人有异议需向有权机关提出。

5. 扣划：划入有权机关指定账户，要求提取现金的不予协助。

6. 金融机构协助复制存款资料等支付了成本费用的，可按相关规定收取工本费。

项目五 银行卡业务 习题答案

一、选择填空

1. 银行卡　　2. 全部交易款项；透支本息；有关费用

3. 3年　　4. 最长为60天

5. 向保证人追索透支款项

二、正误判断

1. ×　　2. ×　　3. √　　4. ×　　5. √

三、单项选择

1. C　　2. A　　3. A　　4. B　　5. D

四、多项选择

1. ACD　　2. ABCD　　3. ABCD　　4. BD　　5. ABC

五、问题简答（简述）

1. 开业3年以上，具有办理零售业务的良好业务基础；

2. 符合中国人民银行颁布的资产负债比例管理监控指标，经营状况良好；

3. 已就该项业务建立了科学完善的内部控制制度，有明确的内部授权审批程序；

4. 合格的管理人员和技术人员、相应的管理机构；

5. 安全、高效的计算机处理系统；

6. 发行外币卡还须具备经营外汇业务的资格和相应的外汇业务经营管理水平；

7. 中国人民银行规定的其他条件。

六、实战训练（简述）

个人申领银行卡（储值卡除外），应当向发卡银行提供公安部门规定的本人有效身份证件，经发卡银行审查合格后，为其开立记名账户；凡在中国境内金融机构开立基本存款账户的单位，应当凭中国人民银行核发的开户许可证申领单位卡；银行卡及其账户只限经发卡银行批准的持卡人本人使用，不得出租和转借。

单位人民币卡账户的资金一律从其基本存款账户转账存入，不得存取现金，不得将销货收入存入单位卡账户。

单位外币卡账户的资金应从其单位的外汇账户转账存入，不得在境内存取外币现钞。其外汇账户应符合下列条件：（1）按照中国人民银行境内外汇账户管理的有关规定开立；（2）其外汇账户收支范围内具有相应的支付内容。

个人人民币卡账户的资金以其持有的现金存入或以其工资性款项、属于个人的合法的劳务报酬、投资回报等收入转账存入。

个人外币卡账户的资金以其个人持有的外币现钞存入或从其外汇账户（含外钞账户）转账存入。该账户的转账及存款均按国家外汇管理局《个人外汇管理办法》办理。个人外币卡在境内提取外币现钞时应按照我国个人外汇管理制度办理。

除国家外汇管理局指定的范围和区域外，外币卡原则上不得在境内办理外币计价结算。

持卡人在还清全部交易款项、透支本息和有关费用后，可申请办理销户。销户时，单位人民币卡账户的资金应当转入其基本存款账户，单位外币卡账户的资金应当转回相应的外汇账户，不得提取现金。

单位人民币卡可办理商品交易和劳务供应款项的结算，但不得透支；超过中国人民银行规定起点的，应当经中国人民银行当地分行办理转汇。

七、案例分析（简述）

案例分析：该诈骗案是根据客户购车的事实进行的诈骗，客户在上述案件中是收款方，更容易使客户降低安全警惕性，但在所谓的电话银行操作过程中，也会要求客户输入自己的银行卡卡号和密码，从而使客户泄露了自己真实的卡号和密码。此外，上海银监局专门发布的防范提示列出了几种犯罪分子常用的“陷阱”：（1）虚构退税信息；（2）虚构亲人、朋友发生车祸的求助信息；（3）虚构事主身份信息泄露，并被不法分子利用，造成高额欠费，诱骗事主转账存款到指定账户，以消除不良记录；（4）虚构事主身份信息被人冒用，银行存款安全受到威胁，诱骗事主转账存款到所谓的“安全账户”；（5）虚构事主的账户被不法分子利用洗黑钱，诱骗其将资金转入所谓“警方账户”，作资金冻结；（6）虚构信用卡透支信息。根据以上陷阱，分组讨论防范策略。

项目六 对公存款业务 习题答案

一、选择填空

1. 对公存款又叫单位存款　　2. 不约定；需提前

3. 核准类账户；非核准类账户又称备案类

4. 质押　　5. 活期存款利率；6个月定期存款

二、正误判断

1. ×	2. ×	3. ×	4. √	5. √

三、单项选择

1. A	2. B	3. A	4. D	5. C

四、多项选择

1. ACD	2. BD	3. BC	4. AD	5. AB

五、问题简答（简述）

1. 按照用途分为4类：

（1）基本存款账户

指存款人因办理日常转账结算和现金收付需要开立的银行结算账户。

（2）一般存款账户

简称一般户，指存款人因借款或其他结算需要，在基本存款账户开户银行以外的银行营业机构开立的银行结算账户。一般存款账户可以办理现金缴存，但不得办理现金支取。

（3）专用存款账户

指存款人对其特定用途的资金进行专项管理和使用而开立的银行结算账户。

（4）临时存款账户

指存款人因临时需要并在规定期限内使用而开立的银行结算账户。

按照是否需要人民银行核准登记分为两类：

（1）核准类账户。核准类账户是指开户时，银行将存款人的开户申请书、相关的证明文件和银行审核意见等开户资料报送中国人民银行当地分支行，经其核准后才办理开户手续的账户。主要包括基本存款账户、临时存款账户（因注册验资和增资验资开立的除外）、预算单位专用存款账户、QFII 专用存款账户等。

（2）非核准类账户。又称备案类账户，是指银行办理开户手续后，必须于开户之日起 5 个工作日内向中国人民银行当地分支行备案的账户。除上述核准类账户外，存款人开立的其他银行结算账户属于非核准类账户。

2. 单位活期存款按季度结息，每季末月的 20 日为结息日，按结息日挂牌公告的活期利率计息，次日付息。未到结息日清户时，按清户日挂牌公告的活期利率计息到清户前 1 日止。在计息期内遇利率调整分段计息。

单位活期存款采取积数计息法（按实际天数每日累计账户余额，以累计积数乘以日利率计算利息）计息。

利息 = 累计计息积数 × 年利率/360

其中

累计计息积数 = 计息期内每日余额合计数

六、实战训练（简述）

临时户验（增）资的业务处理规定：见资料卡简介。此外，需要理解对于验资成功或不成功两种情况的账户处理情况。

验资账户验资成功后需在本行开立基本存款账户的，应提供开立基本存款账户所需的证明文件和资料，填写“撤销银行结算账户申请书”和“开立单位银行结算账户申请书”，开户行完成开立基本存款账户的开户审核，报人民银行核准后，在新系统中将注册验资临时存款账户销户，并开立基本存款账户，也可将验资账户修改为基本户。开户行需重新与客户签订“人民币结算账户管理协议”，办理预留银行印鉴，具体按照开立基本存款账户的手续办理。如基本账户不在本行开立的，客户需将验资款转往他行基本存款账户的，应凭原验资账户的预留印鉴和新公司营业执照及基本存款账户开户许可证方可办理验资账户的销户和转款手续。

验资不成功撤资时，验资款必须原路划回。原出资人持有效身份证明或原被委托人持身份证件及出资人签章的委托书（有条件的还应提供公证书），到柜台办理撤资手续，提交工商行政部门的不予核准证明或退资证明等相关销户资料，填写“撤销银行结算账户申请书”。开户行审核工商行政部门的不予核准证明或退资证明，核对验资户或增资验资户开户时的出资证明等资料，检查所有出资人有效身份证明与开立验资户留存的证件相符，销户申请书上的印鉴与验资账户预留印鉴相符后方可办理撤资手续。注册验资或增资验资资金以现金方式存入，验资不成功出资人需提取现金的，还应出具办理验资缴款时的现金缴款单原件及其有效身份证件，开户行核对无误后方予以办理。

单位活期存款开户流程：由法定代表人或单位负责人直接到柜面办理，也可授权他人办理。存款人填写《开立单位银行结算账户申请书》和《账户管理协议》，提供《人民币银行结算账户管理办法》规定需出具的证明文件正本。由法定代表人或单位负责人直接办理的，除出具相应的证明文件外，还应出具法定代表人或单位负责人的身份证件；授权他人办理的，除出具相应的证明文件外，还应出具其法定代表人或单位负责人的授权书及其身份证件，以及被授权人的身份证件。提交3份盖有与存款人营业执照或有关证明文件名称完全一致的单位公章或财务专用章及单位法人代表（或其授权代理人）、会计人员印章的印鉴卡片，客户保留其中1份。单位活期账户系统默认为按季结息。开户完成后，客户可预留交易密码，以便客户买支票时使用。

七、案例分析（简述）

1. 所谓存款准备金制度，是指中央银行依据法律所赋予的权力，要求商业银行和其他金融机构按规定的比率在其吸收的存款总额中提取一定的金额缴存中央银行，并借以间接地对社会货币供应量进行控制的制度。提取的金额被称为存款准备金，准备金占存款总额的比率称为存款准备率或存款准备金率。存款准备金制度由两部分组成：一是法定存款准备金；二是支付准备金。所谓保证金存款，是指金融机构为客户提供具有结算功能的信用工具、资金融通以及承担第三方担保责任等业务时，按照约定要求客户存入用作资金保证的存款。

2011年以来，商业银行的保证金存款出现大幅增长，1至7月的累计增量接近银行存款增量的20%，截至7月末金融机构的人民币保证金存款余额达4.44万亿元，占存款余额的5.7%。由于保证金存款可以纳入存贷比考核，而无需缴纳法定存款准备金，因此许多商业银行都将以其为代表的表外信用业务当作重要的低成本揽存手段，推动表外融资规模快速增长。央行此次将保证金存款纳入存款准备金缴存范围，有利于加强流动性监管，有利于保持合理的社会融资规模和货币总量。

2. 央行出台的存款准备金新规陆续冻结逾9 000亿元资金，对商业银行产生一定的流动性压力。但根据央行下发的通知，工行、农行、中行、建行、交行等5大国有银行和邮储银行从9月5日起分3个月按照应缴额的20:40:40比例缴存，其他银行自9月15日起分6个月按照应缴额的15:15:15:15:20:20比例缴存。保证金存款将分期分摊在6个月内缴存。

央行此次将保证金存款纳入存款准备金缴存范围，是进一步提高宏观调控针对性、灵活性和前瞻性的一次有益尝试。2011年以来，央行已连续6次上调存款准备金率共3个百分点，目前大型商业银行存款准备金率升至21.5%，中小金融机构存款准备金率也达到18%；3次上调存贷款基准利率共0.75个百分点，目前金融机构人民币1年期存款利率达3.5%，1年期贷款利率达6.56%。因此目前看来，继续上调存款准备金和加息的空间相对有限。央行此时扩大存款准备金缴存范围，不仅有利于健全存款准备金制度的调控功能，还将对存款准备金率、利率等货币政策工具起到一定的替代作用，为货币政策调控扩大了余地，拓展了空间。

项目七 支付结算业务 习题答案

一、填充完整

1. 支付结算

2. 汇票；本票；支票；信用卡；汇兑；委托收款；托收承付

3. 10 日　　4. 两个月　　5. 汇兑

二、正误判断

1. √　　2. ×　　3. √　　4. ×　　5. ×

三、单项选择

1. D　　2. D　　3. C　　4. C　　5. B

四、多项选择

1. ABD　　2. BD　　3. ABCDEFG　　4. ABD　　5. ABCD

五、问题简答（简述）

1. 单位和个人的结算纪律：

（1）不准签发没有资金保证的票据或远期支票，套取银行信用；

（2）不准签发、取得和转让没有真实交易和债权债务的票据，套取银行和他人资金；

（3）不准无理拒绝付款，任意占用他人资金；

（4）不准违反规定开立和使用账户。

银行的结算纪律，有以下“十不准”：

（1）不准以任何理由压票、任意退票、截留挪用客户和他行资金；

（2）不准无理拒绝支付应由银行支付的票据款项；

（3）不准受理无理拒付、不扣少扣滞纳金；

（4）不准违章签发、承兑、贴现票据，套取银行资金；

（5）不准签发空头银行汇票、银行本票和办理空头汇款；

（6）不准在支付结算制度之外规定附加条件，影响汇路畅通；

（7）不准违反规定为单位和个人开立账户；

（8）不准拒绝受理、代理他行正常结算业务；

（9）不准放弃对企事业单位和个人违反结算纪律的制裁；

（10）不准逃避向人民银行转汇大额汇划款项。

2. 支票是指由出票人签发的，委托办理支票存款业务的银行或者其他金融机构，在见票时无条件支付确定的金额给收款人或者持票人的票据。单位、个人之间的商品交易、劳务供应、清偿债务等款项支付，均可以使用支票。

银行汇票是出票银行签发的，由其在见票时按照实际结算金额无条件支付给收款人或持票人的票据。银行汇票的出票人指签发银行汇票的银行，收款人指从银行提取汇票所汇款项的单位和个人，付款人指负责向收款人支付款项的银行，代理付款人是代理本系统出票银行或跨系统签约银行审核支付汇票款项的银行。

本票是出票人签发的，承诺自己在见票时无条件支付确定的金额给收款人或者持票人的票据。本票是由出票人本人承担付款责任，无须委托他人付款，所以，本票无须承兑就能保证付款。

3. 见银行承兑汇票业务风险控制要求。

4. （1）每日只进行一场交换清算的，隔日必须退票。隔日未退票的，提出行于隔日清算完毕后（即提出票据后第二天清算完毕后）入账。

（2）每日进行二场交换清算的，隔场必须退票。隔场未退票的，提出行于提出票据后第二场清算完毕后入账。

（3）超过规定的退票时间后不允许退票。

具体见同城票据交换业务风险控制要求

六、实战训练（简述）

1.（1）贰零零捌年零壹月壹拾伍日

（2）贰零壹零年零壹拾月零叁拾日

（3）贰零零玖年拾贰月零捌日

（4）人民币壹仟叁佰零伍元陆角

（5）美元贰仟陆佰捌拾元叁角伍分或美元贰仟陆佰捌拾元零叁角伍分

（6）人民币肆佰贰拾陆元零捌分

（7）人民币捌仟零玖元贰角伍分

2. 办理信用卡要求：填制申请表；提供担保；仅限本人使用；发卡银行建立授权审批制度，有消费限额；透支规定；销户要求；挂失手续。

特约单位受理信用卡业务操作流程：

（1）特约单位受理信用卡审查无误的，在签购单上压卡，填写实际结算金额、用途、持卡人身份证件号码、特约单位名称和编号。

（2）如超过支付限额的，应向发卡银行索权并填写授权号码，交持卡人签名确认，同时核对其签名与卡片背面签名是否一致。无误后，对同意按经办人填写的金额和用途付款的，由持卡人在签购单上签名确认，并将信用卡、身份证件和第一联签购单交还给持卡人。审查发现问题的，应及时与签约银行联系，征求处理意见。对止付的信用卡，应收回并交还发卡银行。

（3）特约单位不得通过压卡、签单和退货等方式支付持卡人现金，特约单位在每日营业终了，应将当日受理的信用卡签购单汇总，计算手续费和净计金额，并填写汇（总）计单和进账单，连同签购单一并送交收单银行办理进账。收单银行接到特约单位送交的各种单据，经审查无误后，为特约单位办理进账。

（4）持卡人要求退货的，特约单位应使用退货单办理压（刷）卡，并将退货单金额从当日签购单累计金额中抵减，退货单随签购单一并送交收单银行。

七、案例分析（简述）

1. 贸易公司交来转账支票和两联进账单后，作为银行员工的小赵应当认真审查票据各个要素。如支票是否清晰，是否用墨汁或碳素墨水填写；支票各项内容是否填写齐全并正确；是否盖有预留银行印鉴；是否有涂改；收款单位名称和账户是否正确；支票付款期限是否合理；背书转让是否正确和连续等。转账支票和进账单所记载的所有事项都要认真审核。

2. 借记支票的简要流程图：

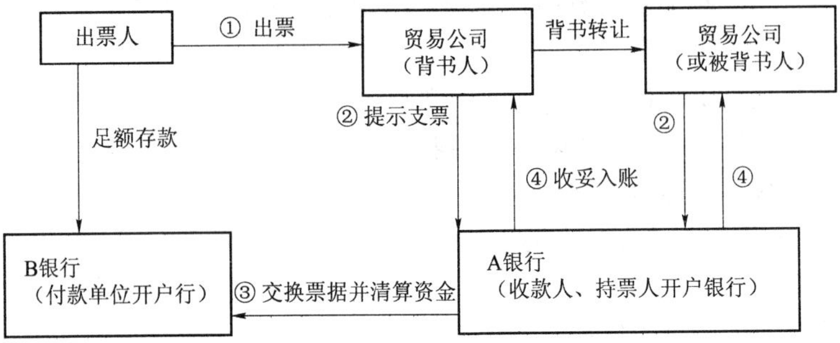

项目八　自助设备业务 习题答案

一、选择填空

1. 自助设备　　2. 双人管理

3. 全方位录像监控　　4. 双人分管

5. 原箱换钞法；更换钞箱法

二、正误判断

1. ×　　2. √　　3. ×　　4. √　　5. ×

三、单项选择

1. B　　2. B　　3. D　　4. B　　5. A

四、多项选择

1. AD　　2. ABCD　　3. BD　　4. ACD　　5. ABD

五、问题简答（简述）

1.（1）在办理自助设备钞箱开关、装钞、清钞、整点、账款核对、钞箱检查等工作，必须贯彻双人管理原则，不允许两人分别同时在设备的前后面操作。必须做到手续清楚、责任分明、数字准确、账款相符。

（2）自助设备钞箱现金的领用、钞箱余款及客户存入现金的上缴，必须按柜员领解现金手续办理。离行式自助设备钞箱现金的领用应有指定部门发送的装钞计划。领用的现金必须是经过清分、复点，符合使用标准的现金，通过自助设备存入的现金必须清点无误后方可入库。

（3）自助设备中的现金，必须按券别分钞箱管理，严禁将不同券别的现金混装一箱。更换或重新安装钞箱时，必须按券别在规定的位置放置钞箱。

（4）自助设备装钞、清钞、存款清点、钞箱检查等工作，必须置于全方位录像监控之下。

2.（1）自助设备保险柜钥匙和保险柜密码必须双人分管，相互制约。一人保管保险箱密码及外盖箱钥匙，一人保管保险箱钥匙，保管钥匙的人员不得将钥匙交由密码保管人员代为开启，密码保管人员也不得将密码告知钥匙保管人员代为开启。密码保管人员在转动密码锁具时，钥匙保管人员必须主动回避，不得注视密码人员的操作过程。

（2）各行应为钥匙保管人员配备单独存放银行自助设备钥匙的保险箱，或配备保险箱内有单独可上锁抽屉的保险箱，供钥匙保管人员分别存放钥匙。存放银行自助设备钥匙的保险箱的各小门钥匙，应存放在具备上述保险箱相同条件的另外的保险箱内。该保险箱的大门钥匙由指定部门内的指定人员保管，不得由银行自助设备的钥匙保管人员保管。该保险箱内的各小门钥匙由各自助设备钥匙保管人员随身携带。

（3）保险柜备用钥匙及保险柜密码副本密封后，由使用部门负责人分人妥善保管并登记。

（4）银行自助设备的钥匙保管人员，领取银行自助设备的钥匙时，应当场填写“印章重要物品保管交接记录簿”据实记录钥匙领取时间并签章确认。完成装清钞任务回行后，应立即将钥匙放回保险箱内保管，并在“印章重要物品保管交接记录簿”上据实记录存放时间后签章确认。

（5）如发现保险柜钥匙遗失，必须立即采取措施，确保款项安全，同时查明事故原因，并及时上报。

（6）掌管密码人员临时变更或工作调动，接管人员必须及时更换保险柜密码。掌管钥匙人员临时变更工作调动，必须办理定向交接（掌管密码人员不能接管钥匙）手续。

六、实战训练（简述）

自助设备装/清钞可以采用两种方法：

1. 更换钞箱法。将原钞箱撤下，打印清单，换上装好现金的新钞箱，回行后清点余额，当日进行账款核对。离行式自助设备必须采用“更换钞箱法”。

2. 原箱换钞法。必须在保证款项安全的条件下即时结账，打印清单，在营业室监控录像下清点钞箱内余额，账款核对无误后，在原钞箱中直接加装现金。在行式自助设备可以使用“原箱换钞法”。

七、案例分析（简述）

1. 常见的自助设备诈骗形式有以下几种：（1）张贴虚假告示，不法分子在 ATM 上张贴紧急通知或公告，让用户把资金转移到其指定的账户上；（2）制造吞卡假象，不法分子将自制装置放入 ATM 读卡器内，当取款人将银行卡插入插卡口时，实际上是插入该自制装置，于是就出现“吞卡”假象；（3）设置出钞故障，不法分子利用自制装置在 ATM 出钞口设障，如用铁片或胶水粘住出钞口，使 ATM 机吐出的钱卡在出钞口内；（4）监控取款设备，不法分子直接在 ATM 机上安装微型摄像装置，或利用高倍望远镜在距 ATM 机不远处窥视，窃取客户的银行卡密码；（5）“热心帮助”设诈，不法分子冒充“好心人”提醒或帮助受害人再提款设诈；（6）取款键盘设障，不法分子用仿造的 ATM 键盘（内有电路装置，具有记录存储功能）附在 ATM 键盘上。

2. 使用自助银行及自助设备时，应在以下方面自我保护：（1）尽量避免太晚时间进入自助银行，避免进入位置僻静的自助银行；（2）进入自助银行时，要注意观察有没有人不刷自己的卡而尾随您进入；（3）使用自助设备时，要注意观察后面的人是站在 1 米线外的安全位置，还是站在您背后偷窥您的账号、密码；（4）使用前先观察一下自助设备上有无可疑的附加装置；（5）有陌生人跟您说话或干扰您时，尤其要注意先取回卡、现金和交易凭条；（6）一旦有吞钞、吞卡、密码报错等不正常事件发生，不要急于离开自助设备，而应该拨打银行统一的客户服务电话寻求帮助，银行卡背面都印有该银行统一客户服务电话，您可按此电话号码拨打；（7）千万不要向任何来历不明的账户转款；（8）不要把自助银行打印出来的显示有卡号、余额等信息的交易凭条随意丢弃，尤其不要丢在自助设备旁的废纸篓里；（9）如果您接到自称是银行客户服务热线的来电，可挂断电话后，按照您所持有该银行的银行卡上显示的统一客户服务电话回拨确认。

模块三

项目一—项目七 “练一练”答案

略

项目八 “练一练”答案

一、Consultation 业务咨询

一、

1. VIP counter
2. interest rate
3. Number sheet
4. savings accounts
5. current account
6. rest area
7. fixed account

二、

1. 如您有任何疑问，请不必犹豫尽管提出，我们将始终争取给您一个满意的答复。

2. 女士们、先生们，早上好。欢迎来到中国光大银行，很荣幸今天能为你们服务。

3. Our staff at the Beijing branch will be able to provide quality services and financial convenience to all the guests and visitors.

4. I stay in Garden hotel, which is far from your bank. Is there any bank close to my hotel? And by the way, Could you tell me the business hours of your bank please?

5. 我们的营业时间为每天的早 9 点到晚 5 点，这是关于我们银行业务的介绍，您也可以在这上面查到我们支行的地址和电话，对您会很有帮助的。

三、略

二、Opening an Account 开户

一、

1. digit
2. passbook
3. current account
4. deposit slip
5. minimum amount
6. Open an account
7. secret identity code

二、

1. Would you please tell me how to open an account?

2. 当然可以。请您填写开立银行账户申请表，同时出示您的证件。开户最少存 10 元人民币。

3. 开活期账户有年费吗？/免费的。

4. What kind of account do you want?

5. 顺便提醒您一下，这个卡里的币种只有人民币、美元、港币可以在全国通存通兑。

三、略

三、Making a Deposit 存款

一、

1. time-demand optional deposit
2. notice deposit
3. fixed deposit
4. current deposit
5. keypad
6. business department
7. PIN number

二、

1. How much do you wish to pay into your account?
2. 请填张存款单，写明要存的数额以及你的姓名、地址和工作的单位，好吗?
3. I'd like to pay 200 Yuan into my deposit account.
4. 你计划在你的户头上定期存放多少钱?
5. Please double check the amount on the deposit slip. If it is correct, please sign your name on it.

三、略

四、Making a Withdrawal 取款

一、

1. substantial
2. bank book
3. maturity date
4. withdraw
5. family emergency
6. over-the-counter
7. time deposit

二、

1. I want to draw/take out some money. But I only have a time deposit. Can I take money out before it matures?
2. How much would you want to withdraw? 3 000 U. S. Dollars.
3. 对不起，先生，每天外币的现取最高限额是 1 万美元。
4. 您可以提前支取您的钱。但是不能得到原有固定的利息了。
5. If you make an early withdrawal, the interest will be calculated at the rate of a regular savings account.

三、略

五、Bank Card 银行卡业务

一、

1. consumption
2. POS terminal
3. versatile card
4. guarantor
5. credit card
6. photocopy
7. debit card

二、

1. One of your cards is a debit card, and the other one is a credit card.

2. What functions does the Sun Card of your bank have?

3. 首先，您可以在中国或者全球带有“银联”标志的自助设备上面进行存取款，可以在商场进行消费。

4. 您可以通过此卡在柜台办理存取款、转帐、个人外汇买卖、开放式基金申购等。

5. You can use these cards on the ATM only.

三、略

六、Reporting a Missing Bank Book or Bank Card 存折/银行卡挂失

一、

1. take up
2. report a loss
3. procedure
4. recommend
5. withdrawal
6. issue
7. account holder

二、

1. I lost my deposit certificate/card. I would like to report a loss.

2. 您别着急。请把您的证件出示一下。凭证挂失需要手续费 10 元人民币。7 天之后请您带着您的证件、挂失申请书到柜台重新办理新的凭证。

3. Good afternoon, I really can't remember the password. What can I do now?

4. 如果您忘记了密码，只能进行密码挂失了。您的账户资金将会被冻结 7 天，7 天之后您到柜台重新设置密码。

5. Would you show me your passport please? Please fill out this application form for a password loss report.

三、略

七、Closing an Account 销户

一、

1. balance
2. sort out
3. transfer
4. passport
5. close an account

二、

1. Hello, I want to close my account, so what should I do?

2. 首先我需要告诉您的是我们的借记卡销卡需要回到原开办卡行办理。

3. 抱歉，我不记得是在哪里开的了。

4. 我帮您查一下。您的卡是在南京路支行办理的。

5. Please go to that branch with your identification.

三、略

八、Wage Distribution Service 代发工资业务

一、

1. payment method
2. payroll service
3. do business with
4. adjust
5. colleague
6. fund
7. entrustment agreement

二、

1. 请把“活期一本通”存折递给我。

2. Hello, what is the payroll agency service of your bank? And what payment methods do you provide?

3. Well, based on entrustment agreement, our bank may pay the employees' salaries for any corporations. We have your real-paid salaries entered into your employees' real-name accounts in compliance with your instructions.

4. 我行可以现金发放，也就是说，由职工直接到银行柜面领取工资，或者职工工资也可以划入指定的活期储蓄账户。

5. 我行会根据贵单位的不同情况采用不同的发放方式，满足你们的需要。

三、略

九、Commission Insurance 代理保险

一、

1. compound interest rate
2. insurance policy
3. calculate
4. Bank-Insurance Link
5. commission
6. insurance premium
7. dividend-participated insurance

二、

1. 这是一种集保险、储蓄和投资于一体的新业务，名叫“银保通”。

2. 除保险之外，您还可以从保险公司得到多少不等的红利，这要看它的经营效益。

3. 存款利息是固定的，而保险红利在每个保单年度末自动转到您的账户上。

4. The longer the term is, the higher the dividend you earn because it is calculated at the compound interest rate.

5. If you have a Current Account, the insurance premium will be paid through it.

三、略

十、Deposit Certificate 存款证明

一、

1. block
2. domestic affairs
3. deposit certificate
4. handling fee
5. complex

二、　　　　　　　　　　存　款　证　明

号码：

兹证明____×××____先生/女士（身份证号：×××××）截止到2008年12月23日在我部存款如下：

存单（折）帐号	货币/金额	起息日	到期日

×××市城市信用社×××营业部

有权人签字：________________

三、略

十一、Money Exchange 外币兑换业务

一、

1. permanent　　2. Money exchange
3. nationality　　4. capital letters
5. exchange rate　　6. identification card

二、

1. Please show me your passport and fill out this exchange memo in triplicate.

2. By the way, what's today's rate for U. S Dollar notes? Let me check it for you... It's 696.00 Yuan for 100 U. S. dollars.

3. Can I change some Japanese Yuan into U. S. dollars in your bank? I'd like to buy about 100 dollars.

4. 我们这里可以兑换美元、欧元、日元、港币等一共8种币种。

5. 请您填写外汇买卖申请书。

6. Please hold on to the memo. With this exchange memo you will be able to exchange the unused RMB back into U. S. dollars.

7. 对不起，先生。我们发现两张百美元面钞是伪造的。

8. 我们不能还给您，假币必须没收。我们可以给您一张没收收据。

三、略

十二、Using ATM 使用ATM自助机器

一、

1. Cash Deposit Machine　　2. display board
3. Automatic Teller Machine　　4. withdrawing money
5. slot　　6. button
7. making inquiry　　8. retained
9. amending cipher　　10. transferring account

二、

1. 我刚刚在取款机上取钱，我只拿到了取款凭条和卡，没有钱。我该怎么办？

2. 您别着急。请您现在拨打我们的客服电话 95595 查询一下情况。需要提供您的取款时间和地点，如果一切正常，我们会在 7 个工作日内给您进行调账的。

3. My credit card is stuck in the ATM. Could you help me get it out?

4. Would you please show me your passport and the ATM receipt?

5. 您只要按一下相应的键就可以了，然后按照屏幕边上的箭头进行操作。

三、略

附　　录

1.《中国银行业从业人员资格认证考试公共基础科目考试大纲（2010 年版）》；2010. 03. 22

2.《中国银行业从业人员资格认证考试个人理财科目考试大纲》；2010. 09. 08

3.《中国银行业从业人员资格认证考试风险管理科目考试大纲（2010 年版）》；2010. 03. 22

4.《中国银行业从业人员资格认证考试个人贷款科目考试大纲》；2010. 09. 08

5.《中国银行业从业人员资格认证考试公司信贷科目考试大纲》；2010. 09. 08

（来源：中国银行业协会）

1.《中国银行业从业人员资格认证考试公共基础科目考试大纲（2010 年版）》；2010. 03. 22

1　银行知识与业务

1.1　中国银行体系概况

1.1.1　中央银行、监管机构与自律组织

中央银行　　监管机构　　自律组织

1.1.2　银行业金融机构

政策性银行　　大型商业银行　　中小商业银行　　农村金融机构

中国邮政储蓄银行　　外资银行　　非银行金融机构

1.2　银行经营环境

1.2.1　经济环境

宏观经济运行　　经济结构　　经济全球化

1.2.2　金融环境

金融市场　　金融工具　　货币政策

1.3　银行主要业务

1.3.1　负债业务

存款业务　　借款业务

1.3.2　资产业务

贷款业务　　债券投资业务　　现金资产业务

1.3.3　中间业务

交易业务　　清算业务　　支付结算业务　　银行卡业务

代理业务　　托管业务　　担保业务　　承诺业务

理财业务　　电子银行业务

1.4 银行管理

1.4.1 公司治理

公司治理的主体　利益相关者　信息披露

1.4.2 资本管理

银行资本的概念与作用　《巴塞尔新资本协议》

我国监管资本的构成　银监会的资本干预措施

提高资本充足率的方法

1.4.3 风险管理

银行风险的种类　风险管理的发展历程

全面风险管理　风险管理流程

1.4.4 内部控制

内部控制的目标　内部控制的原则　内部控制的构成要素

1.4.5 合规管理

合规管理的相关概念　合规管理的目标

合规管理体系的基本要素　合规管理部门职责

1.4.6 金融创新

金融创新概述　金融创新的基本原则

金融创新与客户利益保护

2 银行业相关法律法规

2.1 银行业监管及反洗钱法律规定

2.1.1 《中国人民银行法》相关规定

中国人民银行的直接检查监督权　中国人民银行的建议检查监督权

中国人民银行在特定情况下的检查监督权

2.1.2 《银行业监督管理法》相关规定

《银行业监督管理法》的适用范围

《银行业监督管理法》有关监督管理措施的规定

2.1.3 违反有关法律规定的法律责任

刑事责任　行政处罚　行政处分　相关的处罚措施

2.1.4 反洗钱法律制度

洗钱概述　《中华人民共和国反洗钱法》

《金融机构反洗钱规定》

《金融机构大额交易和可疑交易报告管理办法》

违反反洗钱规定的法律责任

2.2 银行主要业务法律规定

2.2.1 存款业务法律规定

存款及其办理原则　存款业务的基本法律要求

对单位存款查询、冻结、扣划的条件和程序

存款利率的法律管制　存单纠纷案件的认定与处理
存款合同

2.2.2　授信业务法律规定

授信原则　授信审核　贷款业务的基本法律要求
贷款合同

2.2.3　银行业务禁止性规定

商业银行向关系人发放信用贷款的禁止
对商业银行存贷业务中不正当手段的禁止
同业拆借业务的禁止

2.2.4　银行业务限制性规定

对同一借款人贷款的限制　对关系人发放担保贷款的限制
对相关金融业务和直接投资的限制　对结算业务的限制

2.3　民商事法律基本规定

2.3.1　民事权利主体

民事权利主体的概念自然人　法人　非法人组织

2.3.2　民事法律行为和代理

民事法律行为　代理及其种类

2.3.3　担保法律制度

担保法律制度概述　物权法　抵押　质押
保证　留置

2.3.4　公司法律制度

《公司法》概述　公司设立制度　公司资本制度　公司的组织机构
公司终止制度

2.3.5　票据法律制度

《票据法》概述　票据的功能　票据行为　票据权利
票据丧失的补救措施

2.3.6　合同法律制度

合同的概念及特征　合同的订立　合同的生效　合同的履行
违约责任

2.4　金融犯罪及刑事责任

2.4.1　金融犯罪概述

金融犯罪的概念　金融犯罪的种类　金融犯罪的构成

2.4.2　破坏金融管理秩序罪

危害货币管理罪　破坏银行管理罪

2.4.3　金融诈骗罪

集资诈骗罪　贷款诈骗罪　信用证诈骗罪　信用卡诈骗罪
票据诈骗罪、金融凭证诈骗罪

2.4.4　银行业相关职务犯罪

职务侵占罪　　挪用资金罪　　非国家工作人员受贿罪
签订、履行合同失职被骗罪

3　银行业从业人员职业操守

3.1　概述及银行业从业基本准则
　3.1.1　《银行业从业人员职业操守》概述
　3.1.1　银行业从业基本准则
3.2　银行业从业人员职业操守的相关规定
　3.2.1　银行业从业人员与客户　　3.2.2　银行业从业人员与同事
　3.2.3　银行业从业人员与所在机构　　3.2.4　银行业从业人员与同业人员
　3.2.5　银行业从业人员与监管者
3.3　附则
　3.3.1　惩戒措施　　3.3.2　解释机构　　3.3.3　生效日期

2.《中国银行业从业人员资格认证考试个人理财科目考试大纲》；2010.09.08

第1章　银行个人理财业务概述

1.1　银行个人理财业务的概念和分类
　1.1.1　个人理财概述　　1.1.2　银行个人理财业务概念
　1.1.3　银行个人理财业务分类
1.2　银行个人理财业务发展和现状
　1.2.1　国外发展和现状
　1.2.2　国内银行个人理财业务发展和现状
1.3　银行个人理财业务的影响因素
　1.3.1　宏观影响因素　　1.3.2　微观影响因素
　1.3.3　其他影响因素
1.4　银行个人理财业务的定位

第2章　银行个人理财理论与实务基础

2.1　银行个人理财业务理论基础
　2.1.1　生命周期理论　　2.1.2　货币的时间价值
　2.1.3　投资理论　　2.1.4　资产配置原理
　2.1.5　投资策略与投资组合的选择
2.2　银行理财业务实务基础
　2.2.1　理财业务的客户准入　　2.2.2　客户理财价值观
　2.2.3　客户风险属性　　2.2.4　客户风险评估

第3章　金融市场和其他投资市场

3.1　金融市场概述
3.2　金融市场的功能和分类
3.2.1　金融市场功能　3.2.2　金融市场分类
3.3　金融市场的发展
3.3.1　国际金融市场的发展　3.3.2　中国金融市场的发展
3.4　货币市场
3.4.1　货币市场概述　3.4.2　货币市场的组成
3.4.3　货币市场在个人理财中的运用
3.5　资本市场
3.5.1　股票市场　3.5.2　债券市场
3.6　金融衍生品市场
3.6.1　市场概述　3.6.2　金融衍生品
3.6.3　金融衍生品市场在个人理财中的运用
3.7　外汇市场
3.7.1　外汇市场概述　3.7.2　外汇市场的分类
3.7.3　外汇市场在个人理财中的运用
3.8　保险市场
3.8.1　保险市场概述　3.8.2　保险市场的主要产品
3.8.3　保险市场在个人理财中的运用
3.9　黄金及其他投资市场
3.9.1　黄金市场及产品　3.9.2　房地产市场
3.9.3　收藏品市场

第4章　银行理财产品

4.1　银行理财产品市场发展
4.2　银行理财产品要素
4.2.1　产品开发主体信息　4.2.2　产品目标客户信息
4.2.3　产品特征信息
4.3　银行理财产品介绍
4.3.1　货币型理财产品　4.3.2　债券型理财产品
4.3.3　股票类理财产品　4.3.4　信贷资产类理财产品
4.3.5　组合投资类理财产品　4.3.6　结构性理财产品
4.3.7　QDII基金挂钩类理财产品　4.3.8　另类理财产品
4.4　银行理财产品发展趋势

第5章　银行代理理财产品

5.1　银行代理理财产品的概念

5.2 银行代理理财产品销售基本原则

5.3 基金

5.3.1 基金的概念和特点
5.3.2 基金的分类
5.3.3 特殊类型基金
5.3.4 银行代销流程
5.3.5 基金的流动性及收益情况
5.3.6 基金的风险

5.4 保险

5.4.1 银行代理保险概述
5.4.2 银行代理保险产品
5.4.3 保险产品的风险

5.5 国债

5.5.1 银行代理国债的概念、种类
5.5.2 国债的流动性及收益情况
5.5.3 国债的风险

5.6 信托

5.6.1 银行代理信托类产品的概念
5.6.2 信托类产品的流动性及收益情况
5.6.3 信托产品风险

5.7 黄金

5.7.1 银行代理黄金业务种类
5.7.2 业务流程
5.7.3 黄金的流动性、收益情况及风险点

第6章 理财顾问服务

6.1 理财顾问服务概述

6.1.1 理财顾问服务概念
6.1.2 理财顾问服务流程
6.1.3 理财顾问服务特点

6.2 客户分析

6.2.1 收集客户信息
6.2.2 客户财务分析
6.2.3 客户风险特征和理财特性分析
6.2.4 客户理财需求和目标分析

6.3 财务规划

6.3.1 现金、消费及债务管理
6.3.2 保险规划
6.3.3 税收规划
6.3.4 人生事件规划
6.3.5 投资规划

第7章 个人理财业务相关法律法规

7.1 个人理财业务活动涉及的相关法律

7.1.1 《中华人民共和国民法通则》
7.1.2 《中华人民共和国合同法》
7.1.3 《中华人民共和国商业银行法》
7.1.4 《中华人民共和国银行业监督管理法》
7.1.5 《中华人民共和国证券法》
7.1.6 《中华人民共和国证券投资基金法》

7.1.7 《中华人民共和国保险法》
7.1.8 《中华人民共和国信托法》
7.1.9 《中华人民共和国个人所得税法》
7.1.10 《中华人民共和国物权法》
7.2 个人理财业务活动涉及的相关行政法规
7.2.1 《中华人民共和国外资银行管理条例》
7.2.2 《期货交易管理条例》
7.3 个人理财业务活动涉及的相关部门规章及解释
7.3.1 《商业银行开办代客境外理财业务管理暂行办法》
7.3.2 《证券投资基金销售管理办法》
7.3.3 《保险兼业代理管理暂行办法》和《关于规范银行代理保险业务的通知》
7.3.4 《个人外汇管理办法》和《个人外汇管理办法实施细则》

第8章　个人理财业务管理

8.1 个人理财业务合规性管理
8.1.1 开展个人理财业务的基本条件
8.1.2 开展个人理财业务的政策限制
8.1.3 开展个人理财业务的违法责任
8.2 个人理财资金使用管理
8.3 个人理财业务流程管理
8.3.1 业务人员管理
8.3.2 客户需求调查
8.3.3 理财产品开发
8.3.4 理财产品销售
8.3.5 理财业务其他管理
8.4 理财产品合规性管理案例
8.4.1 理财产品开发合规性管理案例
8.4.2 理财产品销售合规性管理案例
8.4.3 理财产品售后合规性管理案例

第9章　个人理财业务风险管理

9.1 个人理财的风险
9.1.1 个人理财风险的影响因素
9.1.2 理财产品风险评估
9.2 个人理财业务面临的主要风险
9.2.1 个人理财业务面临的主要风险
9.2.2 个人理财业务风险管理的基本要求
9.2.3 个人理财顾问服务的风险管理
9.2.4 综合理财业务的风险管理
9.3 产品风险管理
9.4 操作风险管理
9.5 销售风险管理
9.6 声誉风险管理

第 10 章　职业道德和投资者教育

10.1　个人理财业务从业资格简介
10.1.1　境外理财业务从业资格简介
10.1.2　境内银行个人理财业务从业资格
10.1.3　银行个人理财业务从业人员基本条件
10.2　银行个人理财业务从业人员的职业道德
10.2.1　从业人员基本行为准则
10.2.2　从业人员岗位职责要求
10.2.3　从业人员与客户关系协调处理原则
10.2.4　从业人员与同事关系协调处理原则
10.2.5　从业人员与所在机构关系协调处理原则
10.2.6　从业人员与同业人员关系协调处理原则
10.2.7　从业人员与监管机构关系协调处理原则
10.2.8　从业人员的限制性条款
10.2.9　从业人员的违法责任
10.3　个人理财投资者教育
10.3.1　投资者教育概述
10.3.2　投资者教育功能
10.3.3　投资者教育内容

3.《中国银行业从业人员资格认证考试风险管理科目考试大纲（2010 年版）》；2010.03.22

第 1 章　风险管理基础

1.1　风险与风险管理
1.1.1　风险、收益与损失
1.1.2　风险管理与商业银行经营
1.1.3　商业银行风险管理的发展
1.2　商业银行风险的主要类别
1.2.1　信用风险
1.2.2　市场风险
1.2.3　操作风险
1.2.4　流动性风险
1.2.5　国家风险
1.2.6　声誉风险
1.2.7　法律风险
1.2.8　战略风险
1.3　商业银行风险管理的主要策略
1.3.1　风险分散
1.3.2　风险对冲
1.3.3　风险转移
1.3.4　风险规避
1.3.5　风险补偿
1.4　商业银行风险与资本
1.4.1　资本的概念和作用
1.4.2　监管资本与资本充足率要求

1.4.3　经济资本及其应用
1.5　风险管理的数理基础
1.5.1　收益的计量
绝对收益　　百分比收益率
1.5.2　常用的概率统计知识
预期收益率　　方差和标准差　　正态分布
1.5.3　投资组合分散风险的原理

第2章　商业银行风险管理基本架构

2.1　商业银行风险管理环境
2.1.1　商业银行公司治理　　2.1.2　商业银行内部控制
2.1.3　商业银行风险文化　　2.1.4　商业银行管理战略
2.2　商业银行风险管理组织
2.2.1　董事会及最高风险管理委员会　　2.2.2　监事会
2.2.3　高级管理层　　2.2.4　风险管理部门
2.2.5　其他风险控制部门/机构
财务控制部门　　内部审计部门　　法律/合规部门　　外部监督机构
2.3　商业银行风险管理流程
2.3.1　风险识别/分析　　2.3.2　风险计量/评估
2.3.3　风险监测/报告　　2.3.4　风险控制/缓释
2.4　商业银行风险管理信息系统

第3章　信用风险管理

3.1　信用风险识别
3.1.1　单一法人客户信用风险识别
单一法人客户的基本信息分析　　单一法人客户的财务状况分析
单一法人客户的非财务因素分析　　单一法人客户的担保分析
3.1.2　集团法人客户信用风险识别
集团法人客户的整体状况分析　　集团法人客户的信用风险特征
3.1.3　个人客户信用风险识别
个人客户的基本信息分析　　个人信贷产品分类及风险分析
3.1.4　贷款组合的信用风险识别
宏观经济因素　　行业风险　　区域风险
3.2　信用风险计量
3.2.1　客户信用评级
客户信用评级的基本概念　　客户信用评级的发展
违约概率模型
3.2.2　债项评级

违约风险暴露　违约损失率
3.2.3 信用风险组合的计量
违约相关性　信用风险组合计量模型
信用风险组合的压力测试
3.2.4 国家风险主权评级
3.3 信用风险监测与报告
3.3.1 风险监测对象
单一客户风险监测　组合风险监测
3.3.2 风险监测主要指标
不良资产/贷款率　预期损失率　单一（集团）客户授信集中度
贷款风险迁徙率　不良贷款拨备覆盖率　贷款损失准备充足率
3.3.3 风险预警
风险预警的程序和主要方法　行业风险预警
区域风险预警　客户风险预警
3.3.4 风险报告
风险报告的职责和路径　风险报告的主要内容
3.4 信用风险控制
3.4.1 限额管理
单一客户授信限额管理　集团客户授信限额管理
国家与区域限额管理　组合限额管理
3.4.2 信用风险缓释
合格抵质押品　合格净额结算
合格保证和信用衍生工具　信用风险缓释工具池
3.4.3 关键业务流程/环节控制
授信权限管理　贷款定价　信贷审批　贷款转让
贷款重组
3.4.4 资产证券化与信用衍生产品
资产证券化　信用衍生产品
3.5 信用风险资本计量
3.5.1 标准法　3.5.2 内部评级法
3.5.3 内部评级体系的验证　3.5.4 经济资本管理

第4章 市场风险管理

4.1 市场风险识别
4.1.1 市场风险特征与分类
利率风险　汇率风险　股票价格风险　商品价格风险
4.1.2 主要交易产品及其风险特征
即期　远期　期货　互换　期权

4.1.3　资产分类

交易账户和银行账户资产分类的监管标准与会计标准

我国商业银行资产分类的现状

4.2　市场风险计量

4.2.1　基本概念

名义价值、市场价值、公允价值、市值重估　　敞口

久期　　收益率曲线

4.2.2　市场风险计量方法

缺口分析　　久期分析　　外汇敞口分析　　风险价值

敏感性分析　　压力测试　　情景分析　　事后检验

4.3　市场风险监测与控制

4.3.1　市场风险管理的组织框架

4.3.2　市场风险监测与报告

市场风险报告的内容和种类　　市场风险报告的路径和频度

4.3.3　市场风险控制

限额管理　　风险对冲　　经济资本配置

4.4　市场风险监管资本计量与绩效评估

4.4.1　市场风险监管资本计量　　4.4.2　经风险调整的绩效评估

第5章　操作风险管理

5.1　操作风险识别

5.1.1　操作风险分类

人员因素　　内部流程　　系统缺陷　　外部事件

5.1.2　操作风险识别方法

自我评估法　　因果分析模型

5.2　操作风险评估

5.2.1　操作风险评估要素和原则

5.2.2　操作风险评估方法

自我评估法　　关键风险指标法

5.3　操作风险控制

5.3.1　操作风险控制环境

公司治理　　内部控制　　合规文化　　信息系统

5.3.2　操作风险缓释

连续营业方案　　商业保险　　业务外包

5.3.3　主要业务操作风险控制

柜台业务　　法人信贷业务　　个人信贷业务　　资金交易业务

代理业务

5.4　操作风险监测与报告

5.4.1　风险监测　　5.4.2　风险报告

5.5　操作风险资本计量

5.5.1　标准法　　5.5.2　替代标准法

5.5.3　高级计量法

第6章　流动性风险管理

6.1　流动性风险识别

6.1.1　资产负债期限结构　　6.1.2　资产负债币种结构

6.1.3 资产负债分布结构

6.2　流动性风险评估

6.2.1　流动性比率/指标法　　6.2.2　现金流分析法

6.2.3　其他流动性评估方法

缺口分析法　　久期分析法

6.3　流动性风险监测与控制

6.3.1　流动性风险预警　　6.3.2　压力测试

6.3.3　情景分析　　6.3.4　流动性风险管理方法

本币的流动性风险管理　　外币的流动性风险管理

制定流动性应急计划

第7章　声誉风险管理和战略风险管理

7.1　声誉风险管理

7.1.1　声誉风险管理的内容及作用　　7.1.2　声誉风险管理的基本做法

明确董事会和高级管理层的责任　　建立清晰的声誉风险管理流程

采取恰当的声誉风险管理方法

7.1.3　声誉危机管理规划

7.2　战略风险管理

7.2.1　战略风险管理的作用　　7.2.2　战略风险管理的基本做法

明确董事会和高级管理层的责任　　建立清晰的战略风险管理流程

采取恰当的战略风险管理方法

第8章　银行监管与市场约束

8.1　银行监管

8.1.1　银行监管的内容

银行监管的目标、原则和标准　　风险监管的理念、指标体系和关注要点

8.1.2　银行监管的方法

市场准入　　资本监管　　监督检查　　风险评级

8.1.3　银行监管的规则

银行监管法规体系　　银行监管的最佳做法

8.2　市场约束

8.2.1　市场约束与信息披露

市场约束机制和各参与方的作用　信息披露要求

8.2.2　外部审计

外部审计的内容　外部审计与信息披露的关系

外部审计与监督检查的关系

4.《中国银行业从业人员资格认证考试个人贷款科目考试大纲》；2010.09.08

第1章　个人贷款概述

1.1　个人贷款的性质和发展

1.1.1　个人贷款的概念和意义　1.1.2　个人贷款的特征

1.1.3　个人贷款的发展历程

1.2　个人贷款产品的种类

1.2.1　按产品用途分类　1.2.2　按担保方式分类

1.3　个人贷款产品的要素

1.3.1　贷款对象　1.3.2　贷款利率

1.3.3　贷款期限　1.3.4　还款方式

1.3.5　担保方式　1.3.6　贷款额度

第2章　个人贷款营销

2.1　个人贷款目标市场分析

2.1.1　市场环境分析　2.1.2　市场细分

2.1.3　市场选择和定位

2.2　个人贷款客户定位

2.2.1　合作单位定位　2.2.2　贷款客户定位

2.3　个人贷款营销渠道

2.3.1　合作单位营销　2.3.2　网点机构营销

2.3.3　网上银行营销

2.4　个人贷款营销组织

2.4.1　营销人员　2.4.2　营销机构

2.4.3　营销管理

2.5　个人贷款营销方法

2.5.1　品牌营销　2.5.2　策略营销

2.5.3　定向营销

第3章　个人贷款管理

3.1　个人贷款管理原则

6.2.5　贷后管理
6.3　风险管理
6.3.1　操作风险管理
6.3.2　信用风险管理

第7章　个人经营类贷款

7.1　基础知识
7.2　贷款流程
7.2.1　贷款的受理与调查
7.2.2　贷款的审查与审批
7.2.3　贷款的签约与发放
7.2.4　支付管理
7.2.5　贷后管理
7.3　风险管理
7.3.1　合作机构管理
7.3.2　操作风险管理
7.3.3　信用风险管理

第8章　其他个人贷款

8.1　个人信用贷款
8.1.1　个人信用贷款的含义
8.1.2　个人信用贷款的特点
8.1.3　个人信用贷款的要素
8.1.4　个人信用贷款操作流程
8.2　个人质押贷款
8.2.1　个人质押贷款的含义
8.2.2　个人质押贷款的特点
8.2.3　个人质押贷款的要素
8.2.4　个人质押贷款操作流程
8.3　个人抵押授信贷款
8.3.1　个人抵押授信贷款的含义
8.3.2　个人抵押授信贷款的特点
8.3.3　个人抵押授信贷款的要素
8.3.4　个人抵押授信贷款操作流程
8.4　其他
8.4.1　个人住房装修贷款
8.4.2　个人耐用消费品贷款
8.4.3　个人医疗贷款
8.4.4　个人旅游消费贷款
8.4.5　下岗失业人员小额担保贷款
8.4.6　农户小额信用贷款
8.4.7　农户联保贷款

第9章　个人征信系统

9.1　概述
9.1.1　个人征信系统的含义及内容
9.1.2　个人征信系统的主要功能
9.1.3　建立个人征信系统的意义
9.1.4　个人征信立法状况
9.2　个人征信系统的管理及应用
9.2.1　个人征信系统信息来源
9.2.2　个人征信系统录入流程
9.2.3　个人征信查询系统
9.2.4　个人征信系统管理模式
9.2.5　异议处理

5.《中国银行业从业人员资格认证考试公司信贷科目考试大纲》；2010.09.08

第1章 公司信贷概述

1.1 公司信贷基础

1.1.1 公司信贷相关概念

1.1.2 公司信贷的基本要素

1.1.3 公司信贷的种类

1.2 公司信贷的基本原理

1.2.1 公司信贷理论的发展

1.2.2 公司信贷资金的运动过程及其特征

1.3 公司信贷管理

1.3.1 公司信贷管理的原则

1.3.2 信贷管理流程

1.3.3 信贷管理的组织架构

第2章 公司信贷营销

2.1 目标市场分析

2.1.1 市场环境分析

2.1.2 市场细分

2.1.3 市场选择和定位

2.2 营销策略

2.2.1 产品营销策略

2.2.2 定价策略

2.2.3 营销渠道策略

2.2.4 促销策略

2.3 营销管理

2.3.1 营销计划

2.3.2 营销组织

2.3.3 营销领导

2.3.4 营销控制

第3章 贷款申请受理和贷前调查

3.1 借款人

3.1.1 借款人应具备的资格和基本条件

3.1.2 借款人的权利和义务

3.2 贷款申请受理

3.2.1 面谈访问

3.2.2 内部意见反馈

3.2.3 贷款意向阶段

3.3 贷前调查

3.3.1 贷前调查的方法

3.3.2 贷前调查的内容

3.4 贷前调查报告内容要求

第4章 贷款环境分析

4.1 国家与地区分析

4.1.1 国别风险分析

4.1.2 区域风险分析

第 5 章　借款需求分析

第 6 章　客 户 分 析

第 7 章　贷款项目评估

第8章 贷款担保分析

第9章 贷款审批

第10章 贷款合同与发放支付

第11章 贷后管理

参 考 文 献

[1] 陈浪南. 商业银行经营管理 [M]. 北京：中国金融出版社，2001.

[2] 唐双宁. 21 世纪国际银行监管新趋势及其对我国的启示 [J]. 金融研究，2001.

[3] 杨明生. 商业银行中间业务产品实用手册 [M]. 北京：中国金融出版社，2002.

[4] 连平. 21 世纪商业银行中间业务 [M]. 北京：中国金融出版社，2003.

[5] 杨有振. 商业银行经营管理 [M]. 北京：中国金融出版社，2003.

[6] 李志辉. 商业银行业务经营与管理 [M]. 北京：中国金融出版社，2004.

[7] 彭建刚. 商业银行管理学 [M]. 北京：中国金融出版社，2004.

[8] 黄宪. 银行管理学 [M]. 武汉：武汉大学出版社，2004.

[9] 张炜. 银行中间业务与法律风险控制 [M]. 北京：法律出版社，2004.

[10] 熊继洲. 商业银行经营管理新编 [M]. 上海：复旦大学出版社，2004 .

[11] 甘当善. 商业银行经营管理 [M]. 上海：上海财经大学出版社，2004.

[12] 张素琴. 商业银行经营管理 [M]. 北京：农业大学出版社，2004.

[13] 霍再强. 现代金融风险管理 [M]. 北京：科学出版社，2004.

[14] 张文棋，杨福明. 商业银行经营管理学 [M]. 南京：东南大学出版社，2005.

[15] 张小霞. 现代商业银行内控制度研究 [M]. 北京：中国财政经济出版社，2005.

[16] 朱耀明. 商业银行操作风险识别与管理 [M]. 北京：中国人民大学出版社，2005.

[17] 盖锐. 商业银行经营管理 [M]. 北京：高等教育出版社，2005.

[18] 戴国强. 商业银行经营学（第 2 版）[M]. 北京：高等教育出版社，2005.

[19] 丁俊峰. 商业银行业务试验教程 [M]. 北京：中国金融出版社，2006.

[20] 董瑞丽. 商业银行综合柜台业务 [M]. 北京：中国金融出版社，2008.

[21] 邱俊如，金广荣. 商业银行授信业务 [M]. 北京：中国金融出版社，2009.

[22] 朱新蓉，宋清华. 商业银行经营管理 [M]. 北京：中国金融出版社，2009.

[23] 武飞. 商业银行柜台业务 [M]. 北京：中国人民大学出版社，2009.

[24] 黎贤强. 商业银行综合柜台业务 [M]. 北京：清华大学出版社，2010.

[25] 刘双红. 商业银行综合柜台业务 [M]. 北京：经济科学出版社，2010.

工学结合新思维高职高专财经类“十二五”规划教材

（一）基础课程

1. 经济应用数学
2. 大学语文
3. 应用统计基础
4. 经济学基础——宏微观经济的理性选择
5. 大学生职业生涯设计与就业指导
6. 大学生创业实战指导

（二）国际经贸

1. 国际贸易环境分析
2. 外贸单证实务与操作
3. 进出口贸易操作实务
4. 进出口业务流程综合实训
5. 国际贸易理论与实务
6. 保险实务
7. 国际结算实务
8. 国际金融实务
9. 报关实务
10. 新编商务英语函电
11. 商务英语写作
12. 商务英语谈判
13. 外贸英语函电
14. 服务外包实用英语入门

（三）财会金融

1. 会计学原理
2. 会计报表分析
3. 会计信息化教程
4. 外贸会计实务
5. 经济法实务
6. 商业银行综合柜台业务

（四）工商管理

1. 管理咨询实务
2. 人际沟通与礼仪
3. 市场营销实务
4. 商务信息检索
5. 国际市场开发
6. 商务沟通技巧
7. 房地产销售实务
8. 房地产税收实务
9. 现代商务管理实操
10. 国际市场营销

（五）物流管理

1. 企业物流管理
2. 物流市场调研与开发
3. 物流服务营销
4. 物流英语

（六）电子商务

1. 电子商务
2. 网络营销

（七）旅游与酒店管理

1. 旅行社经营与管理
2. 酒店经营与管理
3. 饭店前厅与客房管理实务
4. 酒店实用英语
5. 旅游英语
6. 公共交通实用英语